中文社会科学引文索引来源集刊CSSCI

经济法学评论

Economic Law Review

中国人民大学经济法学研究中心主办

史际春　主编

VOL.19
(2019) No.1

中国法制出版社
CHINA LEGAL PUBLISHING HOUSE

CONTENTS | 目录

立法评议

讲座

书评

学术动态

他山之石

卷首语

Economic Law Review

也谈“经济法通则”的制定

也谈“经济法通则”的制定

姚海放*

近期，制定“经济法通则”的议题再度引起经济法学界的高度关注：2018 年 9 月，“制定经济法通则第一次学术研讨会”在江西财经大学召开，与会专家对中山大学程信和教授起草的“经济法通则（学者建议稿）”进行初步论证；10 月，“制定经济法通则第二次学术研讨会”在辽宁大学召开，对上述学者建议稿进一步分析论证。之后，《地方立法研究》杂志 2019 年第 1 期“立法倡议”栏目刊载程信和教授的文章《经济法通则原论》并附录 300 条条文草案，① 引起学界高度关注。2019 年 7、8 月，“经济法通则立法研讨会”先后在西北政法大学、南京大学召开，制定《经济法通则》渐成经济法学界瞩目之大事。

余乃经济法后学，有幸参与部分研讨会聆听学界专家观点，研读“经济法通则（学者建议稿）”300 条条文草案及立法说明，感佩于程教授对经济法事业的热忱，立足于促进科学立法之动机，结合自身所学所思，不揣浅昧，也谈点关于《经济法通则》制定的体悟。

一、制定《经济法通则》的时机选择

《经济法通则原论》首先“郑重建议：适时制定经济法通则”。“适时”的提法非常重要，不仅是经济法已成为中国特色社会主义法律体系的七个法律部

---

* 中国人民大学经济法学研究中心研究员，中国人民大学法学院副教授、法学博士。

① 参见程信和：《经济法通则原论》，载《地方立法研究》2019 年第 1 期。

门之一,[①] 需要有相应的立法统帅和形式表达，而且应当抓住改革开放40周年之契机总结经验，满足“复杂化、信息流、多变性的经济领域需要有一部综合性、全局性、基础性法律，即领头的法”[②] 的需求。

时机的选择在立法进程中的确非常关键。法国大革命时代全新的法律观念，反映在制定《法国民法典》时希望“以自然理性和人民意志为基础，全面抛弃既存的法律秩序，创造一个前所未有的、确定的和完备的法律秩序”,[③] 从而使该法典具备“刚取得胜利之国民主权的热情，以及市民阶级对法律的参与”之精神特征，遂成为“该世纪最成功的法典”。[④] 而萨维尼在“民族精神”法源说指导下，反对蒂博制定法典的建议，重要理由是法典编纂的时机不成熟。[⑤] 也因此,《德国民法典》一直到1871年德意志帝国建立和1873年帝国立法权扩大到全部民法的法典编纂前提条件满足、制定法典成为满足统一德意志帝国现行法的政治任务之时,[⑥] 才又提上日程。

我国虽有成文法传统，中华人民共和国成立后立法以单行法为主，法典化在近年来民法典制定中体现得最为典型。中华人民共和国成立以来已经有多次民法典起草工作,[⑦] 期间过程也颇多起伏。最近的一次自1998年全国人大常委会副委员长王汉斌邀请民法学者座谈民法典起草事宜后决定恢复民法典编纂并成立9人民法典起草研究工作小组，直到2014年《中共中央关于全面推进依法治国若干重大问题的决定》中明确“编纂民法典”的任务，民法典编纂工作才进入快车道。弹指间，已有二十余年。似受编纂民法典的影响，近年来我国诸

---

① 参见《关于形成中国特色社会主义法律体系的几个问题——王兆国副委员长在第十六次全国地方立法研讨会上的讲话》，载全国人大常委会法制工作委员会组织编写：《中国特色社会主义法律体系学习读本》，新华出版社2011年版，第16页。

② 程信和：《经济法通则原论》，载《地方立法研究》2019年第1期。

③ ［美］塔玛尔·赫尔佐格：《欧洲法律简史：两千五百年来的变迁》，高仰光译，中国政法大学出版社2019年版，第334页。

④ ［德］弗朗茨·维亚克尔：《近代私法史——以德意志的发展为观察重点》（上），陈爱娥、黄建辉译，上海三联书店2006年版，第335、340页。

⑤ “总括上述有关一部真正优秀的法典所当具备条件之论述，很显然，几乎没有发现任何一个时代够格。”“如果是在一个并未达臻此一艺境的时刻编纂法典，则下述弊病势无可免：司法表面上似由法典规定，而实际则由法典之外、充任真正的绝对权威的其他什么所调控。”见［德］弗里德里希·卡尔·冯·萨维尼：《论立法与法学的当代使命》，许章润译，中国法制出版社2001年版，第18、20页。

⑥ 参见［德］霍尔斯特·海因里希·雅科布斯：《十九世纪德国民法科学与立法》，王娜译，法律出版社2003年版，第117、123页。

⑦ 参见王利明：《民法典体系研究》，中国人民大学出版社2008年版，第163页以下。

多部门法领域都出现制定或编纂法典的呼声，有相应的学界研究成果为证。[①]面对如此众多领域纷纷提出制定或编纂法典的期望，我们需要冷静思考：为什么需要法典化？法典化的条件是什么？当下诸多法典化的呼声及推动，究竟是社会客观需求，还是各部门法领域学者的学术意愿？其对我国经济社会发展的意义如何？等等。只有客观对待并深思熟虑地回答上述问题，才能对法典的编纂时机作出良好的判断。

大致而言，人类社会法典化历史的最强印象呈现于19世纪。“19世纪，绝大多数欧洲国家都经历了一次法典化浪潮的洗礼。这一浪潮始于法国，终于德国。”[②] 按照比较法学者大木雅夫的见解，法典的编撰与民族主义以及对法典的完美性信仰相关。[③] 从民族主义角度而言，本尼迪克特在《想象的共同体》中认为，民族是一种想象的政治共同体，并且是被想象为本质上有限的，同时也享有主权的共同体。[④] 民法典能体现民族精神而有助于想象的共同体即民族国家的形成，从而成为19世纪的时代特征。然而，不同于欧洲王朝制国家和民族国家先后接替的历史，中国和中华民族的概念是先于民族国家而在历代王朝历史过程中就形成的，[⑤] 以民法典为代表的法典化运动对于民族主义和民族国家形成的重要性而言，在我国显然相对弱化。从对法典完美性的信仰而言，可以说从《法国民法典》制定之初，就不存在对法典完美性的纯粹想象。“编纂者们清楚地意识到，立法者即使尽其最大想象力也不能认识到所有问题的案件类

---

① 例如，在行政法领域，有学者呼吁制定一部统一的行政法典，见章志远：《中国特色行政法法典化的模式选择》，载《法学》2018年第9期；也有学者建议制定行政基本法，见江必新：《迈向统一的行政基本法》，载《清华法学》2012年第5期。商法学界也有法典化的热情，有呼吁制定商法典的，如范健：《编纂〈中国商法典〉前瞻性思考》，载《广东社会科学》2018年第3期；有认为需制定商法通则的，如赵旭东：《民法典的编纂与商事立法》，载《中国法学》2016年第4期。此外，环境法学者也呼吁制定环境法典，如吕忠梅、窦海阳：《民法典“绿色化”与环境法典的调适》，载《中外法学》2018年第4期；曹炜：《论环境法法典化的方法论自觉》，载《中国人民大学学报》2019年第2期；等。

② [美] 塔玛尔·赫尔佐格：《欧洲法律简史：两千五百年来的变迁》，高仰光译，中国政法大学出版社2019年版，第331页。

③ 参见方梦淳：《法典化、法典法及其未来》，载《福建法学》2015年第2期。

④ 参见 [美] 本尼迪克特·安德森：《想象的共同体——民族主义的起源与分布》，吴叡人译，上海人民出版社2016年版，第6页。

⑤ 炎黄子孙、华夏民族常指中国人，但“到秦始皇统一时，华夏族已经是民族大融合的产物了，其中纯粹的炎黄子孙恐怕已经是少数了”。中国原指周天子居住的国，但此概念日后融入了民族、血缘、文化等因素，变得范围不固定。参见葛剑雄：《统一与分裂：中国历史的启示》，商务印书馆2013年版，第14－26页。

型并予以判断”，所以正如《法国民法典》起草委员会四名成员之一的波塔利斯（Portalis）所说：“民众的法典应时而立，但确切地说，人们尚没有将其完成。”① 因此，19世纪法典编纂是在法国革命推动下，伴随自然法、理性主义等哲学学说以及启蒙运动的兴起而出现的一种独有的社会历史现象；到19世纪末期，“古典的”法典编纂已经受制于解法典化和法典重构运动。② 这种解法典化现象即民法典国家中的单行特别法对传统民法典的内外体系逐步分解的现象，根本上是由于现代社会分工越来越细化、经济结构越来越复杂、社会价值越来越多元等原因导致的。而要解释解法典化背景下的民法法典化现象及民法典的意义，只能说中西方解法典化进程上有差异：西方民法典国家经历了一个先有法典化，继有解法典化的过程；而中国民法处在一个法典化和解法典化交织的时代，民法典的意义在于能最大限度地保障个人权益，避免公权力的不当干涉和介入。③ 而另一种可能的原因是民法法典化震撼的社会效应和历史观念的延续——“法典化是19世纪法学发展最重要的推动力，然而在经历‘解法典化现象’之后，尽管学者意识到当代民法典编纂工作的任务肯定不同于19世纪，但现实表明当前的法典观，乃至法律观仍然是上一个法典化时代的遗产”④。可预见，即使我国制定了民法典，由于经济社会的不断发展和新型社会关系的形塑，也必然会在民法典之外产生诸多单行民商事法律，从而形成法典化和解法典化并行的中国特色立法格局。具体的表现为，我国在制定民法典的同时，也制定或完善着诸如消费者保护、电子商务、个人数据保护等领域的单行法或特别法。

法典化和解法典化并存于民事立法领域，这也有助于理解制定经济法法典的操作设计。诚然，制定经济法法典的设想，一直萦绕在经济法学人心头，为经济法学者努力奋斗之目标。早在二十世纪八十年代初，老一辈经济法学家杨紫烜、刘文华、徐杰等就提出制定《经济法纲要》，待条件成熟时再制定《经济法典》的倡议；伴随《民法通则》的制定，《经济法纲要》或《经济法通则》也成为学界热议话题；伴随市场经济体制确立及国家加强宏观调控的实践，

---

① ［德］K·茨威格特、H·克茨：《比较法总论》，潘汉典、米健、高鸿钧、贺卫方译，法律出版社2003年版，第139页。

② 参见［秘鲁］玛丽亚·路易莎·穆里约：《大陆法系法典编纂的演变：迈向解法典化与法典的重构》，许中缘、周林刚译，载《清华法学》2006年第2期。

③ 参见陆青：《论中国民法中的“解法典化”现象》，载《中外法学》2014年第6期。

④ 朱明哲：《从19世纪三次演讲看“法典化时代”的法律观》，载《清华法学》2019年第3期。

经济法学界起草过《宏观调控法》草案；等等。[①] 在马克思主义理论研究和建设工程重点教材《经济法学》中论及经济法制定的特点时，提到“经济法作为一个独立的法律部门，有自己独特的调整对象和法律原则，因此一俟时机成熟，制定经济法典不仅是可能而且是必要的”[②]。论证制定经济法典的时机问题随即转化为必要性和可能性两个方面。

有学者从三个维度阐释了经济法法典化的必要性：“从法制变迁的维度看，法制系统化水平的不断提升是法治发展的一般趋势，经济法的立法统合是法治建设的内在需要；从功能实现的维度看，现实的经济和社会发展，迫切需要通过立法统合，解决因制度不统一、不协调和结构不合理等所带来的功能受限或受损的问题，以有效实现经济法的调整目标；从学术积累的角度看，研究和推进经济法的立法统合，有助于增进经济法的学术积累，提升经济法理论的解释力和指导力。”[③] 笔者认为，法典编纂区别于单行法的制定，其必要性更需要从政治需求、经济社会需求、学理研究需求等方面进行考量：在我国明确全面推进依法治国总目标是建设中国特色社会主义法治体系、建设社会主义法治国家的基础上，科学立法不仅是全面建成小康社会实现依法治国要求的重要方面，而且在立法与改革的关系方面更是要求“重大改革于法有据、立法主动适应改革和经济社会发展需要”。但强调重视经济立法并不能直接推导出编纂经济法典的结论。如果说制定民法典是党的十八届四中全会作出的重要政治决定，其支撑基础是“民法必须随着时代的发展而变化，民事主体对尊严和自我价值的要求当代民法必须予以反映”，[④] 则在论证经济法法典制定的必要性时必须有坚实的政治经济社会文化需求支撑，仅强调立法统合有利于解决当前经济立法中的不统一、不协调和结构不合理等不足，是相对单薄的。

究竟什么是支撑我国经济法法典化的主要理由和推动力呢？这就需要从我国经济社会发展实践中总结具有中国特色的制度经验。适逢建国 70 周年和改革开放 40 周年之时机，在充分肯定我国经济社会建设取得重大成就而瞩目于世之

---

① 参见叶姗：《再议制定经济法通则的必要与可能》，载《人大法律评论》2016 年卷第三辑，法律出版社 2017 年版，第 311 – 312 页。

② 《经济法学》编写组：《经济法学》，高等教育出版社 2016 年版，第 127 页。

③ 张守文：《当代中国经济法理论的新视域》，中国人民大学出版社 2018 年版，第 224 页。

④ 杨立新：《从民法通则到民法总则：中国当代民法的历史性跨越》，载《中国社会科学》2018 年第 2 期。

时，我们不能仅满足于成绩，还需要总结经验研判分析，努力以法治方法促进经济稳定协调持续地增长。当代各人文社会科学都在各自领域中研究如何达致经济社会协调发展，例如：历史学者孜孜以求地从往事的解读中总结规律以指导或预测未来，典型地如通过几个世纪大国的兴衰史实来证明，经济和技术的发展作为驱动世界变革的动力，将对社会结构、政治制度、局势力量与各国和帝国的地位产生影响；[①] 政治学者致力于寻求政治发展中国家、法治与责任制政府之间的平衡关系，以求“到达丹麦”；[②] 等等。中国经济法学者身临中国经济多年的高速增长并成为世界第二大经济体之时代，更是需要深入了解实践，总结经验、反思教训，为人类经济社会协调发展提供部分可借鉴经验。事实上，中华人民共和国成立后我国经社会主义改造而建成苏联式的计划经济体系，于“文革”中经济建设陷入混乱而国民经济几近崩溃，改革开放后恢复经济建设进而经由有计划商品经济阶段至确立社会主义市场经济建设目标，我国的经济体制变动不可谓不大，这在当今各主要大国中也难觅前例。而今我国经济从高速增长进入新常态，面对国际竞争新格局和技术新发展等新情况，又会产生诸多的应对和调整措施。这些宏观背景为探索经济法治建设规律提供了丰富的素材，进而引发中外学者在如何促进经济发展的中国经验总结方面的兴趣。例如，黄宗智认为：“全球化的经济、共产党的党国体制（及其地方政府）之共同积极争取参与该经济体并借此来发展中国经济、凭借廉价土地和劳动力以及税收等优惠（包括相对宽松的环境法规）来招商引资、民间以及共产党干部中的大量创业人才以及伴随国际资本而来的可资利用的先进技术和中国技术人员的实用创新能力……同时并存来推动中国所发生的发展。”[③] 同样作为经济学家，阿西莫格鲁和罗宾逊认为中国大陆的复兴是伴随摆脱高度集中的经济制度并转向更包容的经济制度而发生的；[④] 皮凯蒂则对中国最终可能寻找到公共资本和私人资本之间的良好妥协和平衡，实现真正的公私混合所有制经济，以发展结构

① 参见［美］保罗·肯尼迪：《大国的兴衰》，陈景彪译，国际文化出版公司2006年版，第432页。

② 参见［美］弗朗西斯·福山：《政治秩序的起源：从前人类时代到法国大革命》，毛俊杰译，广西师范大学出版社2014年版，第19－21页。

③ 黄宗智：《中国经济是怎样如此快速发展的？——五种巧合的交汇》，载《开放时代》2015年第3期。

④ 参见［美］德隆·阿西莫格鲁、詹姆斯·A. 罗宾逊：《国家为什么会失败》，李增刚译，湖南科学技术出版社2015年版，第313页。

上更平等、面对私人利益更加注重保护公共福利的中国模式更感兴趣。① 我国经济法治实践中，政府主导的规划和产业建设、国有经济积极参与投资活动、分税制和财政转移支付制度实践、地方政府经济建设锦标赛、国有资产管理制度、对外贸易法等方面，都可能提炼出相当的中国经验；即使在不那么“先进”的金融监管、竞争法治、资本市场治理等领域，也是有诸多“中国故事”可资镜鉴。总之，编制经济法法典的重要动力，应当来源于回应中国经济建设之成就，总结我国改革开放40周年乃至中华人民共和国成立70周年之经济建设道路的经验，为我国适应今后更为复杂环境下的经济持续发展提供制度保障，同时也为探索人类社会经济协调发展提供可能之制度支撑。

若从此动机出发，编制经济法典的时机，可谓正在酝酿之中：一方面，我国改革开放40周年来取得的经济建设巨大成绩，有其特定的政治经济制度相支撑，我国政府在宏观调控、市场规制领域积累的成功经验可以转化为相对稳定的法律制度以保障经济稳定运行，就此而言，适时总结经验提炼规则并加以体系化，有其必要；另一方面，也需要考虑我国不断深化改革的实践以及风云变幻的国际形势，在面对经济新常态、技术变革、国际经贸关系变化等新情况时，对现有的经济法制度进行适调或补缺。因此，当前考虑经济法法典化正是适当时机，但也不必操之过急。这也同时从一个侧面反映了制定经济法典的可行性：在经济活动等客观领域仍处于不断变动之时，要当即而全面制定经济法典存在困难。由此，可以考虑的方案是采用经济法通则或经济法大纲的方式，先期巩固有关经济建设的制度探索成果。

二、法典化与经济法通则的模式选择

伴随着民法典完成的日期临近，包括经济法在内的诸多部门都再度提出了各自法典化的呼声。就经济法而言，更多学者呼吁制定经济法通则或经济法大纲，而呼吁直接制定经济法典的观点并不多见。笔者认为，若当下启动经济法法典化工作，即使是学者提供相应的建议稿，也应当以经济法通则为宜。详细

---

① 参见［法］托马斯·皮凯蒂：《21世纪资本论》，巴曙松等译，中信出版社2014年版，中文版自序。

区分，这其中包括如下问题：第一，制定经济法通则是当下条件所限的阶段性目标，还是该项工作的结果性目标？第二，经济法通则中应当包括哪些内容，如何安排体例和结构？

针对第一个问题，较为普遍的看法是当下比较适合制定经济法通则，待时机成熟则上升为经济法法典。与以法典化为努力方向的观点类似，有学者警觉“与经济紧密联系的经济法是一个不宜也难以法典化的法律部门”，一旦法典化“极易导致其体系的封闭，削弱其适应日益复杂的市场经济的能力”，因而提出子部门法典化的模式。[①] 而且，子部门法典化的研究或呼吁在当下也已有显现。[②] 与上述认识不同，有学者认为经济立法涉及技术难题，干预性经济立法因资讯和理论不足而需要不断修正误差，“此所以联系方先进国家的经济法也趋于零碎，且修正频繁，偶可听到把经济法‘法典化’的主张，未免过于天真”[③]。还有学者认为“对经济法至多只能制定一部‘纲要’或‘通则’性质的基本经济法规，以便对各种经济法规起到一种指导和统帅的作用，也有利于加强、完善经济执法和经济司法”[④]。

持经济法通则是经济法法典化阶段性目标观点的重要理由是：受当前主客观条件局限，制定经济法法典存在困难，可行的路径是制定经济法通则。但该观点在论述今后仍需上升为经济法典的理由方面并不充分，或许是认为法典更优于通则而基于美好愿望，或者是认为现有研究不足以支撑法典化但今后有可能企及。因而此类观点愿望美好，且在当前与否定经济法法典编纂的观点尚未存在分歧：当前共同努力的目标都是制定经济法通则。但是，两者间区别还是应尽早指明更为有利。同意制定经济法通则但认为不必制定经济法典的观点，大致是因为法典化的封闭性难以适应经济社会发展，或者是经济法内容纷繁复

---

① “现阶段立法和司法实践经验缺乏、概念化不足、基本理论的欠缺和法典的自闭性缺陷决定了经济法尚不具备法典化的条件，但应当积极促进自身体系的优化升级，以子部门法典化为路径推进法典化进程。”参见薛克鹏：《法典化背景下的经济法体系构造——兼论经济法的法典化》，载《北方法学》2016年第5期。

② 例如，邢会强：《论金融法的法典化》，载《首都师范大学学报（社会科学版）》2016年第1期；乔新生：《为何要制定财政法》，载《人大研究》2019年第3期；郭纲：《制定〈财政法〉的两种现实路径》，载《中国经济周刊》2016年第37期。

③ 苏永钦：《经济法——已开发国家的任务与难题》，载史际春主编：《经济法总论（教学参考书）》，法律出版社2000年版，第142－143页。

④ 史际春、邓峰：《经济法总论》，法律出版社2008年版，第170页。

杂且变动不居，从而否认经济法典的必要性。或许存在第三条道路，即子部门法典化路径，但笔者认为其看似兼顾了两者的需求，但弊端在于：固然子部门法典化在操作上相较于经济法法典化更为容易，但此种做法也可能导致子部门的独立而经济法部门的崩析；更重要的是，一国经济运行是各经济系统和制度之间相互作用的结果，从学理上将经济法各子部门法典化，可能疏忽或疏远了这些子部门间关系，无法体现经济法系统、辩证协调的视角，与经济法所追求的社会本位、公共利益、实质正义等目标相悖。正因为子部门法典化容易画地为牢，甚至可能引发学术“圈地运动”，因而这种路径并不可取。

再回到问题本身，即在制定经济法通则的情形下，是否还要上升为经济法法典？笔者认为没有必要，具体理由包括：

第一，需要考虑经济社会发展与法典化之间的关系。法典化“一是指将涉及同一类社会关系的法律尽可能地集中在一个法律文件中，减少搜检的难度；二是指立法时应尽可能多地注意到社会关系彼此的联系，对关联紧密的社会关系尽可能用同一法律文件来容纳；三是明确法的层次性，不能用部门规章或行政法规来代替国家的法律，以实现法的权威性”[①]。但同时，法典化后可能导致“社会关系固化”或者法典无法适应社会变化而出现“法典老化”，因此，伴随着20世纪社会经济治理重心从私法转向公法与管理法的过程，发生了“解法典化”“宪法化”“超国家的立法”“法典重构”等变化。[②] 相对而言，民事领域的社会关系相对简单、稳定，因而私法法典化具有相当的可操作性。且19世纪法典化高潮时期的社会经济关系亦非像21世纪那样复杂多样且变动不居，这也使私法法典化有较好的基础。反观经济法，基础社会经济关系变化或受政府与市场关系观念、思潮等的影响，反映到具体法律制度中形成“世轻世重”的现象尤为常见。且不说备受政策影响的规划产业法、投资法、财税法、金融法等领域，即使是相对超脱的竞争法领域，受到竞争法宗旨、竞争政策、产业规制等等因素影响，百年来竞争法规则与实践也发生了相当大的变化。由此，即使能成功制定经济法典，如何应对经济社会变化带来的法律规则变动，将对立法机关提出严峻的挑战，甚至这基本是一项不可能的任务。或许即使能出台经济

---

① 乔新生：《中国法典化之路》，载《政治与法律》1998年第1期。

② 参见［秘鲁］玛丽亚·路易莎·穆里约：《大陆法系法典编纂的演变：迈向解法典化与法典的重构》，许中缘、周林刚译，载《清华法学》2006年第2期。

法典，后人的评价也可能如拉德布鲁赫评价《德国民法典》“与其说是20世纪的序曲，毋宁说是19世纪的尾声”① 一般，认为“从经济法典正式出台的那一天起，其就开始落后于社会实践了”。

第二，从技术层面出发，也有两种支持经济法法典编纂的理由需要回应，以说明经济法法典化的意义或可能性不大。一种理由认为我国现行经济立法“法律、行政法规数量众多，部门规章亦层出不穷”，“由于上述渊源系分散生成，基于种种原因，有时可能对经济法的整体价值、宗旨、原则等体现得不够全面，从而会影响经济法体系的整体协调性，不利于发挥经济法规范作为行为规则和裁判规则的功用”。② 相应地，通过法典化方式解决现有经济法规则不协调问题，是法典化的重要理由。但问题是，解决法律规则不协调问题的手段可能包含法律等规则审查、解释及司法适用等多种途径，法典化可能只是一种想象的理想愿景。具体而言，解决法律规定空白或矛盾的方法或路径至少包括：第一，按照《立法法》中关于法律解释和法律适用的规则进行处理。第二，针对经济法领域部门规章或地方性法规、规章较为普遍的现象，政府会出台规范性文件审查或法规清理等措施。前者如《国务院关于在市场体系建设中建立公平竞争审查制度的意见》，对政策制定机关制定涉及市场主体经济活动的规章、规范性文件和其他政策措施进行公平竞争审查，同时对行政法规和国务院制定的政策措施、政府部门负责起草的地方性法规等，在起草过程中也要进行公平竞争审查。后者如《国务院办公厅关于做好法律清理工作的通知》(国办发〔2008〕109号)，对现行法律中存在明显不适应、不协调等问题进行集中梳理。第三，发挥法律解释和法律漏洞补充等机制的作用，提高法律规则间的协调性。尽管近年来不断有学者提出法学研究需从立法论转向解释论，③ 但面对稍加变化的社会实践和稍微复杂些的社会关系，公众的第一直觉反映是“我国整体法制水平不高，此问题法律没有规定”，因此强调“需要立法或修改法律”的立法论思维仍非常强大。事实上，寄希望于立法全面预见法律需处理的问题，并相应提出解决办法，仅仅是公众对法律的美好愿望。在立法不足或规则冲突时，

---

① 参见［德］K·茨威格特、H·克茨：《比较法总论》，潘汉典、米健、高鸿钧、贺卫方译，法律出版社2003年版，第218页。

② 张守文：《当代中国经济法理论的新视域》，中国人民大学出版社2018年版，第223页。

③ 参见傅郁林：《法学研究方法由立法论向解释论的转型》，载《中外法学》2013年第1期。

法律解释的必要性就凸现出来了。“法律解释的任务就在于：清楚可能地规范矛盾，回答规范竞合及不同之规定竞合问题，更一般的，它要决定每项规定的效力范围，如有必要，并须划定其彼此间的界限。”① 第四，通过司法裁判解决法律适用问题。司法裁判的普通案件并不涉及法律适用难题，有争议的往往是所谓疑难案件，疑难点或许会涉及冲突法律规则的选择适用问题，这可以通过前述法律解释方法进行处理，包括有权解释和学理解释等方法。疑难案件更多的情形是涉及价值判断和选择，此时可能会涉及多个法律规则皆可适用的情形，如何裁判的问题主要取决于价值选择，即考虑优先选择保护哪一方利益或者如何进行利益衡量的问题，这并非典型意义的法律规则不协调问题。由此，以现有经济法渊源层级不高、分散容易形成规则冲突或不协调为由，主张编撰经济法典以消除上述问题，只是论述了问题的一方面；其并没有考虑法典编撰的成本和可能的后续影响，因而主张经济法法典化的理由并不充分。在笔者看来，法典化相较于采用以法解释为主的方法解决法律规则不协调问题，成本更高，因而不是一种好的选择，更遑论法典化是否就一定能成功。

另一种理由认为民法采用制定《民法通则》，到颁布《合同法》《物权法》《侵权责任法》等法律，进而制定《民法总则》并形成《民法典》，此种立法进程可以为经济法法典化进程所模仿。笔者认为，民法法典化路径和经济法的情形有所不同，简单进行类比对经济法并无助益：《民法通则》制定时，我国几乎没有相应的民事单行立法，因此制定《民法通则》以确立最基础的民事制度，相当于在白纸上画画，具体制度并不受已有法律的影响。但经济法通则制定时，经济法各子部门的法律法规情况存在较大差异，有的领域已有重要法律出台或相应法律较为齐全，而有的子部门尚未出台最基本或最重要的法律规范。因此，制定经济法通则时，是否需如《民法通则》般对基本民事制度进行较为全面的规定，不无疑问。这实际上涉及经济法通则如何安排篇章体例和考虑各章间均衡的问题。

此外，从法典结构和体系而言，民法和经济法的基础也不同：我国民法典起草中，无论涉及人格权编是否独立，还是采用七编、八编或九编体例等问

---

① ［德］卡尔·拉伦茨：《法学方法论》，陈爱娥译，商务印书馆2003年版，第194页。

题,[①] 尽管也引起了学者间的争议，但其体系的基本框架仍然是由潘德克顿体系奠定的。然而在经济法法典化过程中，学者对法典体例的设想缺乏由历史形成的体系信仰，各学说间差异较大且无国外立法先例可鉴，因而要形成科学合理的法典篇章体例难度颇大。即使在制定经济法通则时该问题同样存在，但面临上升为经济法典之时，难度会更加凸显。

接下来的问题是，《经济法通则》中究竟该如何规定？参酌程信和教授提供的300条“学者建议稿”，笔者认为可在此基础上改进，包括：

第一，遵循详略得当的思路，既照顾体系，又关注重点。现有学者建议稿采用总则、分则和附则的体例，在总则中按照基本规定、主体（权利）、行为、责任的逻辑展开，在分则中再区分国民经济发展的市场基础、规划导向、宏观调控、基本动力、监督机制五大板块，这主要是从结构体系设计角度考虑的。按照建议稿起草者的想法，通则条文数多少并不要紧，“重要的是，经济法所必须涵盖的基本内容在通则中是否都考虑到了，通则能否统领各项经济法律制度，通则可否付诸实施、收到实效。完整、通用、可操作，才是衡量达到预期的尺度”[②]。笔者认为，完整的提法非常重要，的确可以借《经济法通则》制定之机，将我国经济发展实践中多年来保障经济稳定协调发展的举措法治化，并且能反映经济法学多年来对经济法体系等研究的成果。当然，完整的要求也并不意味着各部分都平均，而是应当在兼顾体系的基础上抓重点。该问题主要表现在如何平衡通则与现有子部门法律之间的关系。举例而言，建议稿中第七章“市场运行法律制度”部分，我国已有规范经营者间竞争关系的《反垄断法》《反不正当竞争法》及规范经营者、消费者间关系的《消费者权益保护法》《价格法》《产品质量法》《食品安全法》《广告法》等消费者法，可以认为此部分的法律规范相对完善，因此可以采用准用性规则[③]指引到具体的子部门立法进行调整。如此操作的好处是：首先，可以避免《经济法通则》与具体子部门法规定的重复，从而节约立法资源；其次，能够明确子部门立法与《经济法通则》的关系，保障经济法体系的完整性；最后，能够兼顾立法的稳定和灵活需

① 参见易继明：《历史视域中的私法统一与民法典的未来》，载《中国社会科学》2014年第5期。

② 程信和：《经济法通则原论》，载《地方立法研究》2019年第1期。

③ 准用性规则是没有明确规定行为规则的内容，但明确指出可以援引其他规则来使本规则的内容得以明确的法律规则。见张文显主编：《法理学》，法律出版社1997年版，第70页。

求，即各子部门法可因立法需求而相应修改，而《经济法通则》保持相对稳定。

除子部门立法相对完善的情形，《经济法通则》分则中还存某些领域或板块的相关立法缺乏的情况，这应当是《经济法通则》立法的重点。例如，发展规划法律制度、产业法律制度和财政法律制度都能起到经济引领作用，[①] 相应的规划、产业、财政实践在我国经济活动中广泛存在且发挥了重要作用，但相关领域的立法显然不完善。我国曾有制定《计划法》《宏观调控法》的学者建议，[②] 并有全国人大代表提出相关议案[③]。但至今在这些领域中仍缺乏《规划法》《产业（发展或振兴）法》《财政基本法》《财政转移支付法》等重要的法律制度。应当说，在短期内相关法律制度的出台存在困难的情形下，通过《经济法通则》将立法、实务和学术部门取得共识的重要规则固定下来，不仅是可行的，而且能体现出《经济法通则》立法的理论和实践意义。

第二，注意部门法特点与立法的协调。“学者建议稿”的总则部分按照主体—行为—责任的逻辑设计，这符合法学的一般惯常。此种逻辑设计还需要与经济法部门的特点相结合，衡量采用“目的程式”或“条件程式”的立法技术。[④] 法律人非常熟悉刑法或民法的“构成要件式”的规则和思维模式，但经济法的经济性、宏观性和专业性特点使其规则无法完全以“构成要件式”的模式予以规定。例如，在规划、产业、预算等宏观调控领域，基于维护经济协调发展的总目标之下，存在短期和长期、中央与地方、公与私等不同的利益及具体相关主体，若以一定的法律规定这些利益保护的固定顺位或优劣等级，则未免显得呆板。经济法治实践往往是根据具体情况，通过特定程序使得各方利益代表充分发表意见、进行博弈，通过发挥公众民主或精英民主的方式进行决策，并以问责制保障相应决策的落实。因此，在《经济法通则》的结构设计的主框架下，还应当注重宏观调控或市场规制活动的程序性控制问题。

另一个与之存在一定关联的问题是经济法责任制度。按照对法律责任的传

---

① 参见史际春、宋槿篱：《论财政法是经济法的“龙头法”》，载《中国法学》2010 年第 3 期。

② 参见刘文华：《计划法简论》，载刘文华：《走协调结合之路》，法律出版社 2012 年版，第 72 页以下。

③ 参见张守文：《当代中国经济法理论的新视域》，中国人民大学出版社 2018 年版，第 229 页。

④ 参见苏永钦：《经济法——已开发国家的任务与难题》，载史际春主编：《经济法总论（教学参考书）》，法律出版社 2000 年版，第 142 - 143 页。

统认识，区分民事、行政和刑事责任并统称为“一般法律责任适用”，不仅与《民法总则》《刑法》等法律规则重复，而且这些法律责任形式实质上应当是法理学的研究内容，各部门法对此的研究与运用也不应局限于部门法的高度和眼光。[①] 同时，受法律责任实体化思维的影响，在第六章第二节“特别责任制规定”中又增加了“经济效益责任制”“经济安全责任制”“任职经济责任制”“非经济刑事责任”等条款。事实上，上述责任从承担形式来看，既可能超越法律责任范畴而进入政治责任或领导责任的领域，[②] 且在法律责任范围内实质上是由民事、行政、刑事责任形式相组合而成。另需注意的是，前文提及经济法对经济管理等关系的调整采用“条件程式”是一大特点，因此，《经济法通则》应当在规定规划、产业、财政预算等法律制度之程式后，辅以科学的问责制[③]保障制度实施。

* * * * * * * * * * * * * * * * *

本期“专题”收录了三篇与互联网、大数据等技术引发的经济法制及其实践变化有关的文章。第一篇是潘宁硕士生的论文《奖励型众筹在中国的异化发展》，认为Reward-based Crowdfunding应译为奖励型众筹，其以承诺奖励为吸引，向众人募集少量资金以实现特定目的的方式，较为适应早期创业的资金募集方式。比较中美奖励型众筹的典型平台及其运作后，论文认为奖励型众筹在中国的发展异化与我国互联网监管强调事前事中监管、带有监管父爱主义色彩有一定关系，因而需要注重事后救济制度完善。姚倩倩的论文《基于区块链技术的加密“货币”法律问题研究》指出，加密“货币”在不同交易场景中呈现出货币、商品或者金融工具属性，各国对私人加密“货币”或法定数字货币的态度与各国国情密切相关。对加密“货币”进行金融监管是各国共识，尽管我国禁止私人加密“货币”，但作为其底层技术的区块链技术在法定数字货币研

① 参见史际春、姚海放：《再识“责任”与经济法》，载《江苏行政学院学报》2004年第2期。

② 参见邓峰：《领导责任的法律分析：基于董事注意义务的视角》，载《中国社会科学》2006年第3期。

③ 参见史际春、冯辉：《“问责制”研究：兼论问责制在中国经济法中的地位》，载《政治与法律》2009年第1期。

发及其他领域均有运用。为适应经济社会及技术发展，今后的数字货币监管政策还应当注重金融监管体系完善，并重视金融消费者保护。付大学副教授和凡换硕士生的论文《共享单车是一种共—私混合财产》，不拘泥于传统物权法理论，而从权利束角度理解共享单车产权，并倡导对单车企业及用户权义适当配置。

“论坛”栏目收录的三篇论文，分别是：张馨予博士生的论文《纳税人诚实推定权的确证困局与演绎设计》认为，纳税人诚实推定权的确证仍存在悖论，我国现行税法环境不适合将诚实推定权明确规定在《税收征收管理法》中，但其作为纳税人人格尊严的重要组成权利，诚实推定的精神应当融入我国税收征管行为中，以防止行政权力对纳税人的过度侵犯，并有助于构建我国新型税收征纳关系。吴长军副教授和李子焱硕士生的论文《大数据时代回执报税制度研究》认为，在大数据时代的纳税申报程序中，应当采用回执报税方式替代现行的网上申报流程。为此，需要考量各方进行制度改革的利益驱动，以构建政府数据统一共享平台，并规定涉税第三方主体向税务机关定期报告相关信息；同时，也需要注重在数据汇总等过程中对数据和信息进行适当保护。丁燕教授的论文《论经济法学分析框架下的破产法发展进路》从经济法基础理论、产业政策法、财税法和竞争法四个维度分析其与破产法发展的关联，认为破产法与其他学科之间的交叉融合已经成为常态，尤其需重视经济法对破产法的指导功能。

“实践研究”栏目收录了李逸竹博士生的论文《标准必要专利侵权判定标准之实践分歧与法理探析》和胡耘通教授、冯子轩副教授的论文《环境政策审计制度实施考量及完善路径》。前者从西电捷通诉索尼案入手，说明大陆法早期认为 FRAND 承诺不具有缔约效果意思，因而属要约邀请，擅自使用专利行为构成侵权；而英美法承认 FRAND 承诺的许可效力，专利权人负担授予许可的义务。2015 年欧盟法院创设谈判步骤分析法，两大法系有制度融合趋势，平衡权利人与行业实施者之间的利益。我国对此的立法回应可以是在《专利法》修改中于第六章“专利实施的强制许可”和第七章“专利权的保护”下进行规定。后者认为环境政策审计是环境治理的重要工具，我国虽有相关实践但存在法律依据不足、环境政策审计评价模式落后、处理方式不当和信息披露不佳等问题，论文就上述四方面相应提出了完善环境政策审计制度的建议。

“立法评议”栏目收录了金枫梁讲师的论文《滴滴系列集中案反垄断申报

的适用困境》，以滴滴系列经营者集中案分析现有申报标准适用中存在的问题，建议以交易规模作为新的申报标准，以适应数据经济发展。

“讲座”栏目收录了史际春教授主讲的人大法学院第99期教授沙龙讲座——《税法的多重目的和非税制约因素》，强调个人所得税法改革要注重培养纳税人意识暨培养现代公民的功能目的，政府降低税费为民营企业减负固然有益，关键还是要给小微企业一个稳定的纳税预期，营造优良的法治营商环境。

本期的“书评”栏目刊载了孙瑜晨博士生的文章《经济法何以能成为“常规科学”?》，借用库恩范式中判断学科成熟的三要素，分别从经济法基础理论、方法论和历史研究角度说明以《经济法学理论演变原论》为代表的张世明教授的系列著作对经济法学的理论贡献。

“学术动态”栏目刊登的是朱国华教授和蒋鑫涛硕士生合作的《第四届浦江法治论坛暨中国上市公司合规战略论坛会议综述》，在企业合规日益受重视的当下，第四届浦江法治论坛汇集产学研各界精英共研上市公司合规战略，有诸多思想火花和实践经验。一份相对简要的会议综述不仅记载了论坛的盛况，更重要的是提炼问题、沟通交流、凝聚共识，致力于公司治理与合规的新发展。

“他山之石”栏目刊登了赵海乐副教授的文章《安全化视角下美国外资审查中的“关键技术”研究》和董暖博士生的文章《第三方资助国际投资仲裁的信息披露问题研究》。前文指出，2018年美国《约翰·麦凯恩2019年国防授权法案》大幅扩张关键技术在外资并购和出口管制中的功能，并将贸易和投资领域中的关键技术合二为一。这种做法并不突然，反映了其国内政治需求。在既有法律框架难以对美国“技术安全化”提供解决方案之时，我国更实际的做法是对技术问题“去安全化”以及对中国在世界中的角色“去道德化”。董暖博士生的论文针对国际投资仲裁中日益增多的第三方资助现象，要求建立有效的信息披露制度以抑制其弊端。文章对第三方资助国际投资仲裁的信息披露的依据、具体制度设计等进行了细致的考察。

专　题

Economic Law Review

奖励型众筹在中国的异化发展

潘 宁*

目 次

美国的奖励型众筹（Reward-based Crowdfunding）是规模和影响力很大的众筹模式，[①] 对创新型经济发展具有重要意义。奖励型众筹是美国互联网金融时代的重要产物，其代表性平台 Kickstarter 自 2009 年上线起到 2019 年 3 月末已帮助 16 万个创意项目，从近 1600 万名出资人处募集超过 41 亿美金。[②] 一些 Kickstarter 支

* 北京大学法学院竞争法方向法律硕士。

① 根据出资人被承诺获得回报的类型，可以将众筹划分为奖励型众筹（Reward-based crowdfunding）、股权型众筹（Equity-based crowdfunding）、债权型众筹（Debt-based crowdfunding）和捐赠型众筹（Donation-based crowdfunding）。

② 截至 2019 年 6 月 5 日，Kickstarter 项目总融资额达到 4339506155 美金，支持者总计 16370909 名。最新数据可访问 https：//www. kickstarter. com/help/stats？ ref = global – footer，2019 年 6 月 5 日访问。

持的项目引发了社会广泛关注，如智能手表的开创者 Pebble①、获得第85届奥斯卡最佳纪录短片奖的纪录片《控诉》（Inocente）② 和被 Facebook 以20亿美金收购的虚拟现实设备 Oculus Rift③。

由于奖励型众筹在美国发展火热，其成为中国较早引进的众筹模式之一，但近年来在中国的发展不容乐观。中国的奖励型众筹平台上不仅未出现引起社会广泛关注的重大创新项目，甚至部分平台已经趋向停业。比如，中国第一家互联网众筹平台“点名时间”已从公众视野中消失，而其由盛转衰的过程④正是中国奖励型众筹发展问题的一个缩影。

奖励型众筹在中国的发展究竟呈现一种怎样的不良态势？这种不良态势出现是否存在什么现实制度原因？美国是如何规制奖励型众筹市场促进其健康发展的？对于解决中国的发展问题又有何制度上的启发？对此，本文首先对比中国奖励型众筹与美国奖励型众筹典型平台的交易结构和规则，描绘中国奖励型众筹模式异化发展的现象；其次，通过对奖励型众筹三方参与主体的动机分析和成本收益分析，揭示奖励型众筹何以健康发展问题的破题点；再者，在比较法视野下，对比分析中美制度的差异，并对异化发展困局提出制度改善的可能思路。

---

① Pebble 是一款能够使用户通过手腕界面与他们的 Android 或 iOS 设备进行互动的智能手表，其创始人 Eric Migicovsky 需要至少10万美元用于模具设备的生产。尽管创始人曾经为黑莓手机设计过一款手表，居住在天使投资人集聚区，而且已经从几家天使投资者处筹集375000美元种子基金，仍然难以为这笔总数不大但急迫的资金需求寻找到足够多的支持者。2012年4月11日，他转向奖励型众筹平台 Kickstarter，发起一个筹集10万美金的项目，并承诺如果支持120美元就能获得今后生产的一款 Pebble 手表。他在两小时内便筹集完成目标，至项目启动37天后的结束之时，他共计向68929人筹集了超过1000万美元，并承诺生产85000块手表以向支持者们交付奖励。

② 《控诉》（Inocente）是一部由 Sean Fine 和 Andrea Nix Fine 于2012年执导的短片兼纪录片。这部影片曾获得2012年奥斯卡金像奖最佳纪录短片奖，讲述一个来自美国加利福尼亚州的15岁无家可归小女孩励志要成为艺术家的故事。创始人通过奖励型众筹的方式从 Kickstarter 上募集到5万美金作为拍摄经费。

③ Oculus VR 公司2012年8月在 Kickstarter 上发起一项奖励型众筹项目，旨在融资推出一款专为视频游戏设计的全新虚拟现实（VR）耳机 Oculus Rift。该项目在筹款期间从9522名支持者处获得2437429美元，远超过25万美元的目标筹资金额。

④ 2011年初，张佑创立众筹平台“点名时间”，随后成为众筹行业领军者，《大鱼海棠》是该平台的典型案例之一。2013年，《大鱼海棠》制作团队在“点名时间”发起众筹，最终获得3510人的支持，筹到158万元，超过了目标金额120万元；该片成功上映，放映片尾出现4000多名众筹者名单，取得极大成功。然而，“点名时间”遇到极大的发展瓶颈。2014年，张佑决定放弃众筹模式，转而打造智能硬件首发平台，但转型并没有成功。2016年，“点名时间”被91金融收购。2018年9月，“点名时间”网站已无新项目上线，展示的融资成功案例也以四五年前的项目为主。

一、译法论争与解释性范畴的确定

奖励型众筹是舶来品，英文为 Reward-based Crowdfunding。此模式在中国发生了很大变化，学术界对此种众筹的翻译和理解存在很大争议。① 对中国奖励型众筹理论研究的前提之一就在于确定重要的解释性范畴。对 Reward-based Crowdfunding 的翻译将影响对众筹活动法律性质的理解，因此有必要首先确定。目前，国内出现的回报型众筹、权益类众筹、预售型众筹、团购型众筹等提法只是对时下国内异化发展模式的描述，不能准确地反映 Reward-based Crowdfunding 模式的本质。奖励型众筹是相对更好的译法。

首先，回报型众筹和权益类众筹不能很好地体现出奖励型众筹相对于债权型和股权型众筹的特殊性。奖励型众筹和债权型、股权型众筹一样都属于回报型众筹，都因为发起人享有某种权益而可归属于权益类众筹。其中，债权型众筹的出资者以获取利息为目的，股权众筹的出资者以获取股权为目的，奖励型众筹的出资者则以获取奖励为目的。与回报型众筹相对应的是非回报型众筹，与权益类众筹相对应的是非权益类众筹，由此区分的是捐赠型众筹与其他类型众筹。因此回报型和权益型众筹的表述均不准确。

其次，产品众筹、预售型众筹和团购型众筹提法表明了 Reward-based Crowdfunding 在中国鲜明的运营风格，但无法全面概括 Reward-based Crowdfunding 模式应然的发展状态。这些提法忽视了个性化的奖励类型，不能体系地概括该商业模式的特征。产品众筹是依据具体奖励类型的特点来概括的。诚然，产品是一种主流和典型的奖励形式，但其忽视了服务等个性化奖励形式。预售型众筹和团购型众筹概念的出现是中国移植此种众筹模式时扭曲和变味的一种写照。众筹在中国的火热是不自然的，有时甚至是一种假象。债权型众筹平台积累资金池、拆标、刚兑，由此才吸引众多普通投资者。奖励型众筹平台抬高项

① 有学者把中国的奖励型众筹归到捐赠模式中，参见胡吉祥、吴颖萌：《众筹融资的发展及监管》，载《证券市场导报》2013 年第 12 期。有学者称之为实物回报类众筹，参见邓建鹏：《互联网金融时代众筹模式的法律风险分析》，载《江苏行政学院学报》2014 年第 3 期。有学者翻译为回报型众筹（标注称“也叫奖励型众筹”），参见盛佳、柯斌、杨倩：《众筹：传统融资模式颠覆与创新》，机械工业出版社 2014 年版，第 14 页。有学者将此解释为“奖励式众筹又称回报式众筹或者预购式众筹”，参见盛佳、杨倩、杨东和黄朝科：《众筹之巅：互联网浪潮下的创业和金融》，中国铁道出版社 2016 年版，第 16 页。

目发起门槛，把创意孵化简化为电子商务的延伸版面，由此错把一批追逐优惠的网购消费者而非有闲有钱的潜在创意投资者吸引进来。因此，尽管产品众筹、预售型众筹和团购型众筹能够代表中国的现状，但这些定义远非奖励型众筹的真实情况以及未来的发展方向。

再者，诚然 Reward-based Crowdfunding 近年在中国的发展过程中消费属性十分突出，但从应然角度来看，不能忽视此种模式中资金支持和获得奖励的时间差与风险，并将投资和消费属性完全排斥。具体而言，投资是指货币转化为资本的过程，投资者当期投入一定数额的资金而期望在未来获得回报，所得回报应该能补偿投资资金被占用的时间、预期的同通货膨胀率以及未来收益的不确定性。尽管奖励型众筹对出资者而言，并非传统意义上的投资，但也绝不能与消费完全画等号。消费的目的是满足现时需要，投资则是通过一定时期的资金安排来更大化远期需要，最终是为追求更好的未来消费。在互联网时代，从专业细分走向交融成为大趋势。同一主体多重角色的现象将表现得更加明显，同一主体可能既是经营者也是消费者，作为消费者的同时也可能是投资者，因此不能僵化地隔离投资和消费属性。

相较之下，奖励型众筹更为贴近 Reward-based Crowdfunding 应然的发展状态。在美国，Reward-based Crowdfunding 的重要经济意义在于刺激和对接个性化需求，鼓励创新创业，增强经济发展的活力。依靠此种模式运作的筹资项目以创意性产业为主，这意味着支持者正在参与一种接近创新的伟大事业：支持者是为了投资创意事业、参与产品孵化的全过程，而非只追求最终消费创意产品。奖励是产生荣誉感的激励手段，奖励型众筹是以奖励回报来激励大众参与支持创新创业。综上，本文的奖励型众筹指代 Reward-based Crowdfunding，是本文的基本概念术语。

二、奖励型众筹的源起、典型与在中国的异化

（一）奖励型众筹源起与典型平台

奖励型众筹本质上是为特定目的，以承诺奖励为吸引，向众人募集少量资金的活动。奖励型众筹活动在18世纪欧洲初露端倪，随后便成为文学艺术领域颇受欢迎的创意融资方式，影响力也在不断扩大。例如，为确保美国的标志性

建筑自由女神像的顺利完工，1885 年《纽约世界报》出版商约瑟夫·普利策（Joseph Pulitzer）在其报纸上发布了众筹项目，该项目最后从超过 12 万名支持者那里募集了 100091 美元。①

早期的奖励型众筹的共同点在于发起者在文学艺术领域具有较高社会声誉和较强信息传播渠道，这是众筹活动能够发端较早的重要原因，也是奖励型众筹成为最早的众筹类型的原因。在 18 世纪和 19 世纪进行众筹活动具有高昂的信息搜寻成本、信息传递成本、小额支付成本和信息信任成本。② 文学艺术领域具有较高社会声誉的人拥有一群忠实粉丝，其不需要付出额外的成本搜寻潜在支持者的信息，容易通过演出等方式传递融资需求信息、获取信任，并通过集中的现实交付方式来降低支持者的支付成本。所谓金融是指资金融通，而推动资金融通的本质在于解决信任问题。奖励型众筹相比于后发的其他众筹类型，融资目的非常特定，回报相对确定，因而更容易产生信任。

互联网时代为奖励型众筹提供了良好的契机：互联网极大降低了众筹活动的高昂成本，更多的支持者提供资金变得可行。Kickstarter 是当代互联网奖励型众筹的典型平台。2009 年，它的成立使奖励型众筹项目扩围到其他创意领域，奖励型众筹也开始成为创业公司的主要融资渠道。Kickstarter 只允许真正的创意项目上线。在筹资规制和费用收取方面，Kickstarter 是相对刚性的“全有或全无（All or Nothing）”模式，即如果达不到创意者的融资目标，创意者将不会得到融资，既有的支持者投资将被撤回；只有项目成功达到融资目标后，Kickstarter 才会收取实际融资额的 5% 作为佣金。

（二）奖励型众筹在中国异化发展

目前，中国的奖励型众筹平台向集团式和混合式方向发展。早期入局的奖励型众筹平台依靠移植美国 Kickstarter 商业模式起家，初期市场良好但未能站稳脚跟，后续出现诸多龙头企业被收购，甚至停止营业、倒闭等现象。③ 专业

---

① See Steven Dresner, *Crowdfunding: A Guide to Raising Capital on the Internet*, Wiley Bloomberg Press, 2014, pp. 3 – 4. 参见盛佳、柯斌和杨倩：《众筹：传统融资模式颠覆与创新》，机械工业出版社 2014 年版，第 13 页。

② 信息传递成本、小额支付成本和信息信任成本的提法，参见彭冰：《投资型众筹的法律逻辑》，北京大学出版社 2017 年版。

③ 比如 2011 年创立的“点名时间”，在初创两三年内迅速成为众筹行业的领军者，但 2014 年就遇发展瓶颈开始放弃众筹模式寻求新的发展出路并最终失败。

奖励型众筹的发展困境之一在于高昂的导流成本。与此相比，具有较大流量基础的互联网巨头有明显的优势，因此如淘宝、京东、苏宁等互联网巨头正以集团化的方式运营着奖励型众筹子平台。此外，从吸引发起人的角度来看，近期还出现奖励型与股权型众筹模式混合运营的平台。[①] 结合我国奖励型众筹发展过程中出现的不同形态可将其提炼为专业与综合的二元类型，并在综合类型下细分为集团式和混合式两种子类型。

但是，这种集团式和混合式平台的商业模式背离奖励型众筹的本质，[②] 不利于中国奖励型众筹的健康发展。比较中国的京东众筹与美国的Kickstarter平台发现，两者在商业模式决策独立性、平台透明度、项目发起条件、众筹支持规则方面存在较大差别。

首先，京东众筹平台商业模式决策依附性明显强于Kickstarter。Kickstarter作为独立的公司，公司创始人Perry Chen对重要的商业模式转变具有较强的决策权，比如转型为共益企业（Public Benefit Corporation）。[③] 与之相比，京东众筹背后的运营组织体是北京奥都百升网络科技有限公司，其是北京京东金融科技控股有限公司（即京东金融）的全资子公司，受到母公司以及整个京东集团整体战略的较大影响。京东众筹构建的发起人规则主要面向企业用户，在于京东集团的用户资源主要在于企业端，重新挖掘个人用户成本过高。

其次，京东众筹平台透明度远低于Kickstarter。《特拉华州共益企业法》对共益企业Kickstarter提出更高的透明度要求，[④] Kickstarter设置专门的统计页面对平台整体及各项目类别的筹资数据实时更新。京东众筹仅在首页公示全平台累计支持金融、单项最高筹资额和单项最高支持人数；同时，其复杂的项目结

---

① 比如2015年上线的“开始吧”，近三年来在中国奖励型众筹市场成交量排名稳步上升。尽管“开始吧”对外宣称为奖励型众筹模式，但实际上大部分项目发起人都选择共建模式（某种意义上的股权型众筹）来寻找生意的合伙人或者代理人，因此可被认为是奖励型众筹与股权型众筹的混合体。

② 在京东众筹资质审查要求公告的评论区里，一名账号为“wan＊＊＊i_1”的用户留言：“请问，这些资质什么的都齐了，直接就是成熟产品售卖了，还众筹什么。这就一个卖货的窗口了，失去众筹本质意义。”在该留言下方还有几名用户评论道：“这就是个电商平台，起名叫众筹而已，实际是团购。你们搞清楚了再来，想找钱还是去找投资吧。”“就是团购。”“对啊，不是应该成功了之后再搞资质的吗??”等等。参见https：//zbbs.jd.com/thread-27129-1-1.html，2019年2月10日访问。

③ 2015年，Kickstarter注册成为美国特拉华州共益企业。

④ Same as a traditional corporation，except expanded transparency. See https：//benefitcorp.net/sites/default/files/documents/Implications_of_Becoming_a_DE_Public_Benefit_Corporation.pdf，visited on Sep. 1，2019.

算规则[①]降低了筹款资金流动的透明度，带来潜在的资金池风险。

再者，两平台发起项目严苛程度不同导致占主导的项目类型也不同。Kickstarter等奖励型众筹平台上存在很多个人发起的创意设计项目，整体上项目的类别以文化创意为主。京东众筹主要是公司或公司代理个人发布已经成型的产品项目，且产品类别以生活消费类为主。从长远来看，项目发起条件和类型的差别不利于奖励型众筹在中国的健康发展。一方面，中国的奖励型众筹平台设置了较高的项目发布门槛：京东众筹规则中发起人的资质要求对于初创者而言几乎不可能实现。[②] 为此，京东众筹认定的众创服务商似乎为初创者提供了一种解决方案，[③] 但其也带来了高昂的代理成本。[④] 另一方面，中国的奖励型众筹平台支持发起的项目类别非常有限，很多领域的创业没法通过这种方式获取融资，虽然中国的奖励型众筹发展出农业类众筹这一具有特色的项目类别，但是由于较高的发布门槛，农牧业众筹项目主要通过中介代理公司进行操作，奖励型众筹惠农效果因没有直接对接农牧民个人而大打折扣。

最后，中国奖励型众筹筹资规则更为复杂，不利于培养支持者的信任度。Kickstarter仅支持奖励型档位，而且在庞大支持者群体中存在很多重复投资人，[⑤] 支持者对平台的信任度较高。京东众筹筹资规则显示其不仅支持奖励型

---

① 京东众筹的项目筹款结算规则并非规定在主要的发起人协议中，而是通过众筹社区发帖的方式公布更新。根据2019年1月21日最新公布的结算规则及流程，项目众筹成功后一天筹款总额自动打入发起人京东钱包账号，但筹款默认为冻结状态，必须等待平台扣除服务费后按照发起人协议分三批发送指令进行解冻，只有解冻的金额发起人才能提现用于项目实际实施。

② 自然人作为发起人在中国相对弱势。以（2016）浙0105刑初485号“陈某诈骗案”为例，该案被害人之所以被骗，部分原因在于众筹平台设置非常高的进入门槛，被告有机会编纂各种相关的谎言骗取钱财。比如骗被害人上线众筹项目需要向京东商城缴纳保证费，需要给审核的工作人员好处费等。

③ 京东众筹与第三方公司展开合作，根据合作关系的紧密程度认定合作的众创服务商类别，包括核心级、伙伴级和专业级三个类别的签约服务商，并对服务商制定了相关的管理规则。详细参见https：//zbbs. jd. com/thread－58220－1－1. html，2019年3月10日访问。

④ 以（2017）川0107民初7438号“成都华速网络技术服务有限公司诉成都朋友帮文化传播有限公司服务合同纠纷案”为例。原告是被告发布众筹的代理服务商，原告帮助被告成功在淘宝众筹上融资383912元，原告在基础服务费用18800元之外还主张融资额10%的提成（38391.2元）以及违约金。据此，代理众筹成本近15%。

⑤ 根据Kickstarter官方统计数据显示，截止到2019年3月30日，Kickstarter投资人数将近1600万，其中有超过520万的重复投资人。很多项目可以看到超级投资人（superbacker）的身影。笔者给Kickstarter官方支持邮箱发送邮件询问超级投资人的定义，得到回复称超级投资者是给予重要重复投资人的一个荣誉标签，具体定义为“These badges are added to the profiles of backers that have supported more than 25 projects with pledges of at least ＄10 in the past year.”

档位，还支持发起人设置纯抽奖档位、无私支持档位以及公益众筹项目档位，这些不同模式的混合将带来合规风险；更重要的是，针对这些额外档位，京东平台规则强调一旦支付成功将不予退款。这对支持者具有很高的欺诈风险。

三、保护支持者是奖励型众筹何以健康发展的破题点

一般而言，创业早期阶段的创业者获取创业资金的方式比较有限。因此，奖励型众筹对于创业者而言是一种良好的初创阶段补充融资方式。通常，创业者或者投入以往辛勤工作攒下的个人积蓄进行创业，或者将自己的住房通过抵押贷款方式获取资金，甚至还有可能透支信用卡来支持创业计划。除自身的储蓄或者信贷外，也有创业者向亲朋好友借钱，或者从天使投资人与风险投资人那里获取融资。相比之下，众筹更好地匹配了资金的供给与需求。众筹平台上集聚了最有意愿为创业早期产品付费的人群。基于互联网的优势，这些人来自全球各地，与局限于当地的传统融资相比，去除了地域限制的众筹能在更大的供给池里为需求者寻找匹配的初创资金。其次，奖励型众筹通过发布项目为潜在出资者披露更多的信息，提供早期或限量产品等个性化回报，降低了整体的融资难度。再者，奖励型众筹的运作模式为创业者提供了一次市场调研的机会。奖励型众筹的评论区和提问区创造了一个对接发起人和支持者思想的空间。这使得上线奖励众筹平台的诸多创意或者产品在未大规模生产前能够寻求支持者的意见，而这些意见为之后的高质量产品生成提供了良好的测试机会。同时，这为支持者意见加入产品设计提供可能，由此提升了成熟产品的用户友好度，也便于拓展更多的潜在用户。此外，用户需求在平台上可以充分表达，由此形成的丰富信息资源也可能为发起人将来的项目提供灵感。

然而，在众筹平台筹资对发起人也有不利因素，成本的降低也意味着增值服务的舍弃，信息获取的同时也面临信息泄漏的问题。与传统融资方式相比，首先，在众筹平台融资的发起人在产品尚未生产出之前就需要向公众披露更多信息，发起人一方面可能会担忧产品被竞争者模仿，并由此引发知识产权保护问题；另一方面，信息披露过多还会对未来供应商的议价能力产生影响，因为当供应商提前获知发起人融到金额后，会想方设法索取更高的价格。其次，专

业投资者不仅为公司带来了钱，更重要的是创造了额外的价值。① 以天使投资人和风险投资公司为例，他们会为创业公司带来行业知识、行业关系和地位等信息。另外，由于众筹中每位支持者出资金额较少，一个成功的项目往往会获取诸多支持者的出资。当支持者提供多样化的意见时，会使得发起人将过多精力放在回复发起人的意见之上，反而减少投入在创意项目上的时间；当产品未能如期交货时，支持者众多也意味着会引起更多关注；而当部分具有强烈个性的支持者出现，其发言将对众筹话题区产生重要影响，可能使发起人失去对项目发展方向的控制。此外，由于奖励型众筹具有众包的特征，来自大众零散的小额资金对整个创业的持续发展仍然相对有限，当项目需要后续融资时，资金来源难以得到保障。因此，发起人需要权衡在众筹上融资的成本与收益，经过与传统融资方式比对后再决定是否选择这样的方式进行融资。

奖励型众筹活动中，支持者可以享受内测阶段的创意产品和服务，同时可以通过在众筹社区表达个人想法获得参与感和荣誉感。首先，部分支持者可能是科技爱好者，其希望体验快速发展和迭代的新科技产品，也期待此项创意事业发展壮大。因此，过程中获得的正向反馈能促使他们在接下来可能的股权融资中进一步成为科创公司的早期股东。产品爱好者成为早期股东对后来的其他公众投资者以及公司本身都是有益的，因为他们的激励与提升公司价值的手段能保持一致。其次，相对于科技爱好者对奖励回报的看重，部分支持者并不为获得奖励而出资，他们出于对创新的尊重和对创意的情感而支持某个奖励型众筹项目，因而此时的奖励型众筹也具有一定捐赠的属性。此外，奖励型众筹本质上还是一种社交活动。在有些项目中，支持档位对应的奖励回报可能包含与创始人直接沟通的机会，因此，支持者投入资金是为了获得他们所重视的创作者的优先访问权，他们不仅有动力提供资金以换取部分发起人的认可，而且还以成为创业计划以及早期采用者群体中的一部分为荣。

但是，众筹行业也有阻碍支持者投入资金的因素，比如创始人的能力不足、项目的欺诈风险和项目成功的不确定。一般而言，现实的支持者对于发起人兑现承诺的能力存在较为乐观的信心，然而大多数发起人缺乏足够经验，在与材

---

① See Hsu D H, "What Do Entrepreneurs Pay for Venture Capital Affiliation?", *The Journal of Finance*, Vol. 59, No. 4, 2004, pp. 1805 - 1844.

料供应商议价和联系发送物流时候居于弱势地位，导致实际生产产品和发送奖励时出现诸多预期外的情况，因而常会导致延期交付甚至部分项目最终难以交付的问题。其次，由于产品在生产出之前就已经募集到资金，因此部分发起人可能会在众筹平台使用虚假信息来制作看似真实的筹款活动，进而欺诈。由于每个人投资的规模较小，单个支持者进行尽职调查的成本过高，最终加剧了欺诈行为。排除了发起人的欺诈目的，但创新创业失败的可能性仍高，早期创意项目本身就充满风险。

在奖励型众筹活动中，除了发起人和支持者双方，平台也是非常重要的主体。奖励型众筹平台作为中介机构，其收入往往基于项目成功融资的比例佣金。因此，平台的直接目标应当是最大化成功项目的数量及其融资规模，这需要设计机制吸引大量创意者，激励其发布高质量项目，减少欺诈，吸引大量支持者，并促进思想和资本间的有效匹配。

基于奖励型众筹活动三方主体的动机，进一步进行收益风险比较可发现，提升支持者信心是实现帕累托改进的关键，因而，促进中国奖励型众筹发展的关键点在于支持者保护。

一个成功的奖励型众筹项目对三方而言是完全不同的收益与风险的分配。平台对成功融资项目收取固定比例佣金，将不交付等风险区隔给发起人，其是三方中风险最小而收益相对最高的主体。项目发起人的收益风险次之。从现金流角度来看，发起人项目并未实际实施，筹款已到账即意味着收益实现，此时风险仅在于奖励的交付。况且，哪怕项目实施遇到问题，平台规则也支持发起人通过发布更新或者评论区回复等方式向支持者说明进而免除己方责任。支持者则是奖励型众筹活动中居于弱势地位的主体。由于资金已经交付给发起人，支持者没有了向发起人讨价还价的筹码，只能寄希望于项目的发起人可以按照项目陈述如约交货。支持者既承担了产品或服务不能按时交付的风险，也承担了这部分产品或服务与预想不一致的风险。此外，如果项目发起人未能正常投产或者交付，项目的支持者还需要通过复杂的法律方式、极高的维权成本来索取并不算高的支持金额。

由于支持者是奖励型众筹活动主体中较为弱势的一方，适度保护支持者将提升其出资意愿，最终促进奖励型众筹的发展。从整个行业资金流的角度而言，平台与项目发起人均为资金的流入方，仅有支持者真实地将自己的资产贡献给这个行业。由于支持者在这种商业模式中天然的脆弱性，根据短板理论，[①] 保护支持者是发展该行业的首要环节。支持者得到足够的保护，一方面现有支持者愿意投入个人财富中更大的比例，另一方面潜在支持者也会加入，这对整个行业资金端的发展是乘数式的增长。相对而言，好的项目发起人即使不通过众筹的方式融资，也可能通过其他渠道进行融资。当支持者数量与金额提升后，奖励型众筹的融资变得相对容易，趋于理性考虑，发起人会更愿意通过奖励型众筹方式进行融资。供需数量增加意味着奖励型众筹平台行业整体收入的提升，会促进平台的发展。保护支持者、提升支持者信心是帕累托改进，这样的举措对培育更庞大的支持者群体、发起人对奖励型众筹的选择、对于平台发展都是有利的。此外，平台发展也对整体经济的发展有间接的影响。平台整体发展会让筹资规章更规范，也会通过示范效应带来更多的支持者与发起人。发起人发展对于整体经济有重大意义。这既直接促进了创新经济的发展，也提升了经济活力。因此，促进中国奖励型众筹发展的关键点在于保护支持者。

四、隐性父爱主义保护导致异化发展困局

中国规制新型业态的被动的运动式监管[②]思路助推了奖励型众筹的异化过程。目前，中国监管机构未将奖励型众筹纳入互联网金融典型业态[③]予以规制，仅以一种传统上的经营与消费关系来看待中国奖励型众筹的交易性质，[④] 并依托既有的《电子商务法》通过规制平台来达到市场监管效果。受到规制模式转

① 美国管理学家彼得提出的木桶原理：木桶的盛水量由组成其木板共同决定，若其中一块木板很短，则盛水量就被短板所限制。

② 参见彭冰：《反思互联网金融监管的三种模式》，载《探索与争鸣》2018 年第 10 期。

③ 2015 年 7 月 22 日发布的《关于促进互联网金融健康发展的指导意见》第一节规定："互联网金融是传统金融机构与互联网企业（以下统称从业机构）利用互联网技术和信息通信技术实现资金融通、支付、投资和信息中介服务的新型金融业务模式。"尽管应然的奖励型众筹特征符合该指导意见对互联网金融的界定，但其在具体规制意见中并没有列举这种模式。

④ 法学理论界也忽略了对奖励型众筹法律问题的研究，其判断基点在于回报型众筹和预售型众筹发展很多很快，直接适用合同法和消费者权益保护法，不存在其他法律障碍，也不需要事前批准等。参见彭冰：《投资型众筹的法律逻辑》，北京大学出版社 2017 年版。当然，此观点针对目前中国畸形的奖励型众筹发展现状，相较于当下暴雷频发的债权型众筹，奖励型众筹法律问题在风险理论视角下就处于边缘地位，因此从实然角度具有相当的合理性。但笔者认为奖励型众筹本质是一种新型的互联网金融商业模式，经济法理论新视域是多元的，众筹相关的法学研究应当被传承和拓展到发展理论，即在吸收债权型众筹和股权型众筹研究成果基础上扩围到奖励型众筹。

型的影响,① 平台基于被赋予的类监管权设置了很高的项目发起门槛和运行要求，隐性地承担了多重实质审查义务，充满着父爱主义色彩。

在这个规制思路的影响下，中国对奖励型众筹支持者的保护主要集中在事前和事中。平台通过态度强硬且内容复杂的规则设置，扮演着政府规制市场的看门人角色。在发起阶段，京东众筹平台订立了严苛的发起主体规则、项目内容规则和项目周期规则。具体而言，与 Kickstarter 未要求发起主体具备法人资质不同，京东众筹平台上绝大多数项目类型要求发起人为满足一定存续时间的企业，仅开放自产农副产品和家庭手工业产品两个个人发起类型；与 Kickstarter 以审核项目内容创意性和排除违法为主的实质审查不同，京东众筹平台对所有发起主体拟涉及的项目内容提出了按照产品类别详细分类的资质要求，这些资质要求远非初创品能够企及，而这份资质要求清单就是京东众筹平台发起阶段实质审查的主要内容；此外，京东众筹平台还在项目后续展开阶段创设了更多新式审核规则，比如与 Kickstarter 对成功达到筹资目标扣除固定比例佣金后一次性转付发起人不同，京东众筹平台使用其集团内部的兄弟公司京东钱包来控制整个款项流动过程，将成功筹资的项目款规定三批解冻审核程序，并附加创设了很多对款项金额的调整权；对项目运行周期，与 Kickstarter 上众多项目运行周期长达两三年不同，京东众筹平台设置专门条款将项目运行周期限缩在较短时间，以提高承诺奖励的兑现速度。

诚然，通过严格审核和监控发起人整个项目过程，这套复杂规则降低了各种严重损害支持者权益的履行不当和不履行事件的发生风险。首先，自然人主体一般比法人主体项目履行能力差，京东众筹平台对众多项目限制发起主体的规定一定程度控制了风险。法人是符合一定法律条件而被法律人格化的组织，这些法律条件往往包含对组织承担民事义务提出许多硬性物质要求。目前，京东众筹平台只认可营业执照类型是“企业”的公司发起项目，而想获得公司法人人格至少要拥有固定住所地、注册资本和组成人员，并受到工商、税务等部

① 有人将这种转型概括为向平台自律、政府监管和社会监督的多元主体共治，也有人将此描述为一种规制含义扩展的趋势，并将此称为元规制，即一种介于政府规制和自我规制之间一种复杂、抽象和间接的规制干预形式，是外部监管者对自我规制的控制。参见王名、蔡志鸿、王春婷：《社会共治：多元主体共同治理的实践探索与制度创新》，载《中国行政管理》2014 年第 12 期；Robert Baldwin, Martin Cave and Martin Lodge, *The Oxford Handbook of Regulation*, Oxford University Press, 2010, p. 4.

门的监管。自然人仅实名认证和提供身份证信息，具有更多不确定性，往往资金实力弱且缺乏基本的运营经验。其次，系统的项目运营资质要求排除了许多新领域尝试的可能性，减少了不确定性。越是创新的想法，就越难获取既有的市场监管资质许可。这不仅因为想法成为现实产品需要一个漫长的实施过程，而且因为开拓的全新领域可能无法被归类到既有的资质类型当中。因此，通过京东众筹平台发起审核而呈现在平台页面上的项目多是至少已经制作出产品模型等待批量生产和发货的项目，那些从想法到模型诞生过程中的诸多不确定性被过滤出去。再者，平台解冻审批权和款额调整权保证了项目全过程的风险管控。为了获得全部筹款金额，发起者必须积极及时回应支持者的评论和疑问，必须保证一定的项目进展更新频率，由此保障了支持者的知情权，也降低了发起者获取筹资后的道德风险。此外，有限的项目运行周期给支持者稳定的预期，使支持者能够区分不适当履行和履行不能等不同情形，进而能在权益受损时及时维权。

然而，平台的这些隐性父爱主义保护规则违背了支持创新创业的初衷，平台矫枉过正，最终形成了目前的异化发展困局。发起人之所以青睐奖励型众筹融资，是期待其能够很好地解决自己创业初期资金匮乏但又无法获得传统融资渠道帮助的问题。很多时候，拥有好创意的是不成熟的几个自然人，中国奖励型众筹平台的这些法人资格要求将这些创意者排除在外。创新本身意味着极高的结果不确定性，而平台那些为了保证项目最后能够交付承诺奖励设置的多重审核规则，无疑阻碍甚至扼杀了初创团队的创意梦想。显然，平台意识到了这个问题，同时由于国家倡导大众创业、万众创新，引导互联网金融健康发展从而为创新型经济注入活力，创设了一系列规则企图重新将这些流失的创新创意项目引回平台，平台不得不另外创设一些支持创新创业的环节来弥补抬高发起门槛带来的问题。比如京东众筹平台引进代理商名单制度、举办服务商官方签约会、发起创新众测、构建众创生态圈。但这些对奖励型众筹模式的诸多本土改造将进一步复杂化整个交易结构，抬高整个流程的交易成本及交易方的法律风险。

五、引入适当的事后救济制度：比较法的启发

奖励型众筹活动的商业模式决定了支持者的弱势地位，因此，如何更好地

保护支持者、促进此种模式健康发展的问题是无国界的。美国奖励型众筹平台的支持者也面临着欺诈等一些严重损害其权益的法律问题。在Kickstarter上，如果项目在时限内达到或者超过融资目标，平台将会从支持者银行账户将出资一次性全部转至创意者账户。此时创意项目还未实际开始，所以奖励的可获得性是高度不确定的。事实上，美国平台也的确有很多支持者在众筹项目未能如期发送奖励或者完成项目计划时要求返还支持资金。诚然，归还支持资金是一种可能的解决方法，但当支持者要求归还时多数创意者已破产而无力返还。绝大多数Kickstarter上的项目最终都比计划时间表延迟。因此许多支持者难以区分迟延履行和不履行。当支持者意识到奖励将永远不会实现时，项目发起人已将绝大多数融资浪费在欠考虑的采购项目上，因此归还支持资金是不现实的。更重要的是，一般去Kickstarter上进行融资的都是那些难以从传统融资渠道融资的创业者，许多项目发起人财务状况都比较差。这就意味着如果项目失败，他们没有足够的资金归还给支持者。

美国对奖励型众筹的规制思路以理性交易者为前提假设，平台并未被法律赋予实质审查义务。Kickstarter平台是与发起者和支持者具有平等法律地位的奖励型众筹参与主体，其通过平台规则明确设定了交易性质，确认众筹是发起人和众多支持者之间的风险合同行为，Kickstarter不是网络产品的销售平台，并要求发起人在项目陈述时明确而清晰地告知风险。[①] 尽管Kickstarter平台确实存在与实质审查相关的规则，但这是平台为了吸引更多用户主动提供的可选择的附加服务，而不是行使所谓的类监管权。具体而言，Kickstarter平台对项目实行全有或全无的刚性[②]筹资规则，并详细规定了项目必须遵守的两方面积极义务和三方面消极义务：平台限定项目必须制造能与他人分享的事物，规定发起人必须履行真实准确陈述项目的信义义务，禁止慈善筹款和提供股权形式的奖励，禁止违法、受到严格管控或可能伤害支持者的项目，禁止不是由发起人制作的奖励回报。[③] 基于这些规定，Kickstarter平台对项目进行实质审核，但发起人对此享有选择权和复审申请的救济权。受到Indiegogo宽松审查的竞争影响，Kickstarter引入算法智能审核项目是否违背平台规则，对于通过自动检测的项目发

---

① See https：//www. kickstarter. com/blog/kickstarter - is - not - a - store，2019年8月25日访问。

② Fixedproject指项目在规定时间内未达到筹资目标时必须把钱全部退还支持者。

③ See https：//www. kickstarter. com/rules/prohibited？ref = rules，2019年8月25日访问。

起人赋予即时发布（Launch Now）或者进一步人工审核的自由选择权。Kickstarter 的人工审核主要评价项目是否包含真正的创新并检查该项目是否符合平台规则规定的项目类别。对于那些选择进一步人工审核创意性的项目，如果收到拒绝发布的审核通知，Kickstarter 平台还设置了发起人的复审请求权，意在更公平地接纳创意项目。

虽然美国并没有像中国一样借助平台间接为支持者提供如此多的事前事中保护，但其在承认市场主体理性的基础上为权利严重受损的众多支持者提供了适当的制度救济方案。

首先，美国的个人破产制度会对此产生较大影响。一方面，个人破产制度为创新创业者提供了最后的制度保护伞，能够促进创业者承认失败、积极理性地清算历史债务，而不是跑路；另一方面，支持者能够以债权人身份通过法律程序提出免受保护财产异议来剥离出可供自己受益的赔偿金，当然这也对支持者的法律素养提出了更高要求。以 Kickstarter 上 Hanfree 平板辅助支架项目①为例，该项目获得超额融资但未能实际完成，其发起人 Seth Quest 申请个人破产。作为受到免责影响的债权人，该众筹项目 440 名支持者中的 Neil Singh 和 Arizona Chris 向法院提出异议申请，认为他们的出资被破产请求人与个人财产混同不当使用，请求法院不予支持解除这部分债务。

其次，除了参与项目发起人个人破产，美国的退出制集体诉讼和公益诉讼制度也为支持者解决奖励相关法律问题提供了可能。对于奖励型众筹项目发起人不履行奖励承诺的救济，支持者们最大的障碍就是奖励型众筹模式下多数支持者的出资额都是微不足道的，因此对于每个支持者而言，诉讼成本相对于其小额欺诈损失来说都十分高昂。据统计，Kickstarter 平台平均支持金额是 70 美金，众数是 25 美金，同时合同诉讼费用中位数是 91000 美金。② 尽管可能会出现极个别人基于合同请求权要求返还出资，但这绝非常态。因此，一个 Kickstarter 合同诉讼的潜在原告即使在诉讼百分百成功的前提下也缺乏经济动机去行使其请求权，所以退出制集体诉讼制度能够一定程度鼓励支持者进行诉讼。

---

① https：//www.kickstarter.com/projects/831303939/hanfree - ipad - accessory - use - the - ipad - hands - free/description。在评论区里，可以看到 SethQuest 所披露的破产相关的信息。

② See Christopher Moores，“Kickstart My Lawsuit：Fraud and Justice in Rewards-Based Crowdfunding”，*U. C. D. L. Rev.*，Vol. 49，2015，p. 417.

此外，Asylum卡牌案是美国首起奖励型众筹支持者保护诉讼。Asylum卡牌游戏是由Ed Nash和Altius Management公司于2012年10月在Kickstarter上发起的一个游戏类创意融资项目，项目设定15000美元目标金额，实际获得来自810名支持者共计25146美元的融资。发起人承诺的奖励交付日期为2012年12月，但过期后无人收到奖励。且自2013年7月起，发起人连平台要求的更新和回复义务都未履行。为此，美国华盛顿州检察长Bob Ferguson向Ed Nash及其公司Altius Management提起了诉讼。① 本案中，辖区的相关支持者人数较多，且个人主张金额较小，缺乏为诉讼筹集资金的资源，因此公益诉讼发挥了积极作用。

与之相比，中国的个人破产制度、集体诉讼和公益诉讼制度尚付缺如或仍待完善。目前的支持者保护主要依靠平台事前的实质审查。虽然平台通过设置较高的发起条件能一定程度提高项目成功率，但这会人为抬高中国支持者的预期，造成不必要的支持者保护的制度需求和难度，最终不利于中国奖励型众筹市场的健康发展。因此，这种支持者保护所依赖的机制被扭正了。

六、结论与展望

Reward-based crowdfunding是一种出资人被承诺获得奖励回报的众筹类型，将其译为奖励型众筹比回报型众筹、产品众筹等诸多提法更贴近此种模式的本质。奖励型众筹本质上是为特定目的，以承诺奖励为吸引，向众人募集少量资金的活动。典型的互联网奖励型众筹平台是Kickstarter，该平台诞生了许多具有重大社会影响的创新项目。然而，这种模式被引入中国后发生了异化，如在决策独立性、平台透明度、项目发起条件和众筹支持规则方面与美国的Kickstarter存在较大差异，由此导致中国奖励型众筹徒有其名，实质沦为一个充满风险敞口的四不像。

---

① 2014年4月30日，华盛顿州司法部长Bob Ferguson基于华盛顿州消费者保护法发起对Asylum Playing Cards项目发起人Ed Nash的指控。华盛顿州巡回法院认为对该案具有管辖权并基于该州消费者保护法作出欺诈判决。据采访，受该判决的影响，有些支持者已陆续收到当初奖励型众筹项目筹资时所承诺的奖励，但这并不意味着消除了Ed Nash基于欺诈判决的返还资金义务和相应的民事法律责任。此外，在这次华盛顿州检察长的行动中，巡回法院没有认可被告方的辩护。由此来看，基于州检察长消费者公益诉讼是一条可能的保护奖励型众筹投资者的途径。不过，这个途径的成功需要两个条件：第一是州检察长对该案有兴趣，二是存在很多居住在该州的投资者，如卡牌案中所有810名支持者中有31位是华盛顿州居民。

奖励型众筹何以健康发展，其破题点在于保护支持者。奖励型众筹活动主要涉及的发起者、支持者和平台三方主体有不同的初始参与动机；同时，一个奖励型众筹项目对三方主体意味着不同的收益与风险分配。平台是三方中风险相对最小而收益相对最高的主体，项目发起人的收益风险次之，支持者是奖励型众筹活动中居于弱势地位的主体。适度保护支持者将提升其出资意愿，协调不同主体之间过大的差异，最终促进整个奖励型众筹的发展。

中国的奖励型众筹平台基于被赋予的类监管权设置了很高的项目发起门槛和运行要求，隐性地承担了多重实质审查义务，充满着父爱主义色彩。诚然，通过严格审核和监控发起人整个项目过程，这套复杂规则降低了各种严重损害支持者权益的履行不当和不履行事件发生风险。然而，平台的这些隐性父爱主义保护规则违背了支持创新创业的初衷，对此平台又矫枉过正，最终形成了目前的异化发展困局。

美国面临同样的支持者保护问题，规制思路以理性交易者为前提假设，法律并未设定平台实质审查义务以间接提供诸多事前事中保护，而是为权利严重受损的支持者提供了适当的制度救济方案。美国的个人破产制度和集体诉讼制度对于奖励型众筹健康发展起着重要作用。而在中国类似的事后救济制度尚付缺如。因此，应当在完善既有的事前事中规制基础上，谨慎考量如何引入适当的事后救济制度安排。当然，一项新的制度建设绝不是简单地直接拿来，而必须在充分调研中国本土的特殊现实基础上详细展开制度合理性和可行性论证。

基于区块链技术的加密“货币”法律问题研究

姚倩倩*

目　次

引言

加密“货币”自诞生之初，就因其独特的技术设计和承载的“货币非国家化”理念而广受关注。加密“货币”发展初期的投资利好吸引了一大批投资者入场，随之而来的市场乱象导致投资者权益受损。利用概念炒作发起传销骗局、借助加密“货币”从事暗网交易与洗钱等违法行为、大型交易所盗窃事件频发……面对加密“货币”复杂的性质，监管手段的乏力和法律制度的空白引发监管难题。

时至今日，许多人对加密“货币”的运行机制和技术原理仍知之甚少。国

* 上海市黄浦区司法局工作人员。

内外及学界对加密“货币”的法律性质、监管模式等法律问题争议较大。理论层面最典型的争论是加密“货币”是否属于货币。姚前认为，以比特币为代表的加密“货币”流动性风险过高，无法有效履行货币应当具备的交易媒介、计价单位和价值贮藏三项基本职能。[①] 盛松成、张璇认为，加密“货币”没有国家信用作支撑，难以成为本位币。[②] 但也有观点认为，比特币等加密“货币”有望成为主流货币，只是时间问题。[③] 另有折中观点提出直接肯定或否定加密“货币”之货币属性均有利弊，如认为两者都会面临制度安排上的双重困境，由此提出应当区分对待。[④] 实践层面，加密“货币”面临执法、司法领域的困境。加密“货币”定性争议导致司法裁判“同案不同判”，各地法院对加密“货币”及其交易行为是否受法律保护、如何保护意见不一。官方“虚拟商品”的单一定性使得金融监管制度和经济刑法难以将相关行为纳入规制框架。而加密“货币”的执法又面临监测困难、内外协调复杂等难题。此外，在我国管制型监管政策下，法定数字货币研发进程加快，由官方发行控制的数字货币似乎能满足货币数字化的发展趋势和政府主导货币发行权之间的平衡，但在技术攻坚、体系衔接、社会接受度等方面都面临着巨大的挑战。在法定数字货币研发的背景下，如何认识加密“货币”这种“破坏性创新”、如何实现法定数字货币对加密“货币”的替代等均值得进一步进行学理上的探讨。

一、加密“货币”基本问题

（一）加密“货币”界定

1. 基于区块链技术的加密“货币”概念

2008 年，中本聪撰写了《一种点对点的现金系统》一文，提出了一种“利用区块链加密技术，协议地发行和验证支付有效性”的电子现金系统，即去中

---

① 参见姚前：《数字货币的发展与监管》，载《中国金融》2017 年第 14 期。

② 参见盛松成、张璇：《虚拟货币本质上不是货币：以比特币为例》，载《中国金融》2014 年第 1 期。

③ See Abdur Chowdhury, Barry K. Mendelson, “Virtual Currency and Financial System: The Case of Bitcoin”, Working Papers and Research, Marquette University, Center for Global and Economic Studies and Department of Economics, 2013. 9.

④ 参见谢杰、张建：《“去中心化”数字支付时代经济刑法的选择——基于比特币的法律与经济分析》，载《法学》2014 年第 8 期。

心化加密“货币”。[1] 这种加密“货币”的本质是基于密码学技术的加密字符串，区块链技术的应用使得基于加密“货币”的在线支付无需借助中心化的中介机构便能实现点对点的传输。

加密“货币”的设计理念是实物货币与电子支付工具的结合。它既利用了实物货币“点对点”的支付特性，又结合了电子支付的便捷高效性。但加密“货币”又有别于实物货币与电子支付。加密“货币”不具有实物货币的有形物理载体，同时与电子支付工具有着本质区别。支付宝等电子支付工具的本质是中心化的电子记账平台，虽然有助于提高资金流转效率，但受货币汇率波动影响较大，跨境支付结算复杂，且中心化的记账系统对安全管理要求较高。而加密“货币”的设计者试图创造一种不受法币影响、自成体系的去中心化互联网货币。[2] 只是由于基于区块链技术的加密“货币”没有实体资产以及国家信用的支撑，呈现出较为明显的虚拟性，因此国内多称呼比特币、莱特币、以太坊等典型代表为“虚拟货币”，而国外常使用加密“货币”的概念。由于表现为数字化形态且与法定数字货币相对，又有人将其称为私人数字货币。虚拟货币、数字货币、加密货币的范围界定并不清晰，也常常在内涵等同叫法不同的语境下出现，本文不对此进行区分。为显示底层技术——区块链加密技术的重要价值，本文采用技术维度的定义，称为加密“货币”。虽然冠以货币称号，但加密“货币”的货币地位并未得到主流观点和国家政策的认可，特加引号作为区分。

2. 加密“货币”的产生及演化

加密“货币”肇始于2008年金融危机后出现的比特币。当时恰逢次贷危机、欧债危机，美国等多个国家为刺激经济而实施货币量化宽松政策，导致通货膨胀严重。民众逐渐失去对政府垄断货币发行权和货币信用体系的信任。在此背景下，中本聪及其追随者信奉货币去中心化理念，试图创造一种与国家货币相竞争的私人数字货币。比特币因其总量恒定、去中心化的特质契合了大众对改革货币发行机制的诉求而受到关注。[3] 这种“去中心化”理念与哈耶克的

---

① 参见中本聪：《一种点对点的现金支付系统》，http：//www. bitcoin. org/bitcoin. pdf，2019年2月15日访问。

② 参见毕玲娜、韩力恒：《论区块链货币去中心化陷阱与悖论》，载《湖北经济学院学报》2019年第1期。

③ 参见李文红、蒋则沈：《分布式账户、区块链和数字货币的发展与监管研究》，载《中国银行保险监督管理委员会工作论文》2018年第12期，银监会网站 http：//www. cbrc. gov. cn/chinese/files/2018/3198822C159C4B91A1ABB8D6CFBEAFCE. pdf，2019年2月15日访问。

“货币的非国家化理论”相似。哈耶克主张货币领域应当允许私人竞争，打破国家货币垄断。[①] 然而这种非国家化货币体系存在很多缺陷，如货币信用基础、调节机制方面的不足，且现实中非国家化货币体系也几乎没有实例。除非社会组织形态发生根本性变化，否则主流货币必将以国家信用为基础。

经过近十年的发展，加密“货币”的币种已数以千计。其中较有影响力的有比特币、莱特币、以太坊、达世币等。在私人加密“货币”之外，又出现了国家加密货币，即由国家机构发行的法定数字货币。数字货币[②]的演化经过了三个阶段。第一阶段：比特币。比特币是第一个去中心化的加密“货币”。最初 1 万个比特币的价值仅相当于两个比萨，随着比特币接受度的提高，比特币的价格急速攀升，随后又发生了过山车式的波动，总体呈现大涨大落的态势。第二阶段：竞争币。比特币之后又出现了许多其他币种，大多仿照比特币的原理或技术而创建，被称为竞争币或山寨币。有的是为了弥补比特币的缺陷，有的则是为了实现其他目的。这其中有许多根本未应用区块链技术的伪加密“货币”，如鲨鱼币，毫无实际价值。第三阶段：法定数字货币。法定数字货币不同于加密“货币”，但在形态、技术特征等方面存在一定联系。面对数字经济的发展与传统货币体系的不足，私人数字货币先行一步回应，随后许多国家开始法定数字货币的研发。委内瑞拉政府发行的石油币是全球第一个法定数字货币，我国央行也正在积极研发数字货币。

3. 区块链：分布式共享记账新模式

作为加密“货币”底层技术的区块链技术，又被称为分布式共享账本技术，存在分布式、共享两大特点，同时引入共识机制以保证交易记录的唯一性。

（1）数据存储：分布式去中心化

传统记账模式依托于集中式数据库，由专门的中心机构统一记录存储。这种记账模式的数据安全性存在较大风险，一旦中心存储器出现问题，数据可能灭失。分布式账本技术的数据存储方式是分布式的、去中心化的。每个参与者都是一个独立的节点，共同参与交易信息的记录，即每个节点都备份了完整真

---

① 参见［英］弗里德里希·冯·哈耶克：《货币的非国家化》，姚中秋译，新星出版社 2007 年版，第 52 页。

② 此处指广义的数字货币，既包括比特币等民间的加密“货币”（私人数字货币），也包括国家发行的法定数字货币。

实的账本副本，既避免了单一账本记账的作假可能性，又可最大限度地保障交易记录的完整性和安全性。各个节点的权利义务均等，单个节点的破坏不会影响系统的安全和账面数据的完整性。

（2）共享方式：实行非对称加密

分布式账本系统采用非对称加密技术使得系统在共享账本与保护隐私之间寻求平衡。交易主体的私有信息高度加密，只有数据拥有者授权才可访问；公有信息对外公开，所有人均可通过公有接口查询相关数据。

非对称加密与对称加密相对。对称加密技术的对称性体现在加密和解密共用一个密钥。这种单密钥方式加密速度快，但在大规模信息传输之中弊端明显。密钥的分发传输过程容易泄露信息，且由于需要设置多套密钥，密钥管理较为不便。非对称加密技术设置了一对公钥和私钥组合。公钥用于加密信息，对外公开；私钥用于解密信息，由个人秘密持有。信息的传输过程涉及两轮加密解密过程。首先，一方发送信息时，发送方利用对方公开的密钥对信息进行加密，接收方利用自身私钥解密信息，没有私钥的其他人无法对信息进行解密。其次，非对称加密算法具有身份认证功能。发送方利用自身的私钥对信息进行数字签名，接收方可借助发送方的公钥解密数字签名进行验签，从而确认发送方身份。这种加密方式省去了互相约定对称密钥的环节，降低了密钥分发过程中的泄露风险，提高了信息安全性。[①] 但设置私钥所带来的秘密性与安全性在另一种程度上也意味着一定的隐患。例如，加拿大最大的比特币交易所 QuadrigaCX 创始人杰拉尔德·科顿日前去世，由于密钥无人知晓，存储在冷钱包中的加密“货币”无法找回，导致交易所陷入困境。[②]

数字货币的本质就是一串信息。在加密“货币”交易系统中，加密“货币”以类似于信息传输的方式在不同账户间流动。非对称加密保障交易过程的安全性与可追溯性。

（3）互信基础：建立共识机制

共识机制是分布式共享账本技术中的核心，其主要价值在于实现系统的一致性与可用性。记账各方节点以共识机制为基础实现互信，确保交易记录有效。

---

① 参见姚前：《数字货币的前世今生》，载《中国法律评论》2018年第6期。

② 参见《比特币交易所 QuadrigaCX 创始人去世：密钥无人知晓》，载新浪财经 http://finance.sina.com.cn/roll/2019-02-03/doc-ihrfqzka3409153.shtml，2019年3月4日访问。

目前最为普遍的两种共识机制是工作量证明机制和权益证明机制。

工作量证明机制主要应用于比特币、莱特币等无需许可就可使用的开放型账本系统。这种证明机制是算力密集型算法，需要耗费大量的电力资源且对算力要求很高，但具有数据不易篡改、稳定性高等优势。当新的交易发生时，电子交易信息经加密后同步至各节点，各节点通过计算随机哈希散列函数的数值争夺记账权，最先得到满足难度值的输出的节点将获得创建区块的权利，经过其他节点的共同验证后，该笔交易信息将以区块的形式被添加到区块链账本中。各节点复制、备份已验证的交易信息，而该记账节点可获得一定数量的比特币等加密“货币”作为奖励。

权益证明机制又称为“股权证明机制”。主要应用于封闭式账本系统，是一种资本集中型算法。这种机制类似于股票分红制度，每个节点持有的数字资产数量越多、时间越长，获得记账权的几率越高。① 权益证明机制无需消耗大量算力，缩短了各节点达成共识的时间，但其稳定性、安全性有待进一步加强。②

除了上述两种共识机制，还有授权股份证明机制、验证池机制等。也有一些加密“货币”使用工作量证明机制和权益证明机制的混合体，用工作量证明机制发行新币，用权益证明机制维护网络安全。

（二）加密“货币”的法律性质

1. 非单一性：经济金融市场中的复杂样态

2013 年中国人民银行等部委联合发布的《关于防范比特币风险的通知》，强调比特币的虚拟商品属性。由于比特币作为加密“货币”的代表，该文件对比特币的定性可扩展至其他加密“货币”。但这一定性不足以涵盖当前加密“货币”在经济金融市场中的真实样态。加密“货币”在与法币、商品、其他加密“货币”等不同的对象进行交易过程中，体现出金融工具、普通商品、货币的多重属性。

（1）加密“货币”与法币间的交易

加密“货币”与法定货币之间的交易可分为场内集中交易与场外直接交易。

①场内集中交易——金融工具属性

场内集中交易是指加密“货币”供求双方借助集中的交易平台进行竞价买

---

① 参见管同伟：《区块链在资产证券化风险控制中的应用研究》，载《新金融》2018 年第 1 期。

② 参见姚前：《分布式账本技术研究进展综述》，载《武汉金融》2018 年第 3 期。

卖的交易方法。这种交易方法在交易机制、流程等方面与证券、期货市场有所类似：参与者在加密“货币”交易平台设立账户，可向资金账户中充值法币或通过加密“货币”支付系统向加密“货币”账户充值加密“货币”。单位加密“货币”以法币计价，交易者可根据其对市场价格的判断提交买入或卖出申报，交易系统会依据“时间优先、价格优先”的竞价规则匹配价格，促成交易。交易达成后，加密“货币”与法币分别计入各自的账户，交易者可自行提取。加密“货币”交易平台会采用一定倍数的杠杆交易模式，交易者既能以一定倍数的杠杆买入加密“货币”做多，也能以一定杠杆卖出加密“货币”做空。

在此过程中，无论是用法币购买加密“货币”的市场投资（投机）者，还是卖出加密“货币”套现的市场参与者，都在承担价格波动风险的基础上谋求价值和利益的最大化。加密“货币”实际上承担着套利、投机、兑现的金融工具功能。

②场外直接交易——普通商品属性

场外直接交易是指加密“货币”投资人通过交易平台以外的方式进行交易，以“一手交钱、一手打币”的场外点对点方式进行。持币人大多通过微信群、QQ群等网络即时通信软件寻找交易方。大多数交易自担风险，部分交易引入了第三方担保人，即买卖双方分别将加密“货币”及法币转交给群主，由群主对交易进行确认，并收取一定手续费作为担保费用。由于交易过程存在一定信用风险，场外交易往往会有固定的熟人渠道。普通投资者因缺乏相关知识，往往会委托熟悉业务、有交易经验的人代理买卖。

此种交易的性质类似于私人间的商品买卖。加密“货币”是可自由交易的虚拟商品，买卖双方自由协商价格并达成合意，并以双方认可的支付方式完成交易。除标的形态不同外，币币交易与一般的商品买卖过程差异不大。

（2）加密“货币”与商品服务间的交易——货币属性

除将加密“货币”兑换成法币获得支付能力外，在承认加密“货币”支付力的国家或地区，加密“货币”可用于直接购买商品或服务。当前，已有不少实体商店或公司接受加密“货币”作为支付方式。例如，爱沙尼亚、拉脱维亚和立陶宛等国广泛接受加密“货币”及其他数字资产。①

① 参见《比特币支付正在波罗的海国家兴起　受理商户越来越多》，载比特币资讯网 http://www.bitcoin86.com/news/21617.html，2019年9月15日访问。

加密“货币”经济规模较小之时，以加密“货币”购买商品的行为可被视为“物物交换”，加密“货币”作为虚拟商品的定性可以得到解释。但随着加密“货币”经济规模的扩大，比特币等加密“货币”作为一种去中心化的电子支付工具得到越来越广泛的应用，逐渐展现出部分一般等价物的特征。此时，加密“货币”作为商品或服务的对价，承担了交易中介和价值存储的功能，具有一定的货币属性。虽然加密“货币”所具有的货币属性并不全面彻底，但在特定的经济行为中发挥着货币的部分职能。

（3）加密“货币”间的币币交易——商品属性

币币交易是加密“货币”内部之间的交易，即使用所持的某一币种与其他币种进行交易。由于加密“货币”与法币间的兑换会受到较多的政策限制，币币交易是目前大多数交易所主要的交易方式。币币交易减少了投资其他币种的交易环节和成本，可为投资人手中持有的币种提供更多的升值空间。

加密“货币”按照各自实时的价格比例进行兑换可以视为物物交换。这一过程中，加密“货币”展现的属性符合商品特征。

2. 货币演进角度：法定数字货币的前奏

（1）加密“货币”本身难以成为货币

从货币职能角度看，尽管加密“货币”在某些环节履行了一定的货币职能，但加密“货币”并不具有全面完整的货币属性。主流观点认为，货币必须是一种可行的交易媒介、一个稳定的账户单位和一种长期的价值存储。① 加密“货币”在作为交换媒介方面具有一定潜力，但其暴涨暴跌的价格无法满足后两者的要求。作为价值尺度和价值贮藏的货币必须具有相对稳定的估值，而加密“货币”由于缺乏价格锚定物，其价格完全由市场决定，币值波动剧烈，无法很好地履行这两大职能。当前，加密“货币”本身的价格仍需要央行发行的法定货币进行衡量，其难以独立充当其他商品或服务的定价单位。

从加密“货币”与商品货币和信用货币的比较看，加密“货币”缺乏成为货币的关键特征。首先，将加密“货币”与金属货币进行比较。不少人将加密“货币”比作“数字黄金”，并认定其具有作为货币的潜质。但加密“货币”与黄金存在本质区别。黄金作为商品货币，其本身含有价值和使用价值，而加密

---

① 参见蔡玲：《〈资本论〉及其手稿中的货币概念》，载《马克思主义哲学研究》2018年第1期。

“货币”的实质仅是一段数字代码，缺少内在的价值基础。其次，与信用货币相比，虽然加密“货币”和纸币均没有内在价值，但纸币具有法定的偿付能力，而加密“货币”缺乏国家信用担保，“去中心化”机制也意味着其不可能获得政府的信用背书。可见，加密“货币”既没有价值基础的内在支撑，又缺少法律制度的外在保障，其市场价值完全依托于不稳定的大众预期。

从货币的公共性角度看，加密“货币”也不适宜获得货币的法律地位。货币是一种特殊的公共物品，其发行流通需要稳定的信用基础。政府作为经济体中最大的公共服务提供者，掌握着大量的公共资源，拥有强大的负债能力和税收能力，具有发行货币的天然优势。[①] 私人信用难以支撑新货币获得广泛的社会信任，并应对未知的社会风险。[②] 且加密“货币”之间具有可替代性。包括比特币在内的许多加密“货币”，其技术设计方案是对外公开的，即只要掌握了比特币的程序源码，便能模仿创造出无数种与之相类似的加密“货币”。由此，比特币、莱特币等单一的加密“货币”是限量供应的，但作为整体的加密“货币”是可以被不断复制，无限量供应的。因此，一旦承认了加密“货币”的货币地位，意味着人人都可能发行货币，这必然将导致社会秩序的混乱。发行门槛过低也进一步暴露了加密“货币”薄弱的信用基础。

（2）可为法定数字货币的研发提供借鉴

虽然加密“货币”无法成为货币，但这种数字化形态的货币本身具有优势。数字化货币可以弥补实物货币在成本和安全技术方面的缺陷，符合“去现金化社会”的趋势。[③] 数字化货币有助于扩大金融服务的覆盖面，提高服务便利性，助推普惠金融的发展。[④] 此外，数字化货币能提高跨境支付效率，为重塑跨境支付体系带来了机遇。[⑤] 随着经济形态从物理空间扩展到虚拟空间，继而向加密空间发展，货币也应当与生产力的发展相适应。当前，央行正在积极开展法定数字货币的研发，亦是出于对加密“货币”底层区块链技术和数字经

---

① 参见李洪良：《比特币与理想的货币形态》，载《金融市场研究》2018年第5期。

② 参见李秀辉：《货币形态转变的机制与趋势——从交子与比特币的比较说起》，载《社会科学战线》2016年第12期。

③ 参见孙浩、赵欣：《“去现金化”与现金的未来》，载《清华金融评论》2017年第9期。

④ 参见焦瑾璞、孙天琦、黄亭亭、汪天都：《数字货币与普惠金融发展——理论框架、国际实践与监管体系》，载《金融监管研究》2015年第7期。

⑤ 参见刘东民、宋爽：《法定数字货币与全球跨境支付》，载《中国金融》2017年第23期。

济发展趋势的肯定。

私人加密“货币”的出现可视为货币形态演进过程中的试验阶段。从国家掌控货币发行权的历史看，国家及货币主管部门央行在货币形态演进方面从未处于领先地位。例如，各种私人领地的铸币早于秦半两钱的出现，白鹿皮纸的出现早于官交子，私人银行券的出现早于中央银行券……每一次货币形态的变革最先都由私人部门发起，并历经了一段相对混乱的时期，再由国家进行统一完善并稳定下来。① 私人加密“货币”可作为法定数字货币的前奏，为货币形态走向数字化的变革提供技术借鉴和监管经验。

3. 监管体系角度：趋向投机性金融资产

加密“货币”在不同的环节与阶段中体现出货币与金融工具属性。但这两者之间存在内在矛盾：金融市场中，作为货币的加密“货币”，主要承担支付交换功能；而作为金融工具的加密“货币”，则主要承担投资投机功能。前者需要维持币值的稳定，后者则谋求大幅升值。当前，市场参与者持有、交易加密“货币”的主要动机是参与财富升值过程，期待加密“货币”价格能不断上涨。若加密“货币”持续升值，更多的人会选择囤积加密“货币”，此时其货币属性将会弱化；若加密“货币”价格下跌，人们更可能会选择将加密“货币”用于支付，但那些因为期待升值而投资加密“货币”的客户将会大量流失，此时价值主要基于市场需求的加密“货币”很可能会崩盘。

面对货币属性与金融属性间的悖论，加密“货币”应该向货币形式发展，还是作为储值投资工具？首先，加密“货币”难以发展成为获得广泛认同的货币，货币的价值不稳定会导致人们在币值下跌时不敢持有货币，在币值上升时过度囤积货币，而这两种现象都会导致货币退出市场，丧失作为交换媒介的基本功能。② 其次，相较于货币属性，投资或投机属性更为显著。目前，接受加密“货币”支付的商家大多数也只是将其作为一种营销手段或看重其投资功能。全球范围内对加密“货币”的投资热情使得加密“货币”离交易媒介和记账单位越来越远，甚至成为一种纯粹的投机性稀缺商品。而脱离实际用途仅仅

① 参见周陈曦、曹军新：《数字货币的历史逻辑与国家货币发行权的掌控——基于央行货币发行职能的视角》，载《经济社会体制比较》2017 年第 1 期。

② 参见李洪良：《比特币与理想的货币形态》，载《金融市场研究》2018 年第 5 期。

具备投资投机功能的加密“货币”将只能作为金融资产存在。①

4. 小结：对“虚拟性、商品性”之官方定位的思考

我国金融监管部门对加密“货币”的官方定性为“非货币性、非金融性、虚拟性、商品性”。本文认为，这一定性是从应然层面对加密“货币”发展领域的限制，是从制度和监管的角度对加密“货币”发展方向的表态。这一定位试图将加密“货币”限定在虚拟商品的领域里，与经济金融市场进行风险切割，从而避免给经济金融市场造成更大的冲击。这一定性是基于我国金融经济市场的发展程度与重点、投资者的风险防控能力等因素而作出的合理选择。但就实然层面看，这一定性很难完整涵盖加密“货币”在经济金融市场中的真实样态。加密“货币”的发展不断突破官方的限定，而这种突破伴随着巨大的风险：作为支付工具的加密“货币”会对法定货币的地位造成一定冲击，损害货币政策的效果；作为投资工具的加密“货币”会引发市场泡沫，损害广大金融投资者的权益。而这种失控的局面和可能带来的对金融秩序、社会秩序的冲击，是我国对加密“货币”从风险提示、限制发展转向全面禁令的重要原因。

（三）“双峰”理论下加密“货币”监管的必要性

金融双峰监管的重心在于维护金融系统稳定和市场行为规范。“双峰理论”的金融监管有两大目标：保护投资者和防范系统性风险。② 此外，金融的重要性在现代经济中愈发凸显，甚至成为整个社会的核心驱动力，金融监管还承担着反洗钱、反避税等社会职责。③

1. 保护投资者

我国虽已关闭了加密“货币”交易所，但其他国家与地区的加密“货币”交易市场依旧火热，且由于加密“货币”存在跨国流动性，国内的投资者依然可以通过国外的加密“货币”交易所参与场内交易。加密“货币”交易所的交易机制与证券期货市场十分相似，但由于定性争议及监管规则缺失，加密“货币”交易所并未实施与证券期货交易所相类似的监管手段。强制信息披露、禁

---

① 参见郭艳、王立荣、张琴：《重新定义货币：法币、竞争性货币与数字加密货币的理论演进》，载《经济研究参考》2018年第25期。

② See Michael Taylor, “Twin Peaks: A Regulatory Structure for the New Century”, Center for the Study of Financial Innovation (1995), p. 312.

③ 参见姜宇：《论比特币法律监管》，载《南华大学学报（社会科学版）》2014年第5期。

止内幕交易等保护条款的缺失，加大了部分持有者操纵市场攫取利益的可能性，市场参与者的合法权益无法得到有效保障。

加密“货币”市场无投资者门槛的限制，不少加密“货币”持有者可能在投资投机的过程中承受与其能力不相匹配的风险。加密“货币”还成为新式传销骗局的工具。不少人利用相关概念圈钱，产生了许多空气币、空气项目。各地公安机关已破获了多起以加密“货币”为幌子的传销诈骗案件。不法分子利用购买者的牟利心理与欠缺金融知识的不足，以高额预期收益相诱，欺骗社会大众缴纳会费并发展下线。此类案件呈现涉案人数多、范围广的特点，新式骗局的屡屡发生亟须监管部门回应市场新动向，加大打击力度。

2. 防范系统性风险

系统性风险源自局部，某一金融机构或具体市场乃至具体资产的崩溃，都可能导致风险蔓延直至危及整个金融系统。① 加密“货币”市场的发展态势会影响传统经济金融市场的稳定。首先，加密“货币”作为非法定数字货币，其发行流通不属于任何一个国家、组织或个人，此时调节货币供应量、稳定货币币值的货币政策无法发挥有效作用。中央调节机制的缺乏不仅容易引起加密“货币”市场的波动，还会波及国家信用货币体系。② 如果加密“货币”大规模地用于商品和服务交易，在法定货币体系之外形成独立的民间货币体系，将会实质性地扩大货币流通量，不利于国家精准调控货币供应量等宏观政策的实施。其次，相比于“货币属性”，加密“货币”更多地被作为一种资产或商品，因而其对金融市场与金融稳定的影响更为显著。③ 在加密“货币”炒作的过程中，可能存在杠杆资金的介入。如果加密“货币”与银行等传统金融机构存在业务的交叉融合，一旦泡沫破裂，传统金融机构将被传染，整个金融体系的稳定将受到影响。

3. 反洗钱、反避税等社会责任

加密“货币”因具有匿名性、不可追踪性等特征而容易为不法分子所利

---

① 参见韩龙、彭秀坤、包勇恩：《金融风险防范的法律制度研究——以我国金融业对外开放为重心》，中国政法大学出版社 2012 年版，第 4 页。

② 参见刘谆谆、张瑞东、王玉琳：《央行发行法定数字货币的必要性及一些相关问题的探讨》，载《中国金融学》2018 年第 1 期。

③ 参见杨涛：《全面禁止数字货币难以实现》，载《经济研究信息》2018 年第 4 期。

用。由于加密“货币”价格涨幅不定且交易速度慢，鲜有用户大规模使用加密“货币”进行日常交易，比特币等加密“货币”真正活跃的场景是暗网，被用于从事军火、毒品、洗钱等非法交易。加密“货币”交易者只要提供双方的钱包地址就可实现如收发邮件般快速的价值转移，且这一过程无需借助第三方中介：公钥和私钥的组合保证交易完全匿名，正是加密“货币”模糊的交易链帮助不法分子掩盖其资金来源和投向，为洗钱、恐怖融资及逃避制裁提供了便利。由于加密“货币”征税体系尚不健全，也有不少人利用加密“货币”逃避税收监管。因此，从税收、反洗钱等方面入手加强加密“货币”监管刻不容缓。

二、我国加密“货币”发展及监管现状

（一）实践层面：加密“货币”在我国的发展现状

当前，加密“货币”主要被作为支付工具与投资工具使用，因而首先分析加密“货币”在支付领域与投资领域的发展。

1. 支付领域：线下支付接受度低

相较于传统支付方式，加密“货币”具有费用低、方便等优势，但加密“货币”在我国线下实体商店的接受度低。企业对加密“货币”的谨慎态度主要归因于两个方面：一方面，加密“货币”的价格波动性和交易时间是主要障碍。由于共识机制和网络过于繁忙等因素，加密“货币”交易耗时较长，这对于线下即时交易的买卖双方均有不便之处。而加密“货币”价格的波动性更加大了服务商品提供者的风险。另一方面，政策波动对加密“货币”的价格影响显著。当前，我国金融监管部门对加密“货币”保持严监管态度，并明确否认加密“货币”的货币地位，政策导向显然会影响企业对加密“货币”支付能力的预期，降低企业接受持有加密“货币”的信心。

支付领域对加密“货币”的打击还体现在支付结算机构的联合抵制。央行发文严禁辖区内各法人支付机构为虚拟货币交易提供服务，要求及时进行自查整改并采取有效措施防止支付通道用于相关交易。[①] 阿里巴巴表示将继续监控

① 参见《中国人民银行营业管理部关于开展为非法虚拟货币交易提供支付服务自查整改工作的通知》（银管支付〔2018〕11号）。

和无限封停使用支付宝进行加密“货币”交易的账户；微信支付也发布声明，禁止用户在其社交媒体平台上发送或接收与加密“货币”相关的资金。在一波波反加密“货币”行动下，我国加密“货币”持有者规模持续缩小。

2. 投资领域：从场内交易转向场外及海外交易

在金融监管部门采取管制型措施之前，中国加密“货币”交易占全球交易的比重一度高达90%以上。2017年央行重拳出击，要求各交易所于10月31日停止加密“货币”兑人民币业务。国内三大比特币交易平台（比特币中国、火币网、OKcoin币行）陆续宣布关停相关业务。这些事件成为加密“货币”在中国市场发展的分水岭。

严监管态势下，加密“货币”交易逐渐由场内交易向场外交易和海外交易转变。不同于场内交易，场外交易没有集中、统一的交易制度和撮合机制。当前，场外交易主要有三种形式：线上P2P交易、线上B2C交易以及线下交易：（1）线上P2P交易是指通过场外交易平台进行的交易，此种交易模式类似“淘宝”，加密“货币”买家和卖家可在平台上发布供需信息，自行匹配合适的交易者进行一对一交易；（2）线上B2C交易是指用户直接与平台进行加密“货币”交易，价格由平台指定，平台在收取买家用户的付款或卖家用户的加密“货币”后，将直接释放加密“货币”或资金给对应的用户；（3）线下交易是指通过QQ群、微信群、Telegram群组等即时通信工具或面对面的纯线下方式进行交易。此外，不少用户通过“翻墙”等方式将资金转入海外监管政策宽松地的交易平台，继续从事加密“货币”相关交易。不少运营商通过将服务器转移至海外的方式逃避监管，继续为国内用户提供加密“货币”交易服务。但总体而言，早期加密“货币”持有者已离场，有购买投资意愿的人数比例下降。

（二）政策层面：加密“货币”监管现状及其价值考量

1. 我国加密“货币”监管方向：去币取链

我国对加密“货币”的监管态度呈现出“去币取链”的态势。当前的加密“货币”监管政策可分为三个方面：

（1）严格管制私人加密“货币”发展

我国对私人加密“货币”的监管逐步收紧。2013年之前，监管层对加密“货币”市场持放任态度，此后进入监管层视野。从关闭交易账户、关停交易平台到限制私人投资交易加密“货币”、限制境外交易平台为境内提供交易服务，监管措施逐步趋严。

2013年12月5日，五部委联合印发风险通知，明确指出比特币属于虚拟商品，同时禁止银行等传统金融机构及其他支付机构参与比特币兑换交易。[①] 2014年3月，央行再次向各分支机构下发通知，限定各银行和第三方支付机构于4月15日前关闭境内所有比特币平台的交易账户。

2017年，比特币等加密“货币”再次开启新一轮的暴涨暴跌，从严监管的大幕正式拉开。通过约谈平台负责人及现场检查，央行调查发现国内各大交易平台均存在不同程度的违规行为，如违规开展融资融券业务、超范围经营、缺乏反洗钱内控制度等。随后，加密“货币”价格的大幅上涨助推了ICO乱象。2017年9月4日，央行等七部委联合发文警示，指出ICO属于非法金融活动，并在国内暂停一切交易，明令境内比特币交易平台于9月30日前全部关停。[②] 2018年1月，央行通知各单位进行自查整改，禁止支付通道用于虚拟货币交易。我国还加强了对加密“货币”挖矿产业的清理，并关停相关网站及自媒体。随着加密“货币”交易从集中交易走向场外交易，监管范围进一步扩张。两大主要支付平台——微信和支付宝与政府机构开展合作，全面禁止加密“货币”交易，对从事相关交易的个人账户进行监控并予以冻结或永久禁止。

（2）推进法定数字货币研发进程

2014年，央行成立专门研究小组，就自行发行法定数字货币的可行性进行研究论证，至今已经发表了多项研究成果，对法定数字货币原型方案进行了多轮修订。2016年1月，央行在数字货币研讨会上明确提出发行数字货币是新的战略目标，并表示当前研发团队正在攻克数字货币核心技术。2017年5月，央行正式成立数字货币研究所，工作重点便是持续跟进数字货币与金融科技创新进展，推进数字货币研发工作。在2018年3月28日召开的全国货币金银工作电视电话会议上，央行表态会继续稳步推进相关研发工作。

（3）鼓励区块链技术多场景应用

“十三五”国家信息化规划强调要加强区块链等新技术基础研发和前沿布局，[③]

① 参见《关于防范比特币风险的通知》（银发〔2013〕289号）。

② 参见《中国人民银行、中央网信办、工业和信息化部、工商总局、银监会、证监会、保监会关于防范代币发行融资风险的公告》。

③ 《国务院关于印发“十三五”国家信息化规划的通知》（国发〔2016〕73号）。

中国区块链发展报告、中国区块链技术与产业发展论坛[①]等相关报道均显示出中国政府对区块链的支持态度。国家审计署积极探索区块链的功能，以缓解当前数据基础架构造成的瓶颈，并改进审计实践。[②] 2017 年 1 月，由票据交易平台筹备组与数字货币研究所筹备组合作研发的数字票据交易平台系统成功试运行，将有力助推区块链技术在金融领域的应用。此外，我国还积极探索国际标准的制定，参与了区块链技术标准委员会发起的标准起草工作。

各省市也积极推动各区块链计划，以吸引初创企业，对合格的区块链创业公司予以财政支持。不少企业加大了对区块链技术的投入和研发力度。例如，京东探索如何在其供应链中融入区块链技术；阿里巴巴提出多项区块链相关专利申请，将区块链技术用于跟踪平台进口商品；百度推出数字图像产权管理平台，利用区块链技术的时间戳等机制，保护原创者知识产权。

2. “管制型”与“区分式”监管措施的考量

从全球范围看，几乎所有国家均支持区块链技术的发展，但与之密切相关的加密“货币”在不同国家有着不同的发展际遇。这与各国不同的经济体制与社会治理模式息息相关。我国“全面封杀”的高压态势，是基于我国特定国情考量，包括基于 P2P 狂潮等互联网金融领域乱象的治理经验。

首先，金融风险是我国的首要问题，而加密“货币”与我国“金融服务实体”的发展导向不符。防范化解系统风险是十九大以来我国三大攻坚战之一，防控金融风险是打好这一攻坚战的主要任务。加密“货币”领域的一系列严监管举措均遵循这一导向。中国人民银行原行长周小川曾指出，比特币等加密“货币”出现速度过快，不够慎重，如果迅速扩大或蔓延会对金融稳定、货币传导产生不可预测的作用。从当前市场看，加密“货币”并没有专注于零售方面的应用，而是走向了虚拟资产交易方面。这显然不符合金融服务于实体经济的方向。[③]

---

① 2018 年“中国区块链技术和产业发展论坛·第三届区块链开发大会”在上海召开，发布四个团体标准，进一步推动区块链标准化工作。参见《中国区块链技术和产业发展论坛第三届区块链开发大会隆重召开》，载上海市信息安全认证中心网站 http：//www. shtec. org/col/col162/index. html，2019 年 9 月 15 日访问。

② 参见郭学军：《在大数据审计中应用“区块链”技术的一点设想》，https：//www. bianews. com/news/details？ id = 11738&type = 0，2019 年 9 月 15 日访问。

③ 参见周小川在 2018 年 3 月 9 日第十三届全国人大一次会议记者会上的发言。

其次，我国投资者以散户居多，风险教育欠缺，风险承受能力不足。加密“货币”市场一旦崩盘，受到冲击最深、遭受损失最大的是散户投资者。不同于欧美投资者多寻求专业投资管理，我国投资者喜欢个人控制决策，带有浓厚的个人偏好和主观色彩，投资选择相对单一。且很多人存在“羊群心理”，盲目跟风。不少加密“货币”投资者对加密“货币”的运行机制与潜在风险缺乏了解，受环境影响而跟涨，在暴涨暴跌的市场中损失惨重。因此，亟须监管者介入避免加密“货币”泡沫带来的损失扩大。

最后，“区分式”监管是与世界接轨、不阻碍技术创新发展的必然要求。加密“货币”仅是区块链技术的应用场景之一，而区块链技术还可以拥有其他应用可能。尽管加密“货币”在我国前途未卜，但区块链将继续在广阔的领域发挥作用。区块链具有的分布式、不可篡改等特点，在众多领域拥有发展空间：在支付领域，区块链技术可应用于商业银行跨境支付服务，缓解现行银行支付体系效率低、成本高的问题；在征信领域，区块链试图通过技术路径解决金融活动中的信任问题；在交易监管领域，区块链技术的应用将助推交易场所实现开放、共享、不可篡改等诸多优势，对相关交易活动进行更为全面的规制。

三、我国加密“货币”的法律困境

加密“货币”市场经历发展，传销、诈骗、洗钱等风险集中涌现；我国对其的监管逐步介入，相应监管制度也在完善过程中。经历了过山车式的价格涨落与频频出现的市场乱象，当前我国加密“货币”市场发展与现有监管制度之间出现明显的抵触关系。

（一）立法困境：法律缺失与理念冲突

1. 监管法律体系呈碎片化

一方面，我国金融市场日新月异、变化迅速；另一方面，我国缺乏成熟的金融市场立法经验与技术，金融监管呈现碎片化状态。加密“货币”的金融风险凸显，但相关的金融监管法律和制度较为滞后。迄今为止，我国尚无统一的金融监管法，所谓的“金融法”其实是一系列法律的总称。与分业监管相对应，金融监管的法律规范散见于以所涉金融市场细分领域命名的各部法律之中，如《证券法》《保险法》《商业银行法》等。法律法规倒挂、以法规政策代替法律的现象十分普遍。[①]

加密“货币”监管存在局部的法律漏洞。现有规定仅指出比特币是虚拟商品，但并未从整体上对加密“货币”的法律性质界定清晰。即使虚拟商品的界定对加密“货币”的财产属性予以肯定，其具体财产形式仍不明确且我国现行法律对虚拟财产的规定并未具体细化。缺乏准确清晰的定性和相应规定将直接影响到对加密“货币”的保护与管制，加密“货币”纠纷处理、持有者权益保护、相关非法活动打击等均受影响。

2. “破坏性创新”的监管难题

破坏性创新具有三大特征：内涵变革、替代性潜力和结构性冲击。[②] 加密“货币”体现出破坏性创新的特质。首先，加密“货币”及区块链技术引发制度变革，其带来的“去中心化的治理模式”、点对点价值传输方式及效率具有重大突破意义。其次，加密“货币”的诞生试图替代传统的法定货币，这一挑战显现出一定的替代性潜力并获得了一定的市场接受度。在局部范围内，尤其是在加密“货币”市场发达的地区，其交易媒介属性得到认可。再者，加密“货币”无论是作为一种新型的“去中心化”金融工具还是“点对点”电子支付体系，都对现有的金融体系造成了一定的结构性冲击。

但法律如何回应这种“破坏性创新”却成为一大难题。金融创新与金融稳定亟须平衡。加密“货币”的大量泛滥会损害政府的货币权威和货币政策的有效性，破坏金融系统的稳定性，因而，对加密“货币”进行监管系政府的职责。但过度监管又会抑制市场主体的积极性，削弱区块链技术的发展势头。政府及法律在加密“货币”监管上面临着如何协调金融安全与金融效率的理念矛盾，持较为谨慎的态度。此类“破坏性创新”，对金融监管者的反应能力、全局意识与统筹能力均提出了高要求。监管机构需要善于识别金融创新中蕴含的变革性价值，警惕其带来的替代性效应，关注金融市场的变化，对于可能引发的结构性冲击进行预估，并能及时作出监管回应。[③] 当前我国采取区分式监管

---

① 参见林慰曾：《数字货币的监管困境与法律出路》，载《上海立信会计金融学院学报》2018 年第 2 期。

② See Iris H – Y Chiu, “Fintech and Disruptive Business Models in Financial Products”, *Intermediation and Markets – Policy Implications for Financial Regulators* (2016), pp. 58 –65.

③ 参见许多奇：《金融科技的“破坏性创新”本质与监管科技新思路》，载《东方法学》2018 年第 2 期。

的态度，能否在加强监管与鼓励创新之间平衡仍未可知。

（二）执法困境：交易监测与监管协调困难

1. 交易监测困难

加密“货币”的发行主体不唯一，因此监管成本巨大且存在不确定性；其“去中心化”和匿名性的特征使得交易难以被追踪，加大了执法难度。这种不透明性使数据统计、操作监控、信息收集都变得困难。不法分子利用加密“货币”从事人口、毒品、军火等暗网交易。虽然各国政府试图追踪加密“货币”流通，但不法分子总有途径实现匿名，监管者无法分析交易者的真实身份。且加密“货币”具有“全流通”的特性，跨境交易普遍，更加大了交易监测难度。加密“货币”被盗时也无法追踪。

2. 监管协调复杂

首先，主权国家内部不同部门之间的监管协调。我国分业监管模式下，各金融监管部门分工明确，肩负着不同的监管职责。加密“货币”属性的多重性与功能的多样性，在相关投资交易或支付中，可能需要多个部门的监管。例如，美国证券交易委员会和商品期货交易委员会对加密“货币”的认识不同，并均对加密“货币”主张监管权，在实践中容易导致监管权的冲突。① 我国政府明确加密“货币”并非货币，但在某些实际生活中加密“货币”履行了一定的支付工具职能，可能需要由央行或银保监会监管。加密“货币”的场内投资交易机制也与证券有相似性，可能涉及证监会的监管。因此，实现不同金融监管部门间的监管协调、合作非常重要。

其次，不同国家间需要监管协调。加密“货币”具有跨国流动性，一国若将国内的加密“货币”交易与全球市场隔离，只会导致国内投资者转向其他监管宽松的交易市场，或加大投资者对地下加密“货币”交易市场的需求。因此政府对加密“货币”的监管涉及全球监管协同的问题。全面禁绝加密“货币”绝非易事，只要有国家或地区承认加密“货币”，投资者就会流向那里。因此，规范加密“货币”的运转、规避相关犯罪活动需要国际通力合作。

---

① 参见《盘点美国加密货币监管机构、态度和案例》，载比特币资讯网 http：//www.bitcoin86.com/news/43264.html，2019年9月15日访问。

（三）司法困境：定性争议与维权难题

1. 定性争议引发“同案不同判”

加密“货币”投资者在权益受损时向法院提起诉讼的案例越来越多，引发几大争议：加密“货币”是否受法律保护？投资者的请求权基础是什么？保护范围又如何界定？《民法总则》肯定了网络虚拟财产作为民事权利客体的地位，但由于对加密“货币”的性质认定存在较大争议，各地法院裁判各异。

首先，在加密“货币”投资交易权益是否受法律保护方面，有法院主张加密“货币”是“不合法的物”，不受法律保护，如在“黄海盼、郭少英委托合同纠纷案”中，一审、二审法院均认为“投资虚拟货币是个人自由，但不受法律保护，故基于投资虚拟货币产生的交易风险及相应后果应自行承担”。[①] 类似案件还有“高玉平与包丽红委托合同纠纷案”[②]、“李艳君与金韩军民间委托理财合同纠纷案”[③]、“黄建与刘丽买卖合同纠纷案”[④] 等。但部分裁判认为加密“货币”具有财产属性，应受法律保护。深圳仲裁委员会在一起股权转让仲裁案中，肯定了比特币的财产属性：“财产与货币不能等同。比特币具有经济价值，能够为人力所支配和控制，虽然不是法定货币，但并不妨碍其作为财产而受到法律保护。”“私人间订立的比特币交易合同并未违反我国法律的强制性规定，根据意思自治原则不应认为为无效，双方应当遵守交付、归还比特币等约定。”[⑤] 在“陈建、陈龙杰委托合同纠纷案”中，二审法院认为：“虽然虚拟货币不具有法偿性、强制性等货币属性，但具有商品属性和财产价值，我国法律、行政法规并未禁止以太币等‘虚拟货币’的持有和合法流转。”[⑥]

其次，即使裁判支持加密“货币”受法律保护，在具体行为的认定上也有出入。这亦与法院对加密“货币”定性争议有关。以较为普遍的盗窃行为为例。第一种观点将加密“货币”认定为“计算机信息系统数据”。在“陈某犯非法获取计算机信息系统数据、非法控制计算机信息系统罪”一案中，被告人

---

① 参见（2018）粤06民终6613号广东省佛山市中级人民法院民事判决书。

② 参见（2017）苏0115民初11833号南京市江宁区人民法院民事判决书。

③ 参见（2018）浙0782民初1664号义乌市中级人民法院民事判决书。

④ 参见（2017）川1011民初2958号内江市东兴区人民法院民事判决书。

⑤ 参见深国仲案例精选：《比特币仲裁案》，载法制网 http：//www. legaldaily. com. cn/Arbitration/content/2018 - 10/26/content_ 7677066. htm，2019年2月11日访问。

⑥ 参见（2018）闽09民终1819号宁德市中级人民法院民事判决书。

通过非法网站查询到被害人的交易所账号，登录账号后将其比特币兑换成美元转入自己账户用于投资经营加密“货币”。法院以“非法侵入他人计算机信息系统，获取系统中的数据，造成被害人经济损失五万元以上，属于情节特别严重情形”为依据，认定其行为构成“非法获取计算机信息系统数据罪”。[①] 类似案件还有“罗全非法获取计算机系统数据案”。[②] “非法获取计算机信息系统数据罪”的犯罪对象指向于在计算机系统中存储、处理、传输的数据。可见，上述案例中法院将加密“货币”定性为信息系统数据。另一种观点将加密“货币”定性为“在现实中实际享有的财产”，因而构成盗窃罪。在“武宏恩盗窃案”中，被告人窃取被害人的投资平台账号及密码后修改收款地址，盗取其账户内比特币，售出后将所得款项转入自己的银行卡占为已有。法院认为，被害人得到比特币是基于对价的付出，因此比特币除代表其本身外，还代表着被害人实际享有的一定财产，应当受到刑法保护。被告人存在非法占有的主观目的，其客观行为及具体情节已达到盗窃罪构罪标准。[③] 在“胡志凯盗窃案”中，被告人利用非法获取的邮箱数据库登录被害人邮箱，通过密码找回修改其火币网密码，并以“高买低卖”方式与自己的账户进行莱特币交易。法院认定这一行为侵害公民财产权利，构成盗窃罪。[④] 上述两种观点的主要差异在于，前者否定了加密“货币”的财产价值，而后者肯定其属于财产罪的犯罪对象。[⑤]

在权利保护请求权基础和损害赔偿范围认定方面，各地法院的意见相差不大。在权利基础方面，多数法院支持以合同为基础的债权而非物权。在“冯亦然与北京乐酷达网络科技有限公司合同纠纷案”中，双方争夺比特币分叉派生的比特币现金所有权，同时对损害赔偿问题产生纠纷。法院认为，我国现行法律并未规定比特币等加密“货币”构成物权法上的“物”，根据物权法定原则，投资人无法依据孳息等所有权的法律规定取得该比特币现金。但是双方具有合同关系，平台发布的比特币现金领取公告成为双方权利义务关系的依据。[⑥] 在

---

① 参见（2015）金刑初字第00090号江苏省金湖县人民法院刑事判决书。

② 参见（2017）冀0406刑初18号河北省邯郸市峰峰矿区人民法院刑事判决书。

③ 参见（2016）浙10刑终1043号浙江省台州市中级人民法院刑事裁定书。

④ 参见（2015）东刑初字第1252号北京市东城区人民法院刑事判决书。

⑤ 参见杨冬梅、刘诗颐：《从现行法律框架下谈比特币的法律保护》，载《中国律师》2018年第4期。

⑥ （2018）京01民终9579号北京市第一中级人民法院民事判决书。

损害赔偿范围的认定上，由于比特币等加密“货币”价格涨落频繁且幅度较大，特定区间内的价格波动无法构成合同法上“合同履行后可以获得的利益”。因而由于价格波动造成的损失部分属于投资者自担风险的范畴。损失赔偿仅限于直接损失，即根据犯罪期间加密“货币”的交易价格认定犯罪数额。①

2. 单一定位导致刑事保护机制失灵

《关于防范比特币风险的通知》指出比特币属于虚拟商品，然而这种非货币性、非金融性的单一定位导致刑事保护机制存在适用紊乱风险，除金融监管制度不能发挥作用外，亦无法将加密“货币”纳入融资市场、税收管理、外汇管理等法律保护范围。

加密“货币”可能会成为洗钱、走私等多种经济犯罪的工具，可能卷入非法集资、操纵市场、金融诈骗等金融犯罪案，加密“货币”或伪加密“货币”也经常被用于发起旁氏骗局或金字塔式传销骗局。② 这些罪名意味着加密“货币”具有财产属性、具有一定的金融性，客观上履行一定的货币职能。如果坚持限定于虚拟商品的定性，将会导致经济刑法对应条款无法对侵害加密“货币”的行为作出实质性反应。③ 以外汇市场为例，国内投资者通过人民币购买加密“货币”，通过客户端将加密“货币”转入境外交易平台，加密“货币”在平台卖出后可获得美元、日元等当地法定货币或兑换成相应法定货币。由于加密“货币”只是特定虚拟商品，这一交易过程并不受外汇管理制度的约束，即国家之间法币的兑换与转移得以在无监管的情况下实现，因此骗汇罪、逃汇罪等制度无法发挥作用。

3. 救济不力导致损失难以追回

在加密“货币”侵权案件中，金融消费者的权利难以维护，主要原因为客观损失难以追回、举证困难和救济制度不健全。

客观上，加密“货币”被盗，损失往往难以追回。在日本加密“货币”交易所 Zaif 盗窃事件中，被盗加密“货币”被分散到 3 万多个账户，接收汇款的

---

① （2017）京 0108 刑初 725 号北京市海淀区人民法院刑事判决书。

② See Lars Hilse, “Threat - Assessment: Bitcoin: Danger to the United States's National Security and her Economic & Commercial Interests”, Create Space Independent Publishing Platform (2013), pp. 24 - 40.

③ 参见谢杰：《“去中心化”互联网金融对经济刑法规范的影响及其应对》，载《犯罪研究》2015 年第 2 期。

钱包地址被隐藏，不法分子还使用了“混币服务”机制将发币方和收币方地址的联系打乱，导致难以追踪、无法追回被盗加密“货币”。[①]

加密“货币”侵权案件举证困难。加密“货币”具有匿名性特点，无论是被侵权方证明自身损失还是司法机关在立案后的调查取证均面临较大困难。加密“货币”交易及支付行为发生于网络上，决定了案件所涉证据需在虚拟网络中寻找。我国电子证据立法尚起步，电子证据收集、证明存在较大难度。

实体救济制度不健全。目前，加密“货币”交易法律制度缺位，双方或多方的权利义务不清晰。一旦发生诈骗、盗窃、造假等事件，各方责任难以确定，致使参与者权益得不到保障。[②]

四、域外加密“货币”监管现状

（一）监管模式及具体举措

加密“货币”监管模式主要涉及加密“货币”法律定性以及监管主体的确定。加密“货币”乱象下的监管举措各异，但大多数国家或地区选择了从合法化的角度对加密“货币”进行优化监管，主要有统一监管和分类监管两类模式。统一监管模式指对加密“货币”定性的统一和监管主体的统一，如日本、新加坡和我国香港地区；分类监管模式根据加密“货币”的功能和属性进行分类，并分别纳入不同的监管框架，如美国和泰国。同时，各国在将加密“货币”纳入既有监管框架时又采取了一些特殊的监管措施。

1. 统一监管模式

（1）日本：从支付手段过渡到金融商品

相比于担忧潜在风险，日本更看重加密“货币”在支付体系中的巨大潜力，希望借此弥补本国的移动支付短板，推动日本的无现金化进程。[③] 因此，日本一直是加密“货币”市场较为活跃的国度，同时也是加密“货币”相关法

① 参见《日本FSA调查加密货币交易所Zaif6000万美元被盗案》，载汇讯网 https：//www. fxshell. com/article/32273，2019年9月15日访问。

② 参见熊俊：《非法定数字货币的界定与监管》，载《中国金融》2016年第17期。

③ 参见《为什么日本要大力发展加密货币，对加密最为友好?》，载币乎 https：//bihu. com/article/1720657，2019年3月12日访问。

律制度最为健全的国家之一。日本比特币交易平台 MtGox 是创立时间最早、规模最大的比特币交易平台，2014 年因发生大规模盗窃事件而破产倒闭。经此事件，日本开始出台相应监管规定并修订相关法律。修订后的《支付服务法案》承认加密“货币”可作为支付手段，即赋予其与电子货币等其他货币相同的法律地位；同时规定，加密“货币”交易所只有经过注册、申领交易执照后才能向客户提供交易服务。①

但由于加密“货币”经营者对客户资产保护不到位，因黑客攻击致使加密“货币”被盗、洗钱等问题时有发生，日本金融厅决意加强保护，考虑对加密“货币”市场适用证券法等传统金融监管法律。届时，加密“货币”被定性为金融商品，受到《金融商品交易法》的约束。

日本对加密“货币”的监管呈现官方监管和行业自律并行的特点。虽对加密“货币”持开放态度，支持相关交易活动的开展，但亦逐步加强对加密“货币”市场的规范。修订后的《支付服务法案》要求加密“货币”交易所获得财政部和金融厅授权并取得牌照后方可运营。日本金融厅对加密“货币”交易所开展现场检查，对违规平台予以罚单处罚。同时，日本在加密“货币”监管方面具有较强的自治性。日本金融厅于 2018 年 10 月 24 日批准成立虚拟货币交易协会，对其国内加密“货币”交易所进行监管，主要涉及内幕交易、反洗钱、客户资产安全性等方面。

（2）新加坡：纳入支付服务监管框架

作为亚洲金融科技行业的领跑者，新加坡对加密“货币”的接受度一直很高。虽然新加坡已明确加密“货币”不是法定货币，但肯定了加密“货币”的支付价值。与我国重视区块链技术而反对加密“货币”的态度不同，新加坡金融监管局表示会持续关注加密“货币”的特征，而非仅仅探索其底层技术。②新加坡金融监管局曾一度表示，需要监管的不是加密“货币”本身而是与之相关的活动，并表明不会对加密“货币”进行监管。但随着加密“货币”交易规模的扩大和随之而来的市场乱象，新加坡开始扭转态度，逐步加强对加密“货

---

① 参见《日本金融厅最新加密货币监管草案全解读》，载比特币资讯网 http：//www. bitcoin86. com/news/33395. html，2019 年 3 月 3 日访问。

② 参见《新加坡成第一个完全接受加密货币的国家》，载链门户 http：//www. lianmenhu. com/blockchain－6554－1，2019 年 3 月 12 日访问。

币”的监管并对投资者进行风险提示。

2018年年底，新加坡推出《支付服务法案》，最终确立新的支付服务监管框架，将加密“货币”纳入其中。若加密“货币”服务提供商不在现行监管框架内，需要申请许可证才能合规化运营。新法的监管范围包括：账户开立和加密“货币”发行、境内外转账、收购使用平台加密“货币”、兑换法币和其他加密“货币”。新法案的出台将对比特币、以太币等加密“货币”及其相关活动产生影响。它肯定了加密“货币”在支付服务中的地位，并对提供商实施许可证管理。该法案规定，加密“货币”服务提供商可以根据自身交易量申请成为货币兑换机构、标准或主要支付机构。该法案对不同类别支付机构的监管重点有所区别：对于货币兑换商和标准支付机构，监管重点在于防止洗钱和恐怖主义融资风险，针对主要支付机构的监管事项将更为全面。①

（3）中国香港特别行政区：从分类监管到全面监管

香港证监会将通过区块链发行的资产统称为“虚拟资产”或加密“货币”，并指出加密“货币”兼具多种属性，即加密“货币”既可以是一种付款方式，也可以作为有所盈利的投资。香港证监会对加密“货币”的监管政策经历了分类监管过渡到全面监管的过程。原先，香港证监会将加密“货币”区分为证券型与非证券型，只将被视为证券的纳入证券监管范围，而对其他功能型加密“货币”未采取监管措施。2018年11月1日，香港证监会出台《有关针对数字资产投资组合的管理公司、基金分销商及交易平台营运者的监管框架的声明》，要求发售行为、交易服务、咨询服务等所有加密“货币”相关活动，均适用新规定确立的监管标准，由证监会进行监督管理。这一监管框架的建立标志着对加密“货币”进入全面监管时代。

在具体监管措施上，香港证监会推出了沙盒计划。通过在严格的沙盒环境中检视加密“货币”交易平台的运作情况，探索可行的监管方式。香港证监会暂不发放营业牌照，而是与交易平台运营者共同商讨，制定应达到的监管标准，并以此为标准进行监测。未来如果交易平台能达到高水平的监管要求，再行考

① 参见《新加坡：加密货币支付服务监管框架终尘埃落定》，载零壹财经 https：//www.01caijing.com/article/30255.htm，2019年3月3日访问。

虑牌照发放事宜。①

2. 分类监管模式

（1）美国：多主体共同监管

美国不同监管部门对加密“货币”的定性存在争议，目前介入最多的监管机构是证券交易委员会（SEC）和商品期货交易委员会（CFTC）。两大机构曾就加密“货币”是否应该作为证券进行监管展开联合讨论，但尚未达成一致。

美国证券交易委员会主张加密“货币”是一种特殊的证券，应当由其监管。2017 年 7 月，SEC 规定基于区块链技术的货币发行应受联邦证券法规的管辖。2018 年 3 月，SEC 表示正在探索将加密“货币”交易和数字资产存储等领域纳入证券监管的可能性。同时 SEC 认为，与之密切联系的 ICO 发行代币，亦符合证券的关键特征，有关机构发行代币须持有相关牌照。

美国商品期货交易委员会认为加密“货币”属于一种大宗商品，并指出比特币等加密“货币”的特征接近虚拟黄金，并非理想的交换媒介。商品期货交易委员会在加密“货币”市场的监管职责主要是调查加密“货币”欺诈和操纵市场等行为。针对其提起公诉的加密“货币”欺诈案，联邦法官 Jack Weinstein 也裁定 CFTC 对加密“货币”具有监管权。他认为加密“货币”符合“商品”定义，应当属于商品。②

此外，美国国家税务局从税收角度出发将加密“货币”定性为财产，并主张个人需对加密“货币”投资盈利部分纳税。美国财政部下属的海外资产控制办公室和金融犯罪执法网络在各自实施经济制裁、分析金融犯罪时将加密“货币”定性为货币。同时，联邦制下，美国各州对加密“货币”的监管态度与进度各异，监管政策呈现多元化态势。③

（2）泰国：区分货币型和证券型

2018 年 7 月初，泰国出台《数字资产商业法令》。泰国监管机构认为加密

---

① 参见《政策解读：香港证监会对数字货币交易所监管框架》，载币乎 https://bihu.com/article/1773997，2019 年 3 月 3 日访问。

② 参见袁源：《美监管风袭以太币》，载《国际金融报》2018 年 5 月 7 日。

③ See Stephen J. Obie&Mark W. Rasmussen, “How Regulation Could Help Cryptocurrencies Grow”, *Harvard Business Review* (2018), pp. 2 -4.

“货币”是一种数字资产，根据加密“货币”的实际用途可以分为两类：用作商品交换媒介时定义为货币；参与投资或接受特定商品时定义为数字代币，其性质类似于证券。

与美、日相同，泰国同样启用了加密“货币”交易所注册制和牌照颁发制度，由泰国财政部和证券交易委员会负责。泰国也发布了数字资产交易指导方针和具体监管规则：要求包括ICO发行方、数字货币交易所、经纪商和数字资产交易商等市场参与主体在证券监督委员会注册并申请营业执照，开展相关业务还需经财政部批准；中介机构未经授权买卖加密“货币”将被处以不超过交易价值两倍或至少50万泰铢的罚款，或可能面临长达两年的监禁；明确了允许用于ICO的加密“货币”种类。①

3. 小结：两种监管模式利弊比较

分类监管的模式符合加密“货币”在经济金融市场中复杂多样的形态。加密“货币”具有多重属性，处于不同交易场景或阶段时可能涉及多个部门监管，随之可能进入证券法、商品交易法或支付结算法的监管。如果某加密“货币”应用于间接融资市场，其货币属性更强；如果加密“货币”更多应用于直接融资市场，其证券属性更强。这种分类是针对加密“货币”主要功能进行划分，也是就加密“货币”所处领域进行的划分。多个部门共同参与对加密“货币”相关投资交易行为的监管，有利于更全面地涵盖加密“货币”的不同样态。

但分类监管模式亦存在弊端，容易导致监管界限不明晰以及监管真空的存在。统一监管模式下，由于加密“货币”定性确定且指向统一的监管部门、设置相应的监管法规、配备相应的监管工具，则监管机构可监管加密“货币”的各种潜在风险与各类违规行为，实际操作效果更为理想。

综上，本文认为：加密“货币”具有多重属性，涉及不同的监管领域，应当尊重其性质的复杂性和功能的多样性，在监管对象上以分类监管为基础，根据功能对加密“货币”及其衍生品进行区分；在监管主体上强化统一监管，通过设置统筹协调小组等方式建立监管协调制度。

---

① 参见《泰国：90后明星诈骗案暴露的数字货币监管隐患》，载搜狐财经 http：//www.sohu.com/a/254547684_100117963，2019年1月15日访问。

（二）各国央行对研发法定数字货币的态度

1. 支持并研发法定数字货币

委内瑞拉是第一个发行法定数字货币的国家，其发行法定数字货币有经济和政治等方面的考量。一方面，委内瑞拉国内通货膨胀严重、法币大幅贬值；另一方面，其又遭遇美国实施的经济金融封锁。内忧外患下，委内瑞拉于2017年12月宣布发行加密数字货币石油币，并于2018年2月20日开始预售。石油币发行量为1亿个，其价值与国内油价挂钩，即每个石油币与1桶石油等价，但并不能直接兑换石油。2018年4月，委内瑞拉全国制宪大会（ANC）批准了关于加密“货币”和石油币的草案，为石油币的推行及相关数字资产的应用提供了法律基础和法律保障。初期，石油币仅可用于缴纳税费。2018年8月，总统马杜罗表示，今后石油币将履行国际记账单位职能，为国内商品、服务提供定价基准服务，也可用于员工工资发放。货币改革后，一个石油币与玻利瓦尔的兑换比例将确定为1∶3600。目前，石油币已完成预售阶段，但由于美国对交易石油币实施禁令，石油币尚未在主流交易所挂牌。①

印度央行有意发行法定数字货币并就相关工作进行研究。2018年4月，印度储蓄银行规定居民不得通过银行账户或法定钱包进行法币兑换业务，同时禁止辖区内银行为企业提供加密“货币”结算服务。2018年8月，印度央行成立跨部门小组，就发行法定数字货币的有效性进行分析论证。印度央行主要从成本因素方面分析了发行法定数字货币的积极意义。当前，印刷、管理纸币或金属货币的成本较高，而货币数字化将显著减少这方面的成本，值得探索。

对发行法定数字货币兴趣较浓的还有瑞典、加拿大等国。瑞典民众习惯使用非现金支付方式，瑞典正迈向“轻现金社会”。② 加拿大央行认为法定数字货币交易成本低、金融包容性强，有助于提升社会福利。

2. 质疑法定数字货币发行有效性

瑞士对加密“货币”较为友好，司法的稳定性与灵活性也吸引了大批的投资者。但瑞士更支持数字货币私有化，瑞士央行目前并不支持发行法定数字货币并对其必要性表示怀疑。瑞士央行表示，发行法定数字货币没有显现出实质

---

① 参见《委内瑞拉将发行加密数字货币“石油币”》，载《时代金融》2018年第3期。

② 参见付一鸣：《瑞典：从“纸币先驱”到“轻现金社会”》，载《经济参考报》2018年1月9日。

性好处，反而可能对金融稳定带来一定威胁。他们认为，构建高效的无现金支付系统并非必须依赖央行发行官方的数字货币，法定数字货币的发行可能对金融系统产生不可估量的危害。同时，瑞士央行对当前区块链技术的安全性、可靠性表示担忧，认为尚未达到实时总量清算系统的预期要求。①

日本的加密“货币”市场受到广泛青睐，日本政府也推出了由商业银行主导的数字货币，但日本央行无意发行国家数字货币。日本央行表示目前还不具备发行法定数字货币的前提，其认为，数字货币切实发挥作用的前提是摒弃现金，但基于日本当前的实际情况，现金支付仍然是主流的支付方式。此外，法定数字货币的发行可能会对现有的金融体系造成消极影响。②

3. 持续观望且暂无发行计划

欧盟央行表示暂无发行法定数字货币的计划。欧盟主要基于以下考虑：第一，技术准备不足。区块链技术等发行法定数字货币的关键技术，目前尚未经过全面测试，仍需要进行大量开发工作。第二，需求不足。欧元区内统一使用欧元，成员国不得自行研发法定数字货币，而当前欧盟对于现金纸币的需求持续扩大，并无必要发行额外货币。第三，风险和成本过大。发行法定数字货币，相当于允许家庭或企业直接在央行开户，在一定程度上意味着央行将与其他商业银行竞争零售存款业务，增大了成本与风险。虽然，欧盟整体对法定数字货币的态度并不积极，但欧盟成员国之间在这一议题上的态度略有不同。德国央行认为央行具有的货币发行权限中并不包含发行数字货币，并主张应当由市场竞争机制来选择最高效的支付方式。英国央行则认为区块链技术拥有广阔的发展前景，可以考虑将该技术应用到法定数字货币发行中，不过英国央行也对发行法定数字货币对商业银行可能造成的影响表示担忧。③

我国香港地区表示发行法定数字货币暂无必要。香港支付与市场基础设施委员会及国际银行市场委员会对发行法定数字货币的潜在影响进行研究，并得

---

① 参见《瑞士央行：数字货币还是私有化的好》，载区块网 http://www.ymcall.com/artinfo/898609421801688242.html，2019年3月3日访问。

② 参见《日央行官员：日本人喜欢现金，不打算发行法定数字货币》，载网易财经 http://money.163.com/18/0129/14/D9AVHRD5002580S6.html#from=keyscan，2019年3月4日访问。

③ SeeGianclaudio Malgieri, “User-Provided Personal Content in the EU: Digital Currency between Data Protection and Intellectual Property”, *International Review of Law, Computers & Technology* (2018), pp. 118-140.

出如下结论：香港当前已具备高效的支付基础设施，法定数字货币与现有基础设施相比并不具有明显的优势；发行法定数字货币并非易事，需要更多的支撑性研究对其支付应用可行性进行验证。对于最终是否发行法定数字货币，香港表示会根据国际发展情况进行动态调整。①

同样持观望态度的还有许多非洲国家。无论是在监管加密“货币”还是发行法定数字货币问题上，大多数非洲国家并未明确态度。他们存在的普遍心理是希望邻国率先进行监管和创新，并从其错误中吸取经验教训。②

4. 小结：发行法定数字货币的态度分化及原因

针对发行法定数字货币这一议题，主要国家或地区的金融监管机构呈现三种态度：第一是支持并积极开展相关研发工作，如委内瑞拉、印度、加拿大，这些国家或开展研究工作或着手进行原型试验；第二是认为发行法定数字货币并无必要，如瑞士、日本，此类国家对法定数字货币的有效性表示质疑；第三是总体处于观望状态，这些国家或地区暂无发行计划，如以德国为代表的欧元区国家，在发行法定数字货币上并无明显意愿与积极行动。各国央行对法定数字货币的态度与其对私人加密“货币”的态度有着较为密切的联系。相对而言，对比特币等加密“货币”持相对宽容政策、加密“货币”市场较为活跃的国家，对发行法定数字货币的兴趣不大。我国、伊朗等对加密“货币”持严监管态度或实施加密“货币”禁令的国家，更愿意开发由国家背书的数字货币，实现从民间到官方的转变。

支持研发法定数字货币的国家主要从私人加密“货币”的弊端和数字化货币本身优势这两方面考虑。一方面，私人加密“货币”乱象给政府提出监管难题。加密“货币”价格涨幅不定，对消费者权益、金融体系稳定性造成威胁，并沦为不法分子洗钱、传销等犯罪的工具。另一方面，数字化货币在生产和管理成本、流通效率及便利性、覆盖范围等方面具有显著优越性，其底层技术区块链的突破性价值值得关注，这是吸引很多国家央行利用区块链技术研发由自己发行控制的数字货币的原因。

---

① 参见《香港：银行的数字货币并不明显优于现有的基础设施》，载百度 http://baijiahao.baidu.com/s?id=1601990598359772279&wfr=spider&for=pc，2019 年 3 月 3 日访问。

② 参见陆晓晓：《Ecobank 报告显示：非洲各国对加密货币持观望态度》，载梦吧创投 https://www.mongba.com/a/20180823184443/，2019 年 9 月 15 日访问。

反对发行法定数字货币的国家主要是从发行的必要性与可行性两方面考虑。从发行必要性看，部分国家央行认为发行法定数字货币有效性不高，如现金需求量仍较大、支付基础设施已然较发达、私人加密“货币”亦能提高支付效率等。从发行可行性看，部分央行认为发行法定数字货币是一个系统工程，如何与当前的货币体系相衔接、如何不损害现行的金融体系稳定性均需要仔细考量。当前的分布式账本技术在安全性、稳定度等方面还未达到预期的标准，仍存在一些需要攻克的技术难题，且数字货币并未获得大多数人的认可，由此可见发行条件尚不成熟。此外，不少国家的央行也存在担心影响技术创新的顾虑。如德国央行认为，发行法定数字货币虽然有助于保证货币安全，但中央垄断数字货币的发行权可能会阻碍区块链技术及数字货币的发展。

五、从私人到法定：监管建议及展望

（一）健全加密“货币”监管框架

1. 基于国情审慎监管

加密“货币”的监管困难重重。美国证券交易委员会与商品期货交易委员会对加密“货币”及其衍生品的认识存在较大分歧，也从侧面反映了加密“货币”监管的复杂性。加密“货币”本身具有复杂性，因而应当审慎处理监管问题。[①] 世界各国对加密“货币”需要监管基本达成共识，但对监管定位、监管力度存在争议。各个国家均是从本国国情出发，在本国固有金融监管制度与经济模式的基础上，衡量加密“货币”的位置与数字货币的发展。比如，委内瑞拉推出石油币除经济因素外也存在一定政治因素，日本大力发展加密“货币”市场与其致力于弥补移动支付短板、求变求发展的战略路线有关，而德国央行无意研发法定加密“货币”的态度是对其一贯尊重市场的治理思维的遵循。同样，在我国重视维护金融稳定、防范金融风险的宗旨下，监管当局采取禁止加密“货币”交易流通、积极研发法定数字货币的做法具有合理性。

---

① 参见武佳薇、卢边静子：《比特币衍生品：上市争议与监管分歧》，载《武汉金融》2018年第7期。

2. 弥补政策“一刀切”的负面效应

加密“货币”禁令虽具有合理性，但全面禁止加密“货币”难度甚大，完全禁止交易反而会将加密“货币”活动推向地下。如此，相关风险就可能发生。

因此，加密“货币”监管工作并未因全面禁令的实施而结束。金融监管机构未将加密“货币”合法化而纳入正常的监管框架，就需要从反面入手打击各种非法活动，如打击炒币活动、警惕加密“货币”高杠杆投机风潮再度掀起、禁止利用加密“货币”实施资本违规跨境转移等。

3. 推动数字货币发展服务实体经济

加密“货币”的疏堵问题曾引发广泛争议。目前，有乐观者看好加密“货币”的未来，探讨对加密“货币”的禁令是否会解除。有人认为加密“货币”禁令只是“暂停键”，为政府完善立法和清理伪项目预留时间。本文认为，严监管政策仍会持续。国内加密“货币”交易政策“松绑”的唯一可能性在于：加密“货币”不再冲击实体经济，甚至朝助力实体经济的方向发展。然而，去中心化加密“货币”的发行由算法控制，缺乏宏观调控机制，其价值由市场定义，难以摆脱市场逐利规律。

（二）加强金融消费者保护

1. 加强风险教育和制度保障

许多加密“货币”投资者在对加密“货币”缺乏了解的情况下盲目跟风，在暴涨暴跌的市场中损失惨重。从 P2P 狂潮到加密“货币”乱象，经济金融市场的新生事物不断涌现。由于政策的滞后性以及对待新生事物的谨慎性，政府往往难以及时介入此类新生事物的监管。我国金融消费者欠缺投资理性，风险意识薄弱，专业知识不足，容易在信息不对称、变化莫测的互联网金融市场中受损。为此，加强金融风险教育，完善事前事中事后的制度保障具有根本意义。

当前，我国对金融消费者教育仍重视不足，相关制度缺失、理念落后，教育手段匮乏，效率低下，亟须革新。短期可通过生动通俗的图解视频等方式让大众了解各类加密“货币”的运作机制及潜在风险，了解区块链原理，在今后投资类似数字资产时能保持谨慎理性的态度；长期应积极号召各金融机构、行业协会、金融监管机构均参与风险教育，提供更广阔的金融知识教育平台，通过金融知识普及、实时风险提示、典型案例、场景分析等多种手段，为大众提供更多元更长效的风险教育。[①]

除消费者自我保护外，政府应提供制度性保障。金融消费者权益保护是当前金融监管的重要目标。但我国目前没有专门的金融商品服务立法，《消费者权益保护法》主要适用于生活消费的一般商品和服务，仅第28条简单提及金融消费。我国可借鉴日本、美国等国的做法，通过专门立法对金融消费者进行更完善的保护。通过专门的金融消费者权益保护法，明确消费者的各项基本权利和金融机构的义务，完善金融消费者保护体系。例如，建立投资者适当性制度，完善侵权救济途径，细化消费者账户管理、隐私保护等要求。此外，在金融消费者保护机构设置上，可改变“一行两会”各自设立保护局的现状，整合建立统一的金融消费者保护机构，以期提高保护效率，更全面地解决问题。[②]

2. 推进国际监管协作

加强金融消费者权益保护是各国金融监管机构的共识性使命。在全球联系愈发密切的当下，推进国际监管协作是必然要求。无论是私人加密“货币”监管还是法定数字货币研发，均需加强全球合作。

一方面，私人加密“货币”的交易流通具有跨国性，这使得单一国家的监管政策难以奏效。2018年，G20峰会曾有国家提议呼吁开展加密“货币”监管合作，但由于各国政策制定者的意见分歧最终未能达成一致。随着各国监管政策的趋严，推进多边合作，加强国家监管协调是大势所趋。

另一方面，法定数字货币的发行离不开外部合作。在技术层面，可借鉴国外先进的发行机制和技术基础。当前，世界各国经济融合程度提高，发行法定数字货币亦不仅是一个国家内部的事情。国家数字货币发行后产生的流动性风险、发行数字货币对国际贸易可能产生的影响、数字货币的全球认可度等问题，均需要予以考虑并进行磋商协调。

（三）推进法定数字货币研发与区块链技术发展

2018年以来，各国政府对私人数字货币的监管逐渐趋严，同时对法定数字货币给予更多关注，不少国家已开展法定数字试验，因而数字货币的总体趋势是从私人数字货币的监管走向法定数字货币实验。[③] 为充分利用数字化货币在

---

① 参见王怀勇、邓若翰：《互联网金融消费者教育制度研究》，载《南方金融》2017年第11期。

② 参见刘国华、潘智林：《论金融消费者权益的法律保护》，载《商业经济研究》2017年第12期。

③ 参见姚名睿：《从私人数字货币的监管到法定数字货币的试验》，载《当代金融家》2018年第4期。

数字经济时代的优势，减少甚至杜绝私人加密“货币”的种种风险，央行发行法定数字货币势在必行。区块链作为一种技术创新，其发展进程不可阻滞。基于上述两方面情形，我国加密“货币”技术的发展可能呈现出这样的样态：政府发行中心化的加密“货币”，即法定数字货币，并主导区块链技术发展总进程；企业在采用法定数字货币的前提下，发展多元化的区块链应用。

1. 稳步推进法定数字货币研发

根据发行主体的不同，数字货币可分为私人加密“货币”和法定加密货币。发行并运营法定数字货币是当前对接现实经济与未来经济的一个较为稳妥的选择，但其中的技术难度及潜在风险是显而易见的。稳步推进法定数字货币研发，重在攻克技术难题，主要包括法定数字货币本身的研发试验与配套金融基础设施的建设。法定数字货币的设计既要借鉴私人加密“货币”的相关技术，如利用区块链技术避免货币重复使用或交易被篡改，同时要吸收传统货币体系的经验，发挥货币政策和中央权威的保障作用。此外，还可以结合账户体系、实名认证、云计算等其他创新技术。① 法定数字货币应当寻求中心化与去中心化的平衡。在发行方面保持中心化，以获得货币控制权，但在流通支付方面可以使用分布式账本技术进行验证支付，保留部分去中心化的优势。

目前，法定数字货币的发行流通架构有一元结构和二元结构之争，其中，由商业银行—中央银行构成的二元结构认可度与可行性较高。这种双层投放机制沿用传统金融系统的二元信用机制，由商业银行提供数字货币发放、兑换等前端服务，央行居于后端，两者配合完成央行发行库—银行库—用户数字钱包的流通。相比于直接在央行开户的一元结构，二元模式对商业银行的冲击更小，可行性更高。

法定数字货币的落地既需要实操经验的验证，还需要经济、法律等各领域理论的支持，以梳理其中的法律关系、设计合理的发行架构以及部署相关事宜。

2. 布局数字货币发行条件和落地环境

（1）制度准备

明确数字货币的法律地位是前提。法定数字货币作为央行自主发行的新型货币，其地位应当获得官方认可。根据《中国人民银行法》《人民币管理条

① 参见李炳：《关于法定数字货币的研究共识与展望》，载《金融理论与实践》2018 年第 12 期。

例》，我国的法定货币是人民币，表现为现金和存款。在法定数字货币推行之前，需要先通过修订相关立法，将数字货币纳入法定货币体系。明确法律地位后，数字货币发行、流通、回笼等相应监管制度才能及时到位。同时，由于数字货币的特殊性，传统监管政策存在滞后性，应当及时更新监管理念和监管手段，与数字货币的特殊性相适应。

（2）体系衔接

法定数字货币的发行流通将对现有的货币体系、支付结算体系、商业银行体系等造成不同程度的影响，对传统纸币支付、银行存款产生一定的替代效应，因此需对它们之间的关系进行考量，对法定数字货币发行可能带来的影响作出预判，并尽可能将风险限定在可控范围。当前，第三方支付的发达减少了现金使用频率，但仍无法完全代替现金。相信数字货币与现金也会经历相当长的并行期，并在交易成本优势条件下逐步替代。数字货币与现有的货币体系、支付结算体系不是完全对立的，应当探索如何将数字货币的金融服务能力与发展较为成熟的支付结算体系相融合。数字货币环境下，商业银行职能和业务重点将会发生转变，由作为信用中介开展信贷业务的盈利模式向以咨询服务等中间业务为主的模式转变，监管部门应积极引导商业银行转型升级，不断开拓新的业务渠道。①

（3）社会接受度

虽然法定数字货币作为法定货币具有强制性和法偿性，社会大众无权拒绝使用，但市场规律和社会需求同样不可忽视。法定数字货币的发行需要经过市场和社会的检验，逐步获得社会大众的认同。因此，法定数字货币的推广要坚持强制使用与市场导向相结合，符合群众对支付效率、便利性和安全性的期待和追求。同时，中国人口多、体量大，想改变大众的消费支付习惯并非易事，应在电子支付的基础上逐步培养大众的心理预期，循序渐进地让数字货币融入数字经济时代。例如，可以推出试验币或在几个封闭的应用场景中先行先试，积累经验总结教训，逐步完善后再向全国推广。

3. 推动区块链技术的多元化应用

加密“货币”会诱发经济泡沫，无币区块链广受关注。加密“货币”只是

---

① 参见乔海曙、王鹏、谢姗珊：《法定数字货币：发行逻辑与替代效应》，载《南方金融》2018年第3期。

区块链的一种技术应用，未来的发展方向应当是技术本身。但技术发展要以服务实体经济为导向，应警惕概念热炒的无实际应用场景。

区块链可以是一种金融技术，广泛应用于经济金融领域。区块链创造了一种全新的信任机制，以技术取代对单一个体或机构的信任。这种设计契合社会需求，具有独特的认证和核实功能，为货币、信息、资产、权利等的转移和认证提供了全新模式，具有成本低、效率高的优势。

区块链还可以是一种制度技术，应用于法律、社会治理领域。在行政领域，区块链可提高效率。例如，区块链技术应用于物权登记系统，有助于解决相关记录不系统、不完整的问题。分布式共享账本的应用有助于将分散在不同行政机关的档案或司法机关的卷宗中的信息整合起来，打破信息孤岛，并实时更新、互通共享，使得物权归属现状、物权变动过程、物上负担情形等清晰明确并有痕迹可追溯。在司法领域，区块链技术亦可发挥作用。司法证据的提交、验证、保存以及其他涉及记录或验证的工作可以借助区块链技术得以完成。①

（四）以加密“货币”监管为契机完善金融监管政策

1. 优化互联网金融监管模式

随着互联网技术的快速发展，金融创新与金融风险相伴而生。加密“货币”市场乱象是互联网金融投机现象的一种表现。以加密“货币”监管为契机，反思并优化金融监管具有重要意义。

金融与互联网的联系密切，互联网金融呈现混业经营的趋势。以加密“货币”为例，对于其属于货币、证券还是商品的争议，是由于加密“货币”设计的复杂性、属性的多样性所致。目前，我国的金融监管仍然以分业监管为主。这可能导致互联网金融产品监管出现灰色地带。互联网金融监管采用统一监管模式能更好地应对实践中的新课题，也有助于在互联互通、渐趋融合的世界经济中加强监管联合。因此，优化金融监管需要整合监管资源，探索央行主导的审慎统一的监管框架。

2. 重视行为监管与技术监管

去中心化加密“货币”投机性明显，脱离实体经济是其被金融监管当局取缔的重要原因。加密“货币”引发的监管难题提醒金融监管当局重视日益凸显

---

① 参见郑戈：《区块链与未来法治》，载《东方法学》2018 年第 3 期。

的机构和资本脱媒现象。我国金融监管在微观层面的行为监管方面存在诸种不足。应从传统的机构监管转向功能监管和行为监管，构架审慎监管与市场行为监管并重的双峰监管体系。

私人加密“货币”以及着手研发的法定数字货币相较于信用货币，主要区别在于货币载体的改变，这得益于技术进步，但同时技术的安全性、稳定性仍有待提升。过去金融监管重在资本监管，而近些年多家加密“货币”交易所被黑客攻击、大量加密“货币”被盗，客户隐私泄露等事件发生，说明技术监管应当成为互联网金融监管的重要内容。根据以往技术事故的发生领域，互联网金融的风险主要集中于个人信息泄露风险、资金损失风险、系统运行风险。相应的技术监管应当以加强交易系统的稳定性、交易结算的安全性、个人数据的隐秘性等方面为重点。技术监管的落实，需要扩大监管对象范围，从金融机构扩展至金融技术企业、数据企业等。①

3. 利用监管科技推动监管技术化

监管科技在加密“货币”监管制度中有所应用。英国、中国香港等部分国家或地区推出了监管沙盒政策，类似于改革试点，让金融科技企业在一个政策相对宽松的安全空间中测试技术，试行加密资产项目，在先行先试的过程中总结经验。我国向来有“先试点后推广”的实践，大陆地区虽不支持加密资产产业发展，但鼓励区块链技术的发展及应用。对于区块链项目也可以实行监管沙盒，为技术创新提供相对稳定的容错环境。

除了监管沙盒，监管科技的应用将会越来越广泛。面对互联网金融产品与服务跨行业、宽领域、变化快的特点，传统监管手段往往捉襟见肘。未来互联网金融会更加依赖技术治理，以科技驱动监管手段的创新。近年来提倡穿透式监管，欲实现穿透层层环节探明业务本质的目的实现，需要借助技术手段。利用这些监管科技，有利于实现动态监管和同步跟踪。创新监管手段要实现数据驱动。大数据时代信息冗杂，需要打通各部门之间的信息孤岛，实现数据的更新共享，才能及时跟进监管措施，加强监管协调。② 而区块链技术正好在此方面得以一展身手。

---

① 参见上海新金融研究课题组、钟伟、宋静：《数字货币与金融技术监管的崛起》，载《新金融评论》2017年第6期。

② 参见杨东、武雨佳：《利用监管科技保障互联网金融安全》，载《互联网经济》2017年第12期。

结　论

加密“货币”的性质具有复杂性。在与法币进行交易、与商品进行交易、币币交易等不同的环节，加密“货币”分别体现出货币属性、商品属性和金融工具属性。单一的定性无法完整涵盖加密“货币”在经济金融市场的现实样态，也无法实现对加密“货币”的全面监管。尽管加密“货币”在某些场景中显示出具一定的货币属性，但究其根本，加密“货币”并非货币，更无法成为法定货币。加密“货币”既不具备商品货币的价值基础，也缺乏信用货币的信用支撑，从货币演进体系看，加密“货币”更像是法定数字货币的前奏，为货币数字化提供了可供借鉴的技术基础。从其发展趋势看，加密“货币”作为投机工具的特征比作为商品流通媒介的属性更为显著，而投机性金融资产更容易引发金融市场的泡沫。

加密“货币”的监管问题并没有随着全面禁令而结束。一方面，加密“货币”交易从集中场内交易转向场外交易与海外交易，引发新的监管难题；另一方面，加密“货币”还面临着一系列立法、司法、执法方面的法律困境，需要进一步对其法律地位、监管政策等问题进行梳理。国内外对加密“货币”采取了不同的监管态度与监管措施。各国对加密“货币”的政策都是基于自身的国情、经济模式与金融监管制度而确定的。出于对金融风险防控与金融消费者权益保护的重视，我国采取管制型与区分化的监管政策，且高压态势仍将持续。从未来的发展趋势看，我国应当积极推进法定数字货币的研发，在技术突破、体系衔接、社会接受度等方面做好周详部署；同时，拓宽区块链技术的应用场景，积极推动区块链等创新技术的发展。加密“货币”等新兴事物的出现在互联网金融时代并非偶然。面对这些新事物，在加强制度保护的同时还应当重视提高金融消费者的自我保护能力，并以此次加密“货币”监管为契机进一步完善金融监管体系，优化监管模式，调整监管重点，提高金融风险预警及应对能力。

共享单车是一种共—私混合财产*

付大学** 凡 换***

目 次

前 言

互联网租赁自行车（俗称共享单车），是移动互联网和租赁自行车融合发展的新型服务模式，是以分时租赁的模式来提供服务。① 自2016年以来，在资本的大力推动下，共享单车以“野蛮生长”的态势迅猛发展，在更好地满足公众出行需求、有效缓解城市交通拥堵、构建绿色出行等方面发挥着积极作用。然而，任何新生事物的出现必然伴随一些负面影响，共享单车的出现也造成乱停放，占用车道、人行道，给行人、机动车带来安全隐患；单车毁坏造成大量的

---

* 本文为2019年度教育部人文社会科学研究规划基金项目“共享经济下混合财产权研究”（19YJA820010）阶段性成果。

** 天津工业大学法学院副教授，硕士生导师。

*** 天津工业大学法学院2018级法律硕士研究生。

① 参见交通运输部等十部门发布的《关于鼓励和规范互联网租赁自行车发展的指导意见》（交运发〔2017〕109号）。

“城市垃圾”影响城市容貌等。共享单车与交通和城市管理产生冲突，如何消除共享单车的负面影响，化解共享单车与城市管理、交通管理之间的矛盾，实现共享单车的社会效益最大化，成了政府、共享单车企业以及消费者共同面对的问题。

传统物权法理论强调所有权具有占有、使用、收益、处分四种积极权能，这四种权能不是在量上的总和，而是一个整体（浑然一体）的权利。所有权通常强调整体性，故不能在内容或时间上加以分割。[①] 然而，共享单车在实践中却是相分离的，单车所有权人为各共享单车运营企业（以下简称企业），但是单车的占有权和使用权却是由消费者享有，这就使得所有权人和占有权人、使用权人出现了分离。基于此，传统物权理论如何评价和调整共享单车这一新生事物所带来的法律问题，值得探讨。

一、传统物权法调整共享单车存在的问题

（一）企业缺乏真正的控制权

企业将共享单车投放到市场中，虽有 GPS 定位，但只能判断单车停放位置以及行驶轨迹和时间，实际上企业对共享单车缺乏真正的控制权，从而导致对共享单车监管失灵。因对单车缺乏真正的控制权，导致实践中出现企业无法顾及三个方面问题：

第一，共享单车乱停放。企业向社会投入大量单车，在解决“出行最后一公里”问题的同时，也产生了单车乱停乱放、扰乱城市管理和交通管理秩序的问题。由于共享单车随时骑行、随时停车，没有停车位的限制，导致一些消费者为了个人便利，将单车停在最便利自己的地方，全然不顾其他行人和车辆的方便与安全。虽然企业是单车所有权人，但企业对其提供的单车并没有直接占有和使用，即使企业利用现代科学技术对共享单车进行定位，共享单车乱停放问题实际是消费者所为。然而，政府管理部门无法逐一找到乱停放单车的行为人，因此转而向企业施加合法运营的压力与要求。既然企业是单车所有权人，企业应当针对此行为进行管理，但实际上企业也无法对单车实施全面监管。在

---

① 参见王泽鉴：《民法物权》，北京大学出版社 2014 年版，第 110 页。

此意义上，企业没有办法实现对共享单车的真正控制权。

第二，私自占有共享单车。共享单车作为一种有偿的共享资源，消费者仅对共享单车享有临时占有和使用权，并不享有所有权。实践中，共享单车被盗、被私自更改密码或者毁坏二维码等情况屡见不鲜。部分消费者通过破坏单车密码、改造单车外观等方式将单车占为己有；或将共享单车停在隐蔽的地方仅供自己使用，实质上剥夺了其他消费者使用的权利。企业虽是共享单车的所有权人，却没有办法阻止上述情形的发生。

第三，毁坏丢弃共享单车。共享单车常遭到恶意毁坏、丢弃，单车企业的对策是继续补充或增加单车投放量。然而，过量投放共享单车导致单车过剩，再加上后期维护不及时，产生毁坏的单车被丢弃等情况。恶意毁坏、丢弃共享单车的行为，不仅损害了企业的利益，同时也侵害了消费者利益，更影响了城市的市容市貌。然而，企业出于成本或其他原因，对此行为也无法全面监管。

按照传统的物权法理论，企业是单车所有权人，出现上述三类问题时，企业应当承担相应的责任。因为单车虽属于企业财产，不特定消费者又享有临时占有和使用权，企业有责任对消费者的消费行为进行管理。

（二）不利于消费者权益保护

若一味强调所有权，容易轻视消费者的使用权，使得消费者在遇到问题时无法得到有效的保护。例如，消费者使用共享单车时往往只需要通过共享单车APP或者第三方服务平台开锁，通常无法对车辆安全状况进行评估。① 第三方机构比达咨询发布的《2018年中国共享单车用户体验调查报告》显示，在2018年共享单车用户使用问题排行中，刹车等安全风险排名第二，占52.8%。② 如果共享单车因缺陷造成损害，既可能造成消费者自身损害，又可能造成其他不特定第三人损害。企业是共享单车所有权人，应当对其提供的单车负有安全保障义务。但消费者如何向企业主张权利，客观上存在难度。

（三）消费者责任分配不足

消费者对共享单车仅有临时的占有和使用权，这种占有和所有相分离的状态下，易导致消费者缺乏责任意识。仅通过消费者与企业签订的电子协议，难

---

① 参见唐清利：《“专车”类共享经济的规制路径》，载《中国法学》2015年第4期。

② 比达咨询：《2018年中国共享单车用户体验调查报告》，载比达网 http://www.bigdata-research.cn/content/201812/796.html，2019年7月4日访问。

以完全厘清消费者应当承担的责任。因消费者并非所有人，在使用过程中不会同爱护自己的车辆一样爱护共享单车，很容易发生私自占有、破坏单车等情形，而企业难以查明真正的责任人，所以存在侥幸心理的消费者可能因管理不力而肆意妄为，损害企业合法权益。

二、从“权利束”角度分析共享单车属性

“权利束”一词来源于产权经济学，并逐渐运用到法学领域。法学学者对“权利束”的研究主要集中在财产权领域，用于研究集合在某一特定物上的诸多权利。“权利束”是一组能够为主体带来不同利益的权利集合。在某一特定物上，权利束的主体是多元的，既可能是个人，也可能是集体或国家；权利种类多样，即财产本身所固有的权利，包括占有权、使用权、收益权、处分权以及排除其他人使用这些权利的权利。① 传统的财产分类按照权利归属和权利人数不同，可以划分为公有财产、私有财产和共有财产三类，此类划分对于财产类型化研究具有重要意义。但现实生活复杂，人与人之间并非全部依据这三种典型的财产分类进行交易，故个人或政府往往会创设各类不同的财产类型。②以共享单车为例，企业为获取利益而将其私人财产以有偿方式提供给不特定人使用，是将单车的占有权和使用权“有偿分享”给不特定人。这一过程中，企业与不特定消费者对单车的各项财产权能的享有呈现共有特征；但企业是单车所有权人，单车仍属于私人财产。本文主张共享单车属于共—私混合财产是从财产权的归属关系和权利人数量角度来分析的，共享单车是一种典型的共—私混合财产。

传统物权法理论强调所有权具有积极权能和消极权能，积极权能包括占有、使用、收益、处分，消极权能如排除他人干涉等。③ 传统物权理论认为所有权具有的积极权能是统一整体，不可分割。而在实际交易中，人们为发挥更大财产价值，会利用各种手段将其利益最大化。奥诺雷认为所有权所具有十一个标准成分，即占有权、使用权、管理权、收益权、处分权、安全保障权、可继承

① 参见闫立东：《以“权利束”视角探究数据权利》，载《东方法学》2019 年第 2 期。
② 参见付大学：《论混合财产》，载《中国政法大学学报》2018 年第 1 期。
③ 参见王泽鉴：《民法物权》，北京大学出版社 2014 年版，第 112 – 113 页。

性、无期限性、不得有害使用、执行责任和剩余性。[①] 在此标准成分中有六个（占有、使用、管理、收益、处分和安全保障）是完整的所有权应当具有的权利，并且该六个权利可以单独分割出去；另有三个（可继承性、无期限性、剩余性）是完整所有权应该具有的特性，最后两个（不得有害使用、执行责任）是完整所有权人应当承担的责任。本文以共享单车为例对奥诺雷权利束理论的标准成分分析如下：

（一）奥诺雷权利束中的六个权利

1. 占有权，即对特定物享有在物理上的排他控制或者在该物性质允许的前提下享有此种控制。“排他”“控制”和“物理”是占有权的三要素，其中排他和控制是核心要素。并非所有的物都可以进行“物理”上的控制，故“物理”要素并非必备要素。以共享单车为例，投入市场的单车脱离了企业的“物理”控制，而当某一特定消费者通过扫描单车二维码使用时，该消费者实际占有该车，同时就排除其他消费者的占有、使用权利。但在单车没有被占有之前，对不特定消费者而言，他们对所有未被占有的共享单车都享有占有的权利。根据共享单车的运营模式，共享单车脱离了企业的“物理”控制，但它仍是企业的所有物。消费者虽不是所有权人，但基于企业与消费者之间的交易，其在使用某一特定单车时，享有实际控制权并排除其他消费者占有该车的权利。

2. 使用权。奥诺雷认为使用权有狭义、广义之分。狭义使用权指所有权人对其拥有之物进行使用或享用，奥诺雷认为使用权是所有权的最根本特征，即使受到限制也丝毫不会影响其重要性。广义使用权还包括经营管理权和收益权。共享单车运营中，当某一特定消费者通过扫描二维码单车使用的同时就排除了其他潜在消费者使用的权利。但是，在单车没有被使用时，对不特定消费者而言，他们对所有未被占有使用的共享单车都享有使用的权利。

3. 管理权。奥诺雷认为管理权是指由谁决定以及如何使用该物的权利，属于广义上的使用权。经过权利人的许可，他人可以对自己的财产进行管理或者使用。经企业许可，消费者可在服务期间在合法的范围内管理、使用其所解锁的单车。该服务期间内，消费者对特定的共享单车享有管理、使用的权利，同

① See A. M. Honoré, “Ownership”, in A. G. Guest (ed.): *Oxford Essays in Jurisprudence*, Oxford University Press, 1961, pp. 107 – 147.

时企业也是在行使其管理权。

4. 收益权。奥诺雷认为占有和使用本身就是收益的一种，收益可以视为使用的替代品，即通过放弃个人对物的使用来获取利益。共享单车的收益权体现为，因企业对消费者使用共享单车产生的直接利益之享有。

5. 处分权。奥诺雷认为处分权包括转让、消费以及毁损等权利。处分权包括两个方面，一个是对物的处分权，另一个是对财产权的处分权。所谓处分物的权利即通过消费、毁损等方式使得某物永久性灭失的权利；处分财产权的权利即通过出卖等方式将财产权转让与他人的权利。以共享单车为例，企业享有对共享单车进行出卖、赠与、毁损等处分权利，消费者无权对单车进行处分。

6. 安全保障权。奥诺雷的安全保障权是针对公权力而言的，即财产免于政府征收或者侵害的权利。但共享单车投放量过大，并且企业未对单车停放进行合理规范，导致大量违规停放单车的情形出现，造成城市秩序混乱，影响市容市貌，政府对违规停放的单车采取暂扣措施。据报道，对于暂扣的单车，因相关企业未进行认领，随着时间推移，堆积的单车数量越来越多，因政府部门需要付出大量的管理成本，在这样的情况之下政府对单车进行拆解、销毁。对于无人认领或者废弃的共享单车，政府有无权力对其进行处理，法律并未明确作出规定，根据“法无授权不可为”原则，政府虽有权对共享单车进行管理和治理，但私自处理企业的财产是侵犯财产权的体现。

（二）奥诺雷权利束中的三个特性

1. 可继承性，即在所有权人死亡后财产权可为所有权人的继承人继承，这是财产权的基本特性之一。一般认为，权利的行使必须由权利人自己选择，可继承性并非所有权人享有的一种权利，但对其有直接经济利益，故认为可继承性是所有权的特性而非权利。

2. 无期限性。财产权无期限性以可继承性为前提，即财产所有人对其享有的财产权没有明确的终止期限。并非所有的财产权都没有期限，知识产权是有期限的，所以无期限性是所有权的一个特性。

3. 剩余性，即所有权人对其所拥有的物具有剩余性权利，当某一权利消灭时，所有权人主张剩下的权利。例如，租赁终止后，承租人不再享有任何权利，财产权利由所有权人享有。

就共享单车而言，奥诺雷所主张所有权的三个特性并不明显，故本文不予展开。

（三）奥诺雷权利束中的两个责任

1. 不得有害使用责任。财产权人在行使权利时不得损害他人，不限于所有权人。财产权人按照自己的意愿对所有物使用或者管理，都必遵循这一原则。共享单车企业不得有害使用责任包括两个方面：一方面，企业投放单车时应尽到有效的管理义务，不能损害社会公众利益，即不能影响交通管理和城市管理秩序；另一方面，企业应当对使用共享单车的消费者负责，不能侵害消费者合法权益。消费者在使用共享单车时应当遵守交通法规、社会公德以及与企业之间约定的协议，合理合法使用该单车，不进行破坏、不乱停放等。

2. 被执行责任。该责任指财产权人因欠债务而被法院或其他机构强制执行其财产的责任，此债务既可以是私法债务也可以是公法债务。若财产权人不承担相应的责任，则其社会信用便不复存在。若企业破产或者倒闭，法院或者其他机构有权对属于该企业的财产依照法定程序进行破产清算或者执行。针对消费者而言，因其只享有占有、使用权利，当其因私人债务需承担责任时，不能将共享单车作为被执行的财产。

通过上述分析，以共享单车为例，在共享单车这一私人财产上存在共有权利，即不特定消费者对共享单车享有占有、使用、管理的权利以及承担不得有害使用的责任。从财产权的归属关系和权利人数量角度而言，企业和不特定消费者对企业所提供的共享单车享有共同的权利以及承担部分相同的责任。

三、共享单车财产法律制度完善建议

（一）理论上厘清单车财产权归属

共享经济发展日趋成熟，私有财产上的共有权利和利益愈发普遍，共享财产中共有权利指所有人将其财产中的某些权利分享之后，他人对其财产所享有的某个期间的占有权和使用权等，从而形成所有人和其他人在一定期间内对某项财产享有共有权利。[①] 使用“权利束”概念研究共享单车，可以促进财产权利的交换，将个人财产权与共有财产权合并起来研究。虽然市场可以实现资源

---

① 参见付大学：《论混合财产》，载《中国政法大学学报》2018年第1期。

的有效配置，难免会出现市场失灵的情形；企业为追求利润，会将生产资料投到利润较大的产品中，可能导致社会资源的浪费。[①] 所以，要从理论上明确共享单车财产权归属，清晰界定企业、消费者以及政府在管理共享单车过程中所扮演的角色，共享共治。首先从根本上厘清其权利归属，有利于更好规范共享单车，促进其健康发展。一方面，企业是单车财产权人，享有全部财产权，并且能够在不损害国家、社会和他人利益的前提下，将自己财产权的部分或者全部权利分享出去，在行使权利的同时也要担负起相应的法律责任和社会责任；另一方面，消费者作为共享单车的使用者，享有临时占有权及使用权。根据奥诺雷所有权的十一种标准成分分析，消费者同时也享有管理权，经过权利人（企业）的许可，消费者可以对企业的财产进行管理。这里的管理主要指狭义上的管理，即在使用共享单车过程中，应当遵循交通法规等法律规范和单车使用协议，文明合理使用单车，规范停放，不妨碍交通秩序和城市管理秩序。

（二）法律上明确单车“权利束”配置

传统物权法将共有分为共同共有和分别共有，[②] 我国亦是此种分类。共享单车是一种不同于传统物权法调整的两类共有的新类型，法律应当确认共享单车属于共—私财产类型。根据物权法定要求，本文认为首先应在立法层面提高法律位阶，由全国人大及其常委会在法律（物权法）中明确规定共享单车是一种共—私混合财产，然后根据共享单车的特殊性质，设置不同权利人之间的管理和使用方式，规范其行为。

（三）明确企业和消费者的主体责任

共享单车利用公共空间经营，就要承担公共责任与义务，企业应在管理和技术层面提升水平，[③] 而针对乱停放问题值得思考的是：违法者究竟是消费者还是企业？本文认为两者都有责任：一方面，企业负责单车的管理，出现此问题是其运营模式造成的，传统的公共自行车是有桩停放，就不会产生此类问题，因此企业要承担责任；另一方面，消费者在使用单车期间，应当在不损害社会公共利益和他人利益的前提下，有序停放单车，这既是自身素质的体现，又是权利义务相一致的要求。对于共享单车引发的侵权问题，在使用过程中因单车

① 参见闫立东：《以“权利束”视角探究数据权利》，载《东方法学》2019 年第 2 期。

② 参见王泽鉴：《民法物权》，北京大学出版社 2014 年版，第 213 页。

③ 参见顾大松：《共管共治，才能共享》，载《环境经济》2017 年第 Z2 期。

自身原因造成消费者本人损失的，由企业承担责任；造成第三人损害的，可以由消费者先行赔付，因其是单车使用权人，负有管理义务，为便于纠纷解决故实行先行赔付规则，而后由消费者向企业追偿。如此规定可以加强消费者的责任意识，同时法律应强制要求企业就此赔付方式制定相关文件并予以公开；若消费者存在故意或重大过失，则由消费者承担责任。消费者虽为使用人和占有人，但是其无权处分任何一辆共享单车，应禁止任何人私自占有单车的行为。违反法律规定，除追究相应民事责任以外，可以实施“黑名单”制度并向社会公布，根据情节，可以规定在一定期间内禁止使用共享单车；情节严重的，可由刑法进行规制。

（四）明确企业和政府之间的责任

单车乱停放的违法者究竟是消费者还是企业？有人提出，大规模乱停放是由企业运营模式造成的，而非市民素质问题。既然是企业造成的，责任应该由企业来承担，但实践中，往往是政府投入资源来解决这个问题，如政府规划单车停放区域和承担治理职能。因此，应明确政府和企业之间责任划分。共享单车发展以来，中央和地方政府陆续出台了单车管理措施，但是这些管理措施效力低且规定相对“粗放”，职能划分不清，对于企业监管缺乏明确法律依据，执法过程中往往处于尴尬处境。

结　语

作为现代经济发展的产物，共享单车所带来的种种问题，按照传统物权法理论已无法解决，若不明晰各主体之间的财产权利关系，难以从根本上解决问题。应明确共享单车这一财产上存在的权利束，企业作为单车的所有权人，将其对单车的占有权和使用权有偿分享给广大消费者行使，虽然权利分享出去，但其所负担的责任不会因此减少；消费者作为单车的占有和使用人，在使用单车期间，因占有和使用而产生相应责任，应当在其权利范围内负有相应的义务。

共享单车问题不仅涉及企业运营，同时也考验政府管理水平。共享单车治理需要企业、消费者和政府三者联合治理，在共享权利的同时也要共享管理和责任。

论 坛

Economic Law Review

纳税人诚实推定权的确证困局与演绎设计*

张馨予**

目　次

一般认为，纳税人诚实推定权意指征税机关向纳税人征税时，必须首先假定纳税人是诚实的、无过错的，没有事实证据并经法定程序，征税机关不得推定纳税人不诚实。① 理论层面，我国学者对诚实推定权的研究不多但已具有一定体系化范式，然而各项研究均未对诚实推定权的权利属性和内在要求作深入论证，尤其是对于我国究竟是否需要以明示立法形式规定诚实推定权，未有过合理辩证与思考。纳税人诚实推定权究竟是何种层次的权利？其能否自恰于税收征纳关系？其自身又具有何种局限性？这些问题亟待探讨。

诚实推定权从一开始即以确证的姿态呈现在我国法学理论研究中，兼由

* 本文系中国法学会 2018 年度部级法学研究一般课题“税收法定原则实施中的立法问题研究”［CLS（2018）C17］的阶段性成果。

** 北京大学法学院博士研究生。

① 参见刘剑文：《〈税收征收管理法〉修改的几个基本问题——以纳税人权利保护为中心》，载《法学》2015 年第 6 期。

《税收征收管理法》的修订契机，对于明示规定诚实推定权的呼声愈来愈高。问题在于，尽管许多发达国家均对诚实推定权作出了明确规定，但也仍有诸多国家和地区采取间接立法的形式予以体现。特别是，加拿大在1984年出台的《纳税人权利法案》中设置了诚实推定权，在2007年修订的版本中又删去了纳税人诚实推定权的规定。[①] 这其中从理论到实践层面，均具有深层次的原因。纳税人诚实推定权的保护必不可少，也是未来税收征管程序所必须走的方向。面对《税收征收管理法》重塑之问题，对诚实推定权重新进行深入论证与思考，是实现诚实推定内在功能的重要前提。

一、诚实推定权的理论推演

（一）诚实推定权的理论依据

国家与国民间的关系，是理清纳税人权利义务来源的根本依据。早在启蒙时代，西方学者即对税之正义从不同层面进行了探索，旨在为国家征税权找出合理路径。18世纪初期，在社会契约的思潮下，英国古典学派提出“利益说”的主张，将政府与国民比喻为地主和佃户，国民也即各租户应当依其所享利益分担管理费。[②] 随后，伴随着古典经济学派的消亡、功利主义哲学的兴起，诞生了以国家干预主义为核心的福利国家观。福利国家观认为个人与国家是不可分割的，国家应当通过国家权力来保护弱者，依靠政治权力通过法律规定强制获取财政收入，从而调控市场、发展社会经济。然而福利国家下公民和国家间的关系一直备受质疑，国家强权下的高税负一方面挫败高收入者的生产积极性，另一方面也使得越来越多的纳税人将对社会福利的过度掠夺视作纳税义务的回馈，充分凸显出政治权力干预下的国家征税权与公民纳税义务所激发出的社会矛盾。因此，面对当代更为复杂的社会样态与公民诉求，国家与公民间的制度

---

① 我国学者在诚实推定权研究中，误将加拿大作为明示规定诚实推定权的国家，这是一种以讹传讹式的错误。加拿大在2007年就已将《纳税人权利法案》中的诚实推定权删去。参见 https://www.theglobeandmail.com/investing/personal-finance/taxes/article-how-real-is-the-right-to-pay-less-tax/，2019年8月30日访问。

② See Adam Smith, *An Inquiry into the Nature and Causes of the Wealth of Nations*, University of Chicago Press, 1977, p. 352. 转引自陈丹：《论税收正义——基于宪法学角度的省察》，法律出版社2010年版，第45页。

关系再度面临解构与重塑。

财政宪法学以重塑税权、打破国家权力和公民权利二元对立的开放形态应运而生。其既不反对自由主义，也不抵制国家干预主义，而是重申有限政府理念，为国家权力和公民权利之间的关系设立出根本原则。[①] 日本学者北野弘久将宪法下的租税概述为以维护纳税人、国民福利为核心内容的征税理念，纳税人只遵从合宪的法律承担纳税义务，[②] 我国台湾地区学者葛克昌认为，税是国家及地方自治团体对国民财产自由权的侵犯，应受宪法的限制，并接受违宪审查的保障，禁止无限制征收国民财产，以维护国民的基本权利。[③]

这种“纳税人基本权利”的意识诞生于二战后对公民权利和人权的重申，其理念之接纳于20世纪下半叶逐渐呈现出全球化趋势。这一时期不少国家均表现出政府对保护纳税人权利的信心和决心，以不同形式的立法对纳税人权利作出直接性的集中规定，其中一些法律文件具有宪法性质。[④] 国家以宪法形式保护人权的根本原因是为了保护人性尊严，因此，如何“以人为本”，体现出对人性尊严的维护，是解释和适用宪法基本权利条款时的基准。[⑤] 易言之，人性尊严构成基本权利保障的核心。从这一视角出发，纳税人权利即具有普遍性的人权融入税收法律关系中的体现，并由此衍生出纳税人所应享有的基本权利体系。[⑥]

诚信、信用与正义是人类社会存在的基础，[⑦] 未经有效证据不得对公民诚信与否作出不利假设。这是作为人“生而有之、不证自明”的权利，体现在税法上，往往以公民权利和人权的形式表现出来，如诚实推定权。[⑧] 澳大利亚国税局颁布的《纳税人宪章》规定：“（征税机关）将纳税人视为是诚实的。”在该条之下，又进一步阐释：“我们假定纳税人所提供的信息是完整且正确的，除非我们有证据不这么认为……我们知道人们会犯错，因此，我们将继续相信纳

---

① 参见黎江虹：《中国纳税人权利研究》，中国检察出版社2010年版，第27页。

② 参见［日］北野弘久：《税法学原论》，陈刚、杨建广译，中国检察出版社2001年版，第10页。

③ 参见葛克昌：《人民有依法纳税义务》，载《台大法学论丛》1990年第2期。

④ 参见丁一：《宪政下我国纳税人权利保护机制之设计》，载《财税法论丛》2004年第1期。

⑤ 参见朱孔武：《论“以人为本”的宪法涵义》，载《河北法学》2005年第2期。

⑥ 参见丁一：《纳税人权利之确证》，载《财税法论丛》2003年第2期。

⑦ 参见［英］亚当·斯密：《道德情操论》，蒋自强等译，商务印书馆2003年版，第七卷第四篇，第434－453页。

⑧ 参见施正文：《论征纳权利——兼论税权问题》，载《中国法学》2002年第6期。

税人在个人事务中即使出现错误也是想要诚实申报的，除非我们发现故意违法或故意逃避责任的证据。”① 英国《纳税人宪章》第1条即规定：“视纳税人为诚实纳税人。”进一步规定：“我们假定纳税人所说的是真实的，除非我们有充分理由不这么认为。”② 欧盟于2016年出台《欧盟纳税人法典指导范本》，在纳税人权利中规定“诚实推定权”（Presumption of Honesty），即“纳税人将被视为是诚实的，除非有充分理由不这么认为；虽然税务机关可以检查纳税人的税务信息，进行验证或审计”③。此外，爱尔兰在其《（纳税）客户服务宪章》中也对诚实推定权进行了规定。④ 可见，人权的普遍性决定其必然融入税收法律秩序之中，税之正义的逻辑起点逐步走向纳税人基本权的确立，这正是诚实推定权得以在税法中明示规定的理论依据。

（二）我国理论研究现状

2009年11月，国家税务总局颁布《关于纳税人权利与义务的公告》，采用国际通行的纳税人权利法案的立法形式，对我国纳税人权利和义务进行了逐一列举，表明了在纳税人权利保障层面我国向现代化税收征管理念靠拢的决心。不过在该公告所列举的14项纳税人权利中，并没有包含纳税人诚实推定权。不仅如此，预设“纳税人都是避税人”的立场在我国税收征管实践中由来已久，⑤ 这与我国法治建设的阶段性有关，同时也是我国一直以来具有传统权力关系色彩的税收征管理念所直接导致的。

在发布纳税人权利公告之前，我国曾对纳税人的诚实推定权进行过一次探索。2009年厦门市地税局出台《对纳税人适用“无过错推定”原则的指导意见》，规定税务机关在没有确凿证据证明纳税人存在涉税违法行为时，不应认定

---

① See Australian Taxation Office, “Taxpayers’Charter – Treating you as being honest”, available at https: //www. ato. gov. au/About – ATO/Commitments – and – reporting/Taxpayers – – Charter/Taxpayers – – Charter – – – treating – you – as – being – honest/, visited on Aug. 20, 2019.

② See HM Revenue & Customs, “Your Charter – Respect you and treat you as honest”, available at https: //www. gov. uk/government/publications/your – charter/your – charter#A1, visited on Aug. 20, 2019.

③ See European Commission, “Guidelines for a Model for A European Taxpayers’Code – Presumption of Honesty”, available at https: //ec. europa. eu/taxation_ customs/sites/taxation/files/guidelines_ for_ a_ model _ for_ a_ european_ taxpayers_ code_ en. pdf, visited on Aug. 20, 2019.

④ See “Irish Tax and Customs: Customer service charter – Presumption of Honesty”, available at https: //www. revenue. ie/en/corporate/information – about – revenue/customer – service/customer – charter/presumption – of – honesty. aspx, visited on Aug. 20, 2019.

⑤ 参见王桦宇：《论税法上的纳税人诚实推定权》，载《税务研究》2014年第1期。

或推定纳税人存在涉税违法行为，应坚持疑错从无原则，同时加强税务机关的举证责任，严格证明标准，税务机关可以对纳税人可能发生的涉税违法行为提出合理怀疑，但不能通过推定结论代替证据。但本次探索并未得以推广。直到2018年4月23日，青岛市国家税务局再次试行“诚信推定”原则，将“疑错从无、无过错推定”贯穿于税前、税中、税后的各环节，在税前环节将“不设门槛”，对新设市场主体予以充分信赖；在税中环节提供“差异化服务”，增设M级纳税信用级别，为守信企业降低办税成本；在税后环节将通过“信用管税”，实现征纳关系由管理型向治理型的转变。①

我国理论学界对诚实推定权的研究较少，但通过梳理可以大致形成以下基本体系：（1）在权利性质层面，大多肯定了纳税人诚实推定权的宪法性权利，认为诚实推定权应纳入宪法人权保护的高度并在宪法层面上进行体现。②（2）在权利构成方面，权利主体是纳税人，既包括自然人纳税人，也包括法人和其他组织，既包括公民纳税人，也包括非公民纳税人；诚信推定权的权利客体是纳税人的人格尊严和信赖利益，③ 权利内容包括申报诚实推定权、纳税诚实推定权和救济诚实推定权，权利相对人为征税机关。（3）在程序层面，进一步规范税务检查权的行使，按阶段合理分配税务机关与纳税人的举证责任，同时完善诚实推定权的救济权，尤其是诉讼权利。（4）在立法层面，对纳税人的诚实推定权采取明示立法的形式，在税收征管法或及于宪法层面，对诚实推定权及其相关保护条款作出直接性规定。④

---

① 参见《青岛市国家税务局关于推行诚信推定理念优化税收营商环境推动新旧动能转换支持军民融合发展的实施意见（试行）》。

② 参见施正文：《论征纳权利——兼论税权问题》，载《中国法学》2002年第2期；馨元：《论纳税人宪法权利之享有》，载《华东政法大学学报》2003年第2期；王桦宇：《论税法上的纳税人诚实推定权》，载《税务研究》2014年第1期；朱大旗、李帅：《纳税人诚信推定权的解析、溯源与构建》，载《武汉大学学报（哲学社会科学版）》2015年第6期；等。

③ 参见朱大旗、李帅：《纳税人诚信推定权的解析、溯源与构建》，载《武汉大学学报（哲学社会科学版）》2015年第6期。也有学者认为权利客体是行为，是一种不作为，即征税机关不得推定纳税人系非诚实纳税人的不作为，参见张富强：《论纳税人诚实纳税推定权立法的完善》，载《学术研究》2011年第2期。

④ 参见王桦宇：《论税法上的纳税人诚实推定权》，载《税务研究》2014年第1期。

二、诚实推定权的确证困局

(一)权利属性辨析

1. 推定还是假定

推定的概念迄今未能得到统一的阐释。[①] 英文"presumption"与汉语"推定"有一定差异。[②] Presumption的基本含义是"预先假定",而中文上推定则包含"推断认定"之意,因此一些舶来的概念在中文中则产生了一定程度的畸变。如Presumption of Innocence,意为"预先假定被指控者无罪",[③] 译为中文"无罪推定"则含有"经推断认定被指控者无罪"的意义,这显然混淆了假定与推定之间的区别。就目前研究结论而言,所谓推定,是指"依照法律法规或者法院按照经验法则,从已知的基础事实推断未知的推定事实存在,并允许当事人提出反证予以推翻的一种证据法则"[④]。推定属于证明方法的范畴,其作为论证的结论,应以一定事实为基础,而假定则不属于证明方法,并且不以一定事实为基础,只能作为论证的前提。无罪推定不同于"证据性推定",其并非通过统计数据所支持的事实所得出的无罪结论,[⑤] 因此,相对于"推定"一词,更应译为"无罪假定"。事实上,推定作为一种特殊的案件事实认定机制,法律通过设立推定来达到司法裁判的经济效果,其本质上是一项立法技术,而非司法技术。[⑥] 也即,推定通过改变证明对象,降低证明难度,而不是改变证明责任的分配原则。[⑦]

我国目前财税法学界的研究普遍认为,纳税人诚实推定权与刑法中的无罪推定有着共通的理念渊源。[⑧] 诚然,诚实推定权与无罪推定均在立法体系中处

---

① 参见[德]莱奥·罗森贝克:《证明责任论》,庄敬华译,中国法制出版社2002年版,第206页。

② 参见何家弘:《论推定概念的界定标准》,载《法学》2008年第10期。

③ 参见何家弘:《论推定概念的界定标准》,载《法学》2008年第10期。

④ 卞建林主编:《证据法学》,中国政法大学出版社2000年版,第370-371页。

⑤ 参见何家弘编:《法律英语》,法律出版社2006年版,第299页。

⑥ 参见何家弘:《论推定概念的界定标准》,载《法学》2008年第10期。

⑦ 参见樊崇义、史立梅:《推定与刑事证明关系之分析》,载《法学》2008年第7期。

⑧ 参见刘剑文:《〈税收征收管理法〉修改的几个基本问题——以纳税人权利保护为中心》,载《法学》2015年第6期。

于一种尴尬的境地。现有国家对诚实推定权的立法思路通常为：We'll presume that you're telling us the truth, unless we have good reason to think otherwise. 从中可以看出，诚实推定权的本意在于，在未有证据证实纳税人违背纳税义务之前，应对其诚实人格进行保护，而是否推翻诚实推定则有赖于对基础事实和证据的进一步判断。显然，这种"不依赖于任何基础事实"所作出的"预先假定"与中文中推定必须"由基础事实和推定事实组成"的结论产生根本性冲突。[①]"诚实推定"如同"无罪推定"，均假以"推定"外壳行"假定"之本质，与"证据性推定"的本质属性有着云泥之别。诚实推定权既非证据性推定，也并非建立在一定事实基础之上，这种"推定"是基于公民人格尊严权所演绎出的纳税人权利，是价值理念与政策导向所作出的"预先假定"，进而成为一项证明责任分配原则，而非证据法则。因此，严格来说，诚实推定权应译为"诚实假定"，其不应成为研究司法证明中推定问题的对象，而是一项保护公民权益所必不可少的实体权利和程序规则。现有研究未从法理层面对诚实推定权进行严格论证，这意味着确证的背后存在混淆"推定"与"假定"的可能，而这将进一步导致忽视诚实推定权的权利来源，使得诚实推定权逐步脱离价值导向的原始目的，成为单一的程序性规则。

2. 宪法性权利还是普通性权利

权利的类型化与层级化使得纳税人权利亦有宪法性权利与普通性权利之分。[②] 我国学者认为应当将诚实推定权纳入《税收征收管理法》，甚或作为宪法基本权在宪法中予以明示规定。[③] 但是，对于该项权利能否在宪法层面得以确立，以及是否能够作为普通性权利纳入税收征管法律，并无严格论证。

首先，是否需要赋予纳税人权利在宪法上的独特权利地位，在于该项权利是否具有一般人权所无法涵盖的特殊性。[④] 纳税人基本权利的理念即认为，纳税人基本权利中应包含最低限度的人权规定，[⑤] 税收征管行为影响纳税人正常

---

① 参见何家弘、刘品新：《证据法学》，法律出版社 2004 年版，第 277 页。

② 参见施正文：《论征纳权利——兼论税权问题》，载《中国法学》2002 年第 6 期。

③ 参见王桦宇：《论税法上的纳税人诚实推定权》，载《税务研究》2014 年第 1 期。

④ See Baker, P., "Taxation and the European Convention on Human Rights", *British Tax Review*, Vol. 4 (2000), p. 252.

⑤ 参见丁一：《纳税人权力之确证》，载《财税法论丛》2003 年第 2 期。

生活与基本人权，理应赋予纳税人一系列宪法及税法上的基本权利。① 然而考察基本人权的来源可发现，宪法所维护的自我的尊严和价值，这种自我的优先一定程度上植根于基督教的信仰，最终被引申至自然权利的层面。② 也即，存在一定程度无论被承认与否都适用于全体人类的自然权利，但究竟哪些属于人类与生俱来的权利，则有赖于不同文化、宗教、民族乃至地理等各方面因素的制约与影响。这是人权的普遍性与相对性的矛盾体现。③ 因此，应尽量以一种具有普遍性的最低限度人权的视角来考察基本人权。据Sawyer教授对OECD国家的统计，④ 纳税人基本权利大致包含六项权利，其中并未包含纳税人诚实推定权。由此可见，纳税人诚实推定权并未达到宪法层面所必须具有的最低限度保护标准，这与我国研究中诚实推定权的确证姿态显然不符。

将诚实推定权作为普通性权利在税收征管法律中予以规范，也存在一定的悖论。诚实推定权因其保护人格尊严的切入视角，所以天然地具有根本性权利和基本人权的特征，与纳税人在一般税收征纳活动中所享有的普通性权利具有不同的来源与目标，有学者即论证纳税人诚实推定权为“生而有之、不证自明”的宪法性权利，而不同于具体化程度高、操作性强的普通性权利。⑤ 因此，若将诚实推定权纳入普通性权利予以规范，则“诚实推定权”的权利相对人通常被默认为是征税机关，⑥ 这显然限缩了诚实推定权的内涵，使得其在宪法层面的制约与审查失去理论上的可能，同时弱化了该项权利的诉讼救济途径，与维护纳税人人格尊严基本权的初衷相左。其次，纳税人基本权利的概念，并非仅是基本人权在税法领域的体现，而是在税收征收活动中所形成的具有特色的

---

① 参见［日］北野弘久：《税法学原论》（第4版），陈刚、杨建广等译，中国检察出版社2000年版，附录2《纳税者权利宣言》，第353页。

② 参见［美］卡尔·J·弗里德里希：《超验正义——宪政的宗教之维》，周勇译，三联书店1997年版，第111页。

③ “人权的普遍性和特殊性问题，是发达国家与发展中国家长期争执的焦点。”参见丁一：《纳税人权力之确证》，载《财税法论丛》2003年第2期。

④ See Adrian J. Sawyer, “A Comparison of New Zealand Taxpayers' Rights with Selected Civil Law and Common Law Countries —Have New Zealand Taxpayers Been' Short—Changed'?”, *Vanderbilt Journal of Transnational Law*, Vol. 11 (1999), p. 1345.

⑤ 参见施正文：《论征纳权利——兼论税权问题》，载《中国法学》2002年第6期。

⑥ 参见张富强：《论纳税人诚实纳税推定权立法的完善》，载《学术研究》2011年第2期；朱大旗、李帅：《纳税人诚信推定权的解析、溯源与构建》，载《武汉大学学报（哲学社会科学版）》2015年第6期。

权利体系。[①] 我国现行《税收征收管理法》因其行政色彩，赋予税务机关行政执法权，司法机关又未能形成行之有效的监督和救济，规范于普通性权利之下的诚实推定权，如何确保其对纳税人人格尊严的保护，打破“既要用纳税人权利限制国家税收权力，又寄望于国家税收权力实现纳税人权利”的悖论[②]，显然是对诚实推定权能否在税收征管法律体系中逻辑自恰的重要考验。

（二）税法与私法规范的冲突

诚实推定权既脱胎于税法上的诚实申报义务，同时也借鉴了民法诚实信用原则的精神内涵和理论构造。[③] 作为大陆法系的帝王条款，其要求当事人以诚实、善良的内心状态指导当事人的一切民事活动。[④] 这种对于诚信的道德要求自古罗马时代源源不断汇入法律中，形成外在强迫力保障人们遵守该原则，反过来又对人类道德施加影响，使得“诚实信用”成为人类社会生活、法律秩序得以建立的基础。[⑤] 基于诚实信用原则在私法领域的扩张，其逐步被包括公法在内的各法律领域所共通或衍生适用。[⑥] 因而又进一步影响税收征纳，形成纳税人“诚实纳税”的预先假定。

但税法上的诚实推定并不仅仅脱胎于当事人遵守诚实信用原则的法律共识，而是基于税法与私法之间天然的交汇需求。税因“取之于民”的特点，其征收管理建立在私有部门的财富生产之上，因此税法和私法之间具有难以分割的密切关系。[⑦] 诚实推定正是遵循这样的一种法律秩序：私法上具有效力的契约安排因其合乎诚实信用的原则而应当受到税法的尊重，而不应为财政目的不断扩张税法对私法的干预。因此，如若没有充分证据证明，需对纳税人进行诚实推定。然而，不同于私法上“意思自治”的契约基础，税法本身的“侵害性”使得纳税人天然地具有尽可能减少缴纳税款的心理，[⑧] 私法上诚实信用的契约安排与税法上的诚实纳税行为常常不能一以贯之，因此税法究竟怎样认定“诚实”这一不确定概念，就成了税法与私法衔接上的一个重要问题。

---

① 参见朱孔武：《纳税人权利话语之法理形构》，载《西南政法大学学报》2006 年第 3 期。
② 杨力、金泽刚：《论税权理念及其底线规则》，载《政治与法律》2007 年第 3 期。
③ 参见滕祥志：《论〈税收征管法〉的修改》，载《清华法学》2016 年第 3 期。
④ 参见徐国栋：《论中国〈合同法〉的罗马法基础》，载《北方法学》2015 年第 6 期。
⑤ 参见庞凌：《法律原则的识别和适用》，载《法学》2004 年第 10 期。
⑥ 参见王桦宇：《论税法上的纳税人诚实推定权》，载《税务研究》2014 年第 1 期。
⑦ 参见［日］金子宏：《日本税法》，战宪斌译，法律出版社 2004 年版，第 90 页。
⑧ 参见黄茂荣：《法学方法与现代税法》，北京大学出版社 2011 年版，第 310 页。

诚实推定权之疑难不在于证明规则的分配，而在于“诚实”这一不确定概念在事实定性上的模糊。应税事实属于法律事实的范畴，连接应税事实与纳税人的生活事实的是私法规范。[①] 不同法律部门针对应税事实具有不同的定性与评价，这给了私法和税法博弈的空间。从对目前可查询到的税务诉讼案例的统计中可以看出，税务机关与纳税人之间的分歧大部分在于“事实解释的认定”，而不在于“税法解释的认定”。而针对这种税法与私法在法律事实认定上的差异，许多国家和地区进行了长久的争论，形成“统一说”“独立说”和“目的说”等学说。这三种学说此起彼伏，未能化解税法与私法在实践中的诸多冲突。究竟应依照民法上诚实信用的私法自治视角来界定诚实推定权，还是应以税法上的财政目的为主，理论上并没有有效的指导原则。易言之，诚实推定权的产生源自对纳税人人格尊严的保护，当纳税人权利的保护与国家财政税收目的产生冲突，该如何把握事实定性的原则、如何确定其间的证明标准，显然是立法和执法层面上的一个难题。诚实推定权能否起到保护纳税人权利的作用，而不是为税法又增加一例不确定概念，是论证诚实推定权立法合理性的重要前提。

（三）税收征纳制度的内在矛盾

1. 税收核定制度的扩张

未尽协力义务并不意味纳税人属于不诚实纳税人，[②] 仅仅是未尽协力义务，却无证据证明其违反诚实义务达到逃漏税的目的，应该仅负担证据法上的不利待遇，并得以适用税收核定等特殊计税方法。税收核定或推计课税并非不尽协力义务的惩罚，亦非不诚实纳税所带来的行为责任。[③] 其税法逻辑在于为纳税人提供选择权，即依照“诚实申报原则”履行协力义务，或选择不尽协力义务按不利之所得课税，但得以免除协力义务之负担。[④] 只有当税务机关有证据证明纳税人违反诚实申报义务，才会构成违法漏税违章行为，成为漏税裁罚之对象。

---

① 参见叶姗：《税收利益的分配法则》，法律出版社2018年版，第247页。

② See “Taxpayers’ Charter - Treating you as being honest”, available at https: //www. ato. gov. au/About - ATO/Commitments - and - reporting/Taxpayers - - Charter/Taxpayers - - Charter - - - treating - you - as - being - honest/, visited on Agu. 20, 2019.

③ 参见葛克昌：《藉税捐简化以达量能平等负担——核实、实价与推计课税之宪法基础》，载《交大法学》2014第1期。

④ 《德国租税通则》第158条明定，纳税义务人依法制作之账册及会计记录，如无反证，应作为课税依据。

但我国税收核定体系的“过错推定”理念显然与纳税人诚实推定权产生深层次冲突。我国2015年发布的《税收征收管理法》（征求意见稿）新增了税额确认章节，该章节是审查纳税人诚实申报义务的重要环节。不同于我国台湾地区对推计课税的种种限制，[①] 大陆地区税额确认制度中以税收核定为代表，其并未强调职权调查用尽之责任，尤其“纳税人申报的计税依据明显偏低，又无正当理由”的条款意味着，即使纳税人进行了如实申报，只要从外观来看仍具有滥用私法形成自由造成税捐规避的可能，就可以从事实上否定纳税人的诚实申报结果，对税额予以重新核定。

纳税人诚实推定权的基本内涵之一即在于提高税务机关的证明标准，避免以主观经验作出对应税事实的判定。而税收核定作为这样一种为填补事实证据空白、以纳税人未尽协力义务为前提的事实认定机制，其实质意义上的核定范围已经超过税额确定程序所涵盖的程序要求，[②] 又兼之我国《税收征收管理法实施细则》第47条关于税收核定方法的规定疏为简陋，使得税务机关作出核税决定的证据效力大为削弱，即使明确税务机关的证明责任，其证据基础的主观性和随意性也难以避免陷入“过错推定”的自由裁量陷阱。税收核定意图通过“禁止滥用权利”的设计思路起到反避税功能，是对纳税人诚实推定权内涵下严格的证明标准的明确违反。因此，诚实推定权在我国税收征管制度中能否得到合理适用并实现其法效果，显然存有内在冲突。

2. “清税前置”制度的障碍

诚实推定权理论上应及于税收征纳的各个环节，体现在救济程序中为，在税务争议及后续救济过程中，税务机关应秉持诚实推定的原则，依职权承担相应调查义务，在事实证明与举证责任分担等方面注重纳税人诚实推定权利的保护。[③] 但我国“清税前置”制度显然与“无过错推定”相抵触。“清税前置”是指我国《税收征收管理法》第88条规定，纳税人不服税务机关征税决定时，必须先缴纳税款及滞纳金或者提供相应担保，才能申请行政复议。该条款的设

---

① 参见程华懿：《推计课税之合宪性》，台北大学法律研究所2010年硕士论文，第128页。转引自葛克昌：《藉税捐简化以达量能平等负担——核实、实价与推计课税之宪法基础》，载《交大法学》2014年第1期。

② 参见汤洁茵、肖明禹：《反避税调查程序中的税收核定：质疑与反思——以企业所得税为核心的探讨》，载《当代法学》2018年第4期。

③ 参见王桦宇：《论税法上的纳税人诚实推定权》，载《税务研究》2014年第1期。

计理念很明确，即当纳税人权利与国家税权相抵触时，优先保护国家财政税收的目的。[①] 这种税收制度是“权力关系说”时代遗留下来的国家权力产物，以行政权力确保财政收入最大化来维持国家运转，忽视国家职能的深层来源，从而伤及人民主权及其基本权益。事实上，“清税前置”制度的另一个重要目的在于限制纳税人的诉讼权利，无救济则无权利，这无异于是对纳税人权利的间接否定。

在争议和救济环节，诚实推定权要求在双方争议没有查清并得到公正裁决之前，应推定纳税人是诚实的、无过错的，“清税前置”作为一种有罪推定，要求缴纳税款及欠缴税款滞纳金，明显具有惩罚性质，这不仅与纳税人的诚实推定权相抵触，更是预先假定“纳税人均为避税人”。“清税前置”作为我国当前征管理念的集中代表，若不能建立现代化的征纳思维，则诚实推定权在我国难以获得适用的土壤。

三、诚实推定权明示规定之否定

作为纳税人一项重要的防御权利，诚实推定权对于防止国家征税权扩张和损害纳税人人格尊严起到重要的制约作用，因此不少学者呼吁在《税收征收管理法》中全面、明确和直接地增设纳税人诚实推定权的条款。[②] 但以上呼声均未实际论证诚实推定权在我国明示立法的可能。从理论层面来看，诚实推定权的确尚存悖论，从实践层面来看，我国当前税法环境尚不具备适用的土壤。

（一）世界范围内立法现状

从世界范围内看诚实推定权的立法模式，主要可分为三类：一是直接规定诚实推定权，即在税法或具有宪法性质的权利宪章中规定纳税人享有诚实推定权，如澳大利亚、英国、爱尔兰和欧盟等国家和地区的立法例规定；二是间接规定诚实推定权，通过诉讼规则或举证责任分配，来加强对纳税人权利的保护，实现“无过错推定”的效果，代表国家如美国、德国等；三是以韩国为代表的立法模式，其虽然明示规定诚实推定权，同时将诚实推定权否定的情形在同一

---

① 参见付大学：《比例原则视角下税务诉讼“双重前置”之审视》，载《政治与法律》2016年第1期。

② 参见王桦宇：《论税法上的纳税人诚实推定权》，载《税务研究》2014年第1期。

条文中也进行了明确列举，划定诚实推定权的适用范围。①

从上述立法现状看出，明确规定纳税人诚实推定权条款的主要为英联邦国家，其因相似的文化、历史和信仰背景等，具有较为一致的法律渊源。在英联邦以外的国家和地区来看，诚实推定权未被定为一项基本人权得以在纳税人基本权利中予以明示，而是转化为“无过错推定”的证明原则在税收征纳活动中的各个环节中得以体现。需要注意的是，加拿大于1984年《纳税人权利法案》中包含诚实推定权的规定，而在2007年出台的版本中删去了纳税人诚实推定权。可见，纳税人权益保护不只是单纯的权利宣告，而是具有根植于现实的内在理性。② 已有研究表明，美国议会关于纳税人权利的立法是一种“政治安慰剂”，其纳税人权利保护的效果并不理想。③ 可否将超越最低法律保护限度的道德要求规范化，并非权利本位理念所能涵盖，一味拓展纳税人权利的边界不是保障纳税人权益的良剂，保持立法理性才能看清税法利益分配格局下的博弈与考量。加拿大新修《纳税人权利法案》删去诚实推定权，正是税法利益博弈后的结果。

（二）诚实推定权自身局限性

我国学界常以刑法上的“无罪推定”原则类比纳税人的“诚实推定权”，认为其拥有共同的理念渊源。但我国迄今为止并未对“无罪推定”进行明确的规定，仅在2013年新实行的《刑事诉讼法》中进行了谨慎的变通表达，通过具体规则将“无罪推定”的精神内涵予以系统化。④ 事实上，即使在诞生“无罪推定”理念的西方社会，该项原则的适用和范围也面临越来越多的争议。在美国，由于无罪推定的宪法渊源没有得到深入讨论，其缺少牢固的宪法根基，法院越来越注重审前预测被告人是否有罪，无罪推定成为被告人在审前第一个也

① 韩国《国税基本法》第7章之二以及《纳税人权利宪章》都规定了纳税人诚实推定权。其中，前者第81条第（三）和（六）项规定如下：税务公务员除以下情形外，应推定纳税人及纳税人提交的申报材料是诚信的：（1）纳税人不履行税法规定的申报，开具、交付或者提交税金计算书或计算书，开具或者提交支付明细凭证等纳税协助义务；（2）无资料交易、伪造或者编造交易等有不符事实嫌疑的；（3）有人举报纳税人逃税的；（4）申报内容中存在能够认定偷税漏税或错误嫌疑的明确资料。参见朴姬善、金兰：《中韩税收比较研究》，中国社会科学出版社2012年版，第344－345页。

② 参见王申：《法哲学三论》，上海交通大学出版社2006年版，第31页。

③ See Creighton R. Meland, Jr.,“Omnibus Taxpayers Bill of Rights Act: Taxpayers' Remedy or Political Placebo”, *Michigan Law* Review, Vol. 6（1988）. 转引自朱孔武：《纳税人权利话语之法理形构》，载《西南政法大学学报》2006年第3期。

④ 参见张成敏：《人权观察：中国无罪推定立法状况》，载《东吴法学》2013年第2期。

是最明显地失去的权利。[①]

诚实推定权的适用和范围同样面临此类争议。税务机关如果因为事实难以查明而适用纳税人诚实推定权，则纳税人很有可能因为义务的不履行而从中获益。[②] 又因为税法本身的“侵害性”使得纳税人天然地具有尽可能减少缴纳税款的心理，[③] 便可能促使纳税人故意灭失证据、隐匿或导致其他税务机关难以提出证据的情形，使调查陷入困境，从而获取税收利益。这显然使国家整体税基面临受损的风险，从而破坏税收公平与市场秩序。此外，法律语境中的权利概念应尽可能排除模糊性和不确定性，因为法律不但是应然的规范，而且是公民生活中现实可行的权利。[④] 但诚实推定权显然加重了税法适用上的不确定性。“诚实”与否的模糊界限显然向税务机关提出了更严格的证明标准，同时，权利的背后也蕴含着对纳税人更高诚实义务的要求，意即纳税义务人应对税法安排的陈明程度达到税务人员一望即知的程度，方能认定其已尽诚实（申报事实）之义务。[⑤] 因此，在我国税法立法水平尚不完备的情况下，明示规定诚实推定原则反而增加税收执法成本，与稽征经济的原始初衷相背离。

（三）我国当前税收法治状况

宪法层面的纳税人基本权首先来自对纳税人基本权的肯定，从而有效实践纳税人的权利保护；而国家课税权的行使，则应受到纳税人基本权的限制。[⑥] 但我国缺乏宪法实施的有效制度，同时也未能形成纳税人宪法诉权，因而纳税人宪法权利仅停留在表面，难以予以适用。又兼之，如何仅凭《宪法》第56条中的“纳税人义务”合理推导出“纳税人基本权利”，这是宪法解释学上的一个难题。[⑦] 在税收征管制度层面，尽管我国2015年公布的《税收征收管理法》（征求意见稿）已实现向新型征纳关系的巨大跨越，但其中所规定的税额确认及税务检查等制度仍与纳税人诚实推定权存有内在冲突。而在诉讼层面，诚实推定权的权利相对人有待从国家税权层面再度论证，又加上我国双重前置制度

---

① 参见［美］西玛·巴拉达朗：《还原无罪推定》，杜文静译，载《法律方法》2016年第1期。

② 参见陈清秀：《税法总论》，元照图书出版公司2012年版，第458页。

③ 参见黄茂荣：《法学方法与现代税法》，北京大学出版社2011年版，第310页。

④ 参见朱孔武：《纳税人权利话语之法理形构》，载《西南政法大学学报》2006年第3期。

⑤ 参见台湾地区“最高行政法院”97年度判字第576号判决。转引自葛克昌：《藉税捐简化以达量能平等负担——核实、实价与推计课税之宪法基础》，载《交大法学》2014年第1期。

⑥ 参见黄俊杰：《税捐正义》，翰芦图书出版有限公司2002年版，第2页。

⑦ 参见陈刚：《税的法律思考与纳税者基本权的保障》，载《现代法学》1995年第5期。

存在弱化诉讼权利的可能，因此，明示诚实推定权将形成明显的立法矛盾；在纳税遵从层面，我国税法建设始终是税收政策走在先列立法滞后的发展模式，这种立法模式一方面有助于发挥及时有效的宏观调控作用，另一方面也加大了税收法律制度的不确定性及复杂性。已有数据表明，税法规则的复杂性是带来纳税不遵从的重要原因之一，[①] 这种不遵从并非“不诚实”履行义务所带来的后果，因此，怎样区分纳税人是否基于不诚实心理而导致的不遵从，成了难上加难的问题。除此之外，我国当前纳税遵从水平仍然堪忧，[②] 税收法治的建设仍有很长的路要走，在市场监管、市场秩序和法治思维均有待发展的前提下，明示作出纳税人诚实纳税的预先假定，并非现阶段我国立法所应考虑的范畴。

四、诚实推定权的功能设计

诚实推定权是对纳税人人格的重要保护，也是我国现阶段所必须重视的一项纳税人权利。我国预先假设“纳税人都是避税人”的立场，始终影响着我国征管程序的设计和执行。尽管当前并不具备明示立法的条件，但诚实推定的精神必须实际融入我国税收征管行为中，才能抵御行政权力对纳税人的过度侵犯和干预。事实上，我国当前税收法治发展的核心要求之一，正是指向对纳税人人格尊严的充分正视与保障。因此，应当化诚实推定权为诚实推定精神，在我国税收征管制度中予以实际体现，真正发挥诚实推定权的内在功能。

（一）完善税额确认制度

我国2015年《税收征收管理法》征求意见稿新设了税额确认章节，除税收核定条款，其余均为新增条款。该制度已被明确为税收征管的基本程序和中心环节，[③] 税务机关对纳税人的纳税申报有权就其真实性、合法性进行核实、确定。从现行税额确认制度程序设计来看，我国实行了严格划分评定双方举证责

---

① See Walter T. Jr. Henderson, “Criminal Liability under the Internal Revenue Code: A Proposal to Make the Voluntary Compliance System a Little Less Voluntary”, *U. Pa. L. Rev.*, Vol. 140 (1992). Also see Margaret McKerchar, “The Effects of Complexity on Unintentional Noncompliance for Personal Taxpayers in Australia”, *Austl. Tax F.*, Vol. 17 (2002).

② See Daniel Ho, Danny C. K. HO, Augus Young, “A Study of the Impact of Culture on Tax Compliance in China”, *Int'l Tax J.*, Vol. 39 (2013); Nicholas Kaldor, “Will Underdeveloped Countries Learn to Tax”, *Foreign Aff.*, Vol. 41 (1963).

③ 关于《中华人民共和国税收征收管理法修订草案（征求意见稿）》的说明。

任的模式，与国际上税收评定制度所较为通行的举证责任规则相接轨。如德国按照证据就近原则，在纳税申报阶段，纳税人对所申报材料的真实和完整负责，并承担相应的证明责任。在税收征管阶段，一般按照“谁主张，谁举证”的原则分配征纳双方的证明责任。在违法调查阶段，税务机关则对纳税人的违法行为承担全部证明责任。[①] 税法是多种价值兼容并蓄的法律，[②] 其不仅需要实现财政目的，还要注重保护纳税人权益，必须结合征纳双方提供证据的能力、与课税要件事实的距离[③]等因素，对举证责任进行科学考量。因此，修订后的举证责任分配方式具有一定内在合理性。

但这对我国纳税人的诚实申报义务提出很高的要求，相应也对我国税务机关证明责任的证据效力提出更为严格的标准。因此，在税额确认环节应当建立纳税人“自我评定”制度，明确“自我评定”的标准和审查机制，不以证明纳税人恶意违法为目的，仅对纳税人自我评定中出现的多申报或少申报作出确定和调整，[④] 赋予纳税人自我更改的权利，同时保留税务机关事后调查的权力，[⑤] 从而敦促纳税人在税收征管中发挥主观能动性，强化纳税人的诚实申报意识，为诚实推定权的设置铺垫基础。其次，我国税额确认制度中的税收核定条款（《税收征收管理法》第35条第6款规定）已经超出税额确定程序所涵盖的内容要求，[⑥] 为削减行政权力对纳税人诚实推定的侵犯，税额确认制度不应仅停留在当前对举证责任分配的改革上，还应进一步细化证据标准，增强税额确认与核定的证据效力；同时应明确将税收核定的适用前提限定为协力义务的违反，为税收核定的合理行使设立根本原则。

（二）限制税收检查权

税务检查与税额确认存在一定功能上的重叠，但税务检查同时具备审查、

---

① 参见樊勇、侯京玉：《建立我国税收评定法律制度研究》，载《中央财经大学学报》2018年第3期。

② 参见杨小强：《论我国税法的拟制性规定》，载《西南政法大学学报》1999年第6期。

③ 参见陈少英、曹晓如：《税务诉讼举证责任研究》，载《财税法论丛》2009年第1期。

④ Taxation Administration Act 1953，Chapter 3，Subdivision 105 – A，105 – 5105 – 30. Also see US Code TITLE 26，Subtitle F – Procedure and Administration，CHAPTER 63—ASSESSMENT 6201 – 6255.

⑤ 《德国税收通则》第166条规定，税务机关在收到纳税义务人申报后，仅做形式的调查，保留事后调查的权利。

⑥ 参见汤洁茵、肖明禹：《反避税调查程序中的税收核定：质疑与反思——以企业所得税为核心的探讨》，载《当代法学》2018年第4期。

检验和调查的功能，旨在对税收活动中的不遵从行为予以监督和检验，是税收征管过程中必不可少的支持和保障。然而，我国《税收征收管理法》中关于“税务检查”的程序设置却仍有待加强规范。在2015年《税收征收管理法》征求意见稿第88条，税务机关启动税务检查仍然未赋予任何先决条件，即可“责成”纳税人及扣缴义务人提供税收材料。诚实推定权的内涵之一即在于要求税务机关在没有充足证据或查证结论的情况下，不得将正在查证的案件视为“税务违法案件”，相关征纳关系参加人不得被称为“案件涉嫌人员”。[①] 我国这种“过错推定”的立法思路显然构成对纳税人诚实守信的人格尊严的明确侵犯。德国《税收通则》第97条第2款规定：“通常情况下，只有在出示义务人未提供情况、提供的情况不充分或者对所提供的情况的准确性有所怀疑时，方可要求出示账册、记录、业务文件或者其他证书。”美国《国内税收法典》第7605节（b）规定：“如无必要，纳税人不受检查或调查。”[②] 因此，应完善税务检查的启动程序，税务机关“责成”纳税人提供纳税材料，应建立在一定客观证据之上，如未尽协力义务、申报材料存在瑕疵等，而不能预先认定纳税人为违法嫌疑人，行使具有惩罚性质的检查行为。否则缺乏必要的程序限制和监督，必然造成纳税人权利和义务的严重失衡。[③]

（三）拓展税收救济途径

有学者建议明示诚实推定权，并赋予其诉讼权利。[④] 首先，由于我国缺乏宪法适用和司法违宪审查机制，难以通过赋予宪法诉权以实现对诚实推定权的救济。其次，《税收征收管理法》作为下位法，以规定具体化程度高、操作性强的普通性权利为主，诚实推定权作为人格尊严的一个概念，具有人身属性，在税务诉讼中具有太多不确定性。从权利客体来看，税法作为建立于私人财产之上的“侵害法”，该怎样界定对纳税人诚实守信人格的侵害？再次，从法律责任设置上来看，有学者认为应采用国家赔偿诉讼对其加以保护，[⑤] 但在我国

---

① 参见滕祥志：《论〈税收征管法〉的修改》，载《清华法学》2016年第3期。

② 参见朱大旗、李帅：《纳税人诚信推定权的解析、溯源与构建》，载《武汉大学学报（哲学社会科学版）》2015年第6期。

③ 参见张富强：《论纳税人诚实纳税推定权立法的完善》，载《学术研究》2011年第2期。

④ 参见王桦宇：《论税法上的纳税人诚实推定权》，载《税务研究》2014年第1期。

⑤ 参见朱大旗、李帅：《纳税人诚信推定权的解析、溯源与构建》，载《武汉大学学报（哲学社会科学版）》2015第6期。

税法双重前置的争议解决机制下，这种救济途径有多少可行性，仍有待考证。

因此，相对于明示规定诚实推定权并赋予其诉权，将保护纳税人诚实守信人格尊严的精神融入税收征管程序中，才是更具实际操作意义的道路。首先，应取消清税前置制度。该制度因缴纳税款以获得诉权的实际目的备受争议，从纳税人诚实推定权视角来看，该制度如同“有罪推定”，加剧国家征税权与纳税人基本权利间的紧张关系，忽略对税源的根本保护与维护，[①] 反而损害国库利益。因此，应废除清税前置制度，采取更为缓和的限制措施，来实现国家与纳税人之间的平衡。此外，《税收征收管理法》征求意见稿中提出可以建立和解、调解的方式作为争议解决机制。这是税收征纳双方在兼顾国家税收利益和纳税人权利的情况下达成的一种折中结果，[②] 当征纳双方就应税事实无法达成一致时，采取和解或调解形式来化解争议，这与诚实推定权所隐含的“无过错推定”理念不谋而合。因此，应推广并完善和解、调解的争议解决机制，这是诚实推定权利下隐含的对税收正义实现的追求。

（四）加强信息协助制度

进入数字时代，税收征管中的许多问题已不能以传统视角予以看待。征纳双方的信息不对称问题通过涉税信息平台的建立、涉税情报交换和第三方协助等方式得以显著改善，纳税人识别号制度的建立也成为税务机关进行数据匹配的重要依据。[③] 因此，无需明示规定纳税人诚实守信的预先假定，税务机关即得以及时掌握纳税人的信息动态，从而敦促并保证着纳税人的纳税诚信实践。[④]

在信息技术愈益发达的今天，税务机关收集纳税资料较过去更加容易，如果税务机关在履行税务检查职权之前即以纳税人违反协力义务而主张卸除举证责任，则有违公平原则与纳税人基本权。在这种情形下，一方面需要比例原则来进行均衡，[⑤] 另一方面也对税务机关提出更高的证据效力和证明标准的要求。因此，我国应进一步完善税收信息协助制度，加强金融机构、海关、行政机关

① 参见汤洁茵：《纳税人基本权利的保障与实现机制：以个人所得税为核心》，载《中国法律评论》2018年第6期。

② 参见叶姗：《中国税收征管法的重塑与再造》，载《中国法律评论》2018年第6期。

③ 参见邱冬梅：《税收情报自动交换的最新发展及我国之应对》，载《法学》2017年第6期。

④ 参见郑光忠：《传统征纳关系的突破与重构——“无过错推定”原则在税收领域的适用构想》，载《经济法研究》2016年第1期。

⑤ 参见陈少英、曹晓如：《税务诉讼举证责任研究》，载《财税法论丛》2009年第1期。

对征税信息的提供，细化征管程序中第三方主体的协税义务，提升征税机关获取证据的能力和效率；另外，相对于预先假定纳税人为诚实纳税人，纳税人的信用评级制度才是未来税收征管的重点。如日本的青色申告制度，建立纳税信用评价机制，将纳税人的诚信状况予以公示，建立有效的奖惩措施。这种制度避免陷入“诚实”与否的不确定性中，打破僵化的立法思路，一方面限制对纳税人“有错推定”的预先立场，另一方面实现对纳税人诚实义务和遵从水平的监督，是建立现代征纳关系的有效手段。

五、结论

我国现阶段并不具备明示规定诚实推定权的立法条件，一方面诚实推定权本身具有局限性，其能否确证仍然存在悖论，另一方面我国税收法治水平仍有待发展，明示诚实推定权存在制度层面的冲突。然而，诚实推定权作为保护纳税人人格尊严的重要组成权利，在税收征管程序中融入纳税人诚实推定的精神，是防止行政权力对纳税人的过度侵犯、建立我国新型征纳关系必不可少的要求。因此，面对我国《税收征收管理法》的修订契机，应进一步完善税额确认制度，增加纳税人自我评定机制，限制税收核定与税务检查权的边界，拓展税收救济途径，推广和解、调解解决机制，进一步细化第三方信息协税义务，建立纳税信用评价机制，使我国征纳程序真正发挥诚实推定权的内在功能。

大数据时代回执报税制度研究*

吴长军** 李子焱***

目 次

现行纳税申报程序中，纳税义务人或扣缴义务人应将税务信息整理后提交给税务部门，再由税务部门对纳税申报信息进行比对审核。由于信息不对称导致了征纳双方的风险，也可能给不法分子提供逃漏税的空间。目前，美国联邦税务局的实践是，实行代扣代缴和第三方涉税信息报告制度，可以使得纳税申报准确率大幅提升。① 但如何进一步挖掘第三方涉税数据的巨大潜能，使得税收征收管理更加安全化、便利化、信息化，是值得思考的问题。本文提出回执报税的纳税申报形式，即纳税主体通过回执报税，回执确认税务机关发送的回执税单，并在此基础上整合其他相关税务材料，进行纳税申报。回执报税可以降低双方的风险，减少申报程序，“让数据多跑路”，进而推进税收治理能力与治理现代化。

* 本文系作者主持北京市社会科学基金项目“京津冀电子商务立法协同机制研究”（16FXB014）的阶段性研究成果。

** 法学博士、公共管理学博士后，北京物资学院法学院副教授。

*** 北京物资学院法学院硕士研究生。

① 参见单亮、张莉：《个人所得税第三方涉税信息提供制度比较研究》，载《金融经济》2018年第4期。

一、问题的提出

根据国务院2015年《促进大数据发展行动纲要》（以下简称《纲要》），到2018年，要建成“政府数据统一共享交换平台”，实现多种信息系统通过统一平台进行数据共享和交换。同时要开展政府和社会合作开发利用大数据试点，完善金融、税收、审计、统计、进出口、城乡建设、收入分配等领域国民经济相关数据的采集和利用机制，推进各级政府按照统一体系开展数据采集和综合利用。《纲要》的发布和落实将使长期困扰税收领域的信息不对称问题得到切实解决。如何合理高效利用这个平台，是下一步亟待解决的问题。就目前的情况看来，《纲要》提到的金税工程三期已经成功上线并开始使用，具体流程简化如图1。伴随金税三期工程的全面推广以及大数据时代的到来，通过互联网、物联网等新兴感知技术采集数据、第三方信息以及互联网信息，有机整合形成税收大数据将得以实现。税收大数据的分析结果是未来税务决策的支持基础，也是税收信息化发展的必然选择。[①] 然而金税三期工程在应用税收大数据优化税收服务方面还存在一些不足，迫切需要继续改革与创新税收服务制度与技术体系。

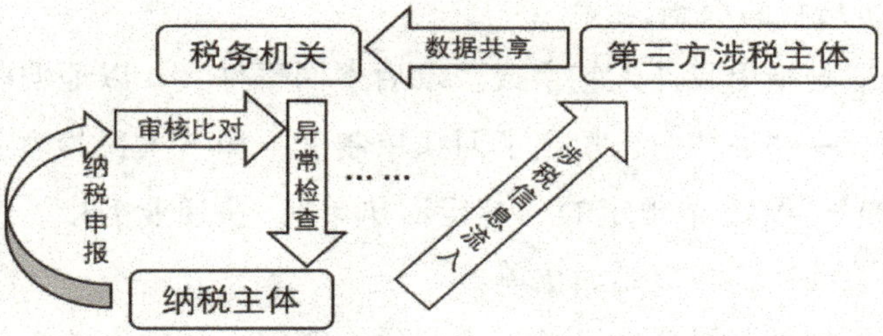

图1 现行网上纳税申报流程

在目前的网上纳税申报过程中，纳税主体在金税三期上提交纳税申报材料，后台系统和相关管理人员会逐一比对分析申报材料，即主要是对于票、表、税三项之间的两两比对。如果发现异常，税务机关会远程锁上相应纳税申报人的金税盘或税控盘，导致其财务无法正常运转；然后税务机关需要安排异常处理

① 参见孙存一、谭荣华：《“互联网+税务”推动税收大数据分析的路径选择》，载《税务研究》2017年第3期。

人员对该异常进行核实，确定情况并采取下一步措施。在比对过程中，每次发生异常都需要进行封锁、检查，以保证税收征收管理各流程的安全性。

我国现行网上纳税申报机制，虽在一定程度上降低了纳税成本，增强了税收的安全性，遏制了逃、漏税，但对于第三方涉税主体所共享的数据并没有充分挖掘和利用，而是继续被动地对纳税人申报的材料本身进行账目比对或者进行事后核查。这就使纳税申报主体产生了新的负担，即增大纳税申报的技术难度，也增加了税务部门后期比对、审核的工作量。同时，相关操作还造成大数据平台和相应技术人员等资源的浪费，大大降低了效率。

安全与效率始终是纳税管理法律制度设计中的两大重要价值目标。借助大数据分析技术，利用纳税人的办税痕迹以及"数据脚印"，开展比对和关联分析，勾勒出每个纳税人的360度立体"画像"，对创新纳税服务机制十分有利。[①] 回执报税理念的提出与流程构建，就是在大数据背景下解决报税系统安全与效率问题的创新性策略，从而提升纳税申报过程中税务治理手段的科学性与有效性。

二、回执报税的内涵与流程解析

（一）回执报税的内涵

回执单一般是指由收件人签字或盖章后寄回寄件人，以证明收件人收到特定邮件的凭证。一些法律中也规定了回执单制度，如《人民检察院文件检验工作细则（试行）》第31条规定的《鉴定回执单》。快递业务中，快递员要求客户签字并且回收的快递单也是回执单。

回执税单是指税务机关发送的、为纳税人签字确认的有关该纳税人的税务清单。与一般的回执单不同，回执税单的签字不仅是确认收到，而且是确认纳税人认可清单的具体信息。回执税单上的信息可分为完备信息和提醒信息。完备信息是税务机关确切掌握的有关该项目的所有信息，如进出口税费等。完备信息在纳税主体回执确认后，不需要补充其他会计凭证等资料。提醒信息是税务机关确认掌握的特定纳税主体某项业务的部分税务信息，如不动产变动信息等。提醒信息主要是对纳税主体起申报提醒作用，从而减少纳税主体的申报难

---

① 参见陈志松：《新形势下的第三方涉税信息共享》，载《科技视界》2016年第26期。

度和漏报、错报风险。在纳税主体确认回执税单后，可直接将回执税单的信息导入网上纳税申报系统，在补齐其他纳税申报材料后，再统一进行纳税申报。这个确认回执、统一申报的过程就是回执报税。

（二）回执报税的流程再造

首先，纳税主体在其经营管理过程中产生的涉税信息流入诸如国土、住建、工商、财政等政府部门和一些金融机构等在内的第三方涉税主体。其次，通过第三方涉税主体和税务机关的数据共享，以及税务机关自身掌握的税务信息建立大数据平台进行税收分析，税务机关可以估算出在一些领域，如不动产变更、股权变更、车船变更等方面的税务信息。然后，税务机关在特定的纳税申报时间，将税收大数据平台的分析结果，以回执税单的形式发送给纳税主体。最后，纳税主体比对、确认回执税单的内容，签章回执，在完善其他纳税申报材料后统一提交，完成申报。如果纳税主体对回执税单有异议，也可以对异议内容提出申诉；税务机关如认可申诉内容，可发送新的回执税单；如驳回申诉，纳税人可选择认可原回执税单或者自行申报。回执报税的流程如图 2 所示：

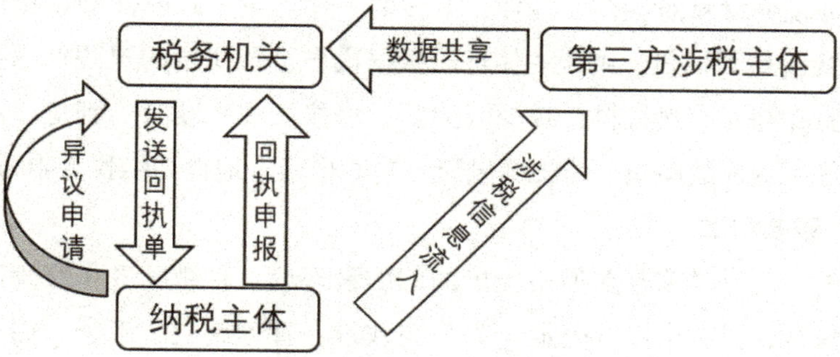

图 2　回执报税流程

对比回执报税流程和现行网上申报流程可发现，回执报税在两个方面有重大变化：一是减少了申报流程，提高了效率。现行纳税申报过程中，由纳税主体提交纳税申报材料，税务机关再根据纳税申报材料和大数据平台的分析结果进行比对、审核。而回执报税直接将大数据平台上的税务数据分析结果发送给相应的纳税主体，由纳税主体回执确认后直接作为正式的申报材料，无需审核。二是流程倒置，突出大数据平台的作用，降低风险。现行申报是纳税主体先整理申报，税务部门再比对、审核，容易出现审核异常。回执报税是税务部门先分析发送，纳税主体再回执申报，降低了出现申报异常的可能性，同时使得大数据分析在纳税申报前就开始发挥作用。

三、回执报税的各方主体激励博弈分析

现行的网上纳税申报方式已行之有年，尽管一些要求比较苛刻，但效果还算差强人意。如果要进行回执报税改革，必须对税收征管关系中的各方主体都有一定的激励机制，使各方都有动力推动和适应新的纳税申报方式。

（一）纳税主体

纳税主体是涉税各方中对纳税申报方式便利化、低成本化有最迫切希望的一方。回执报税可以减轻纳税主体的工作量和申报难度，降低申报风险，这对纳税主体有最直接的激励作用。具体来说，对回执税单中税收大数据平台完整掌握的税务信息即“完备信息”而言，纳税主体确认回执后，这部分内容在最终申报过程中可以免予审核，也无需再补充诸如发票等其他申报材料，从而减少了这部分税务材料的保存、整理、申报的工作。对于政府部分掌握的税务信息即“提醒信息”而言，纳税主体可以根据税务机关所给的提醒信息指导纳税申报、核验并补充申报材料，减少因为掌握法律法规和政策不到位、不准确或人为疏失等所造成的漏报、错报等风险，同时也极大地提高纳税人申报效率。

（二）税务机关

美国的行为科学家赫兹伯格提出的双因素理论，将激励看作激励因素和保健因素的集合，只有当保健因素（如公司政策、管理制度、工资、福利等）得到改善，激励因素（如成就感、受到赏识等）才能发挥激励作用。① 就税务机关来说，一线的办事员每天机械化的重复性工作是一种保健因素，这是由当前纳税申报制度和流程决定的。重复性工作会使工作人员产生负面情绪，这种负面情绪反映在工作态度上，还会影响税务机关的对外形象。改革纳税申报方式意味着对过往工作流程的再造，工作人员要重新学习和熟悉新的工作流程，同时回执报税引进的大数据分析使得税务工作的技术难度提高，这都是纳税申报改革的困难和阻力。所以新的纳税申报流程必须在流程和技术上，对旧有的烦

① 参见马晶：《西方企业激励理论述评》，载《经济评论》2006年第6期。

项工作进行优化，才能激励税务机关认可改革的意义。

现行纳税申报模式是纳税主体申报后，税务机关对全部申报材料进行税收“比对—分析—审核”，而回执报税模式是税务机关在申报前进行税收分析、发送回执税单，对于纳税主体确认的回执税单的内容不需要进行审核，只需要对完成申报后纳税主体补充的部分材料进行“比对—审核”。这个流程改变将回执税单的比对工作转移给了纳税主体，而这部分内容基本不存在税收监管风险。对于其他纳税主体自行补充申报的内容，一是申报内容减少，二是有回执税单上的提醒信息作为指导，出现异常的可能性也会相应减少，从而减轻了查核出现异常的压力。回执报税使得税收风险监控的难度和工作量降低，后期比对、审核的异常率减少，减少了很多机械性工作，使得保健因素的负面效果降低。最重要的是，税务机关可以在纳税主体纳税申报前，通过对涉税信息的分析，规避后期可能产生的纳税申报异常，从而掌握了纳税审核的主动权，增强税务人员的成就感，形成一种正向的激励因素，从而激发员工的进取精神和创新精神，优化税务服务，改善税务治理能力。

（三）第三方涉税主体

根据我国目前的法律法规和现实情况，第三方涉税主体主要是相关的其他政府部门，它们的主要工作是将各部门的政务数据汇总，形成政府治理大数据平台。如何解决其他各部门提供数据动力不足的问题，关乎政府治理大数据平台的建设和发展。首先，发展大数据作为国家战略，是各政府部门必须遵照执行的行政责任。其次，公安、海关、国家安全等部门将掌握的涉税信息分享给税务部门，也会得到更全面、准确的纳税信息反馈，形成各部门共同获益、良性互动的局面。最后，回执报税是政府治理大数据平台更好服务于税收治理的一种新思考，提高了大数据平台服务于政务治理的能力，对于大数据技术应用到其他部门的行政治理可以起到探路作用。该项纳税流程的再造，因应了国家治理体系和治理能力现代化的要求，各相关政府部门应该充分支持税务部门的此项改革实践。

四、回执报税制度建设的科学路径

（一）构建完善各方主体的沟通协调处理机制

构建科学的回执报税制度，需具体分析流程中三方主体相互间的关系，并有针对性地解决其间存在的问题。一是纳税主体和税务部门之间存在的风险管控和申报成本的矛盾问题，二是纳税主体和第三方涉税主体、税务部门之间存在的数据信息保护问题，三是税务部门和第三方涉税主体之间存在的单向获益问题。政府和社会各方应在“创新、协调、绿色、开放、共享”五大发展理念指导下，以协同治理为抓手，综合解决这些矛盾和问题。

1. 以技术和流程创新手段解决征纳税主体之间风险管控和报税成本的矛盾

一般来说，如果税务机关通过严密的风险管控遏制纳税主体的逃、漏税行为，必然使得所有纳税主体为避免纳税申报中的人为疏失而增加申报的人力、物力和时间投入，从而推高报税成本、增加纳税主体的负担。这种矛盾阻碍了税收治理体系的良性发展，回执报税即是解决这一矛盾的创新性举措。回执税单是税务机关经过税收大数据分析得到，再由纳税主体进行回执确认的纳税申报材料，理论上不存在错报和重要内容漏报的风险。同时，纳税主体只需对回执税单的内容进行比对，不需要逐条申报，从而降低了申报成本。回执税单的提出，还可以推进电子票据的广泛应用，减少纸质票据和其他纸质纳税申报材料，符合“绿色”发展理念。回执报税通过引进大数据分析技术，创新纳税申报流程，理论上解决了纳税主体和税务机关之间存在的风险管控和报税成本的矛盾。回执报税在实践中是否可行，能否有效地降低风险和减少成本，关键在于大数据技术的创新发展和应用的程度。税务机关须培养精通大数据分析的专业化税收人才，从而创新税收监管和治理方式，通过技术和流程创新平衡风险管控和报税成本之间的矛盾。①

2. 协同解决大数据时代数据和信息保护问题

随着大数据时代的到来，数据和信息保护问题日益成为全社会关注的焦点。人们在享受信息共享所带来的便利的同时，也时常担忧信息泄露造成危害。全球范围内的“开放政府数据行动”把政府行政从传统管理上升到数据治理，②带来便利的同时也产生了一系列问题。共享理念要在便利生活和防范信息泄露中寻得平衡，必须让信息共享的各方都参与到信息保护中来。回执报税的实现，更要协同各方解决数据、信息保护的问题。回执报税中，纳税主体的信息经由

---

① 参见王梦婷、徐婧仪、管永昊：《大数据背景下的纳税服务优化》，载《财会月刊》2018年第17期。

② 参见王长林：《税收大数据服务国家治理的路径和措施研究》，载《税务研究》2017年第10期。

各第三方涉税主体汇总到大数据平台，最后由税务机关分析、使用并服务于纳税主体和第三方。各方在信息共享中获得了各自的利益，但由于数据经过多次传递，隐私泄露的问题也更为突出。协同治理理论是解决上述问题的可能办法，其前提是治理主体的多元化。[①] 只有让政府、企业和社会各界都有效参与到隐私保护中来，发挥各方优势，才能有效解决大数据时代隐私保护的问题。在加强税务信息保护方面应该形成技术为主、法律先行、多方共治的局面。技术方面，除常用的访问控制、数据加密、数据匿名、数据映射等隐私保护技术外，还要发展身份认证等技术，进行多重保护。[②] 法律方面，国际趋势是加强对数据的保护，如2018年欧盟出台《通用数据保护条例》、巴西参议院通过《个人数据保护法》等。近年来，我国出台了诸多涉及数据、信息保护的法律法规，如《网络安全法》《电子商务法》《全国人民代表大会常务委员会关于加强网络信息保护的决定》等，形成了新形势下对于隐私和数据保护的法律体系。在数据和信息保护的专门立法方面，2018年9月第十三届全国人大常委会已经将《个人信息保护法》和《数据安全法》列入立法规划。《个人信息保护法》致力于整合以往分散在电商、金融、保险、交通、医疗、电信、邮政、统计等领域的个人信息，形成相对统一的保护。中国信息通信研究院发布的《互联网法律白皮书（2018）》研究表明，《数据安全法》将使得数据安全管理机制、数据安全监管主体、数据分级分类制度、数据全生命周期管理规范、数据安全风险评估制度等数据安全的各方面都有法可依。[③] 此外，一些税收法律法规，如《税收征收管理法》等，也应及时适应大数据时代的突出变化而进行修改和完善。

3. 协同解决税务机关和第三方涉税主体间的单向获益问题

税务机关和第三方涉税主体间的单向获益问题，是大数据平台建立中亟待解决的问题。从目前的税收大数据试点情况看，普遍存在的问题有：一是部分单位不积极、不重视，导致数据的完整性、准确性、及时性受到影响；二是数据上报的格式不统一、不规范，例如代码、数值、日期等关键字段缺失或混乱，

---

① 参见李汉卿：《协同治理理论探析》，载《理论月刊》2014年第1期。

② 参见谭鑫：《浅谈大数据环境下的隐私保护》，载《通讯世界》2016年第20期。

③ 参见中国信息通信研究院：《互联网法律白皮书（2018）》，http：//ishare. iask. sina. com. cn/f/btgwdpG51at. html，2019年5月25日访问。

导致难以匹配、提取和利用；三是个别部门不愿意提供数据。[①] 实际上，对于海关、公安、安全等部门来说，完整的涉税信息对其工作的开展也很重要，解决税务部门和它们之间获益不均的问题，重点在于加强和完善税务机关和这些部门间的共享、反馈机制，使得涉税信息流通更便利、高效。按照协同治理理论中“共同规则制定”的要求，应由政府与其他社会组织通过协同治理的过程制定共同的行为规则。推而广之，政府各部门间的协同治理也应该遵循“共同规则制定”准则。比如，在政府治理大数据平台基础上，配套建立“全政务”办理体系。“全政务”办理体系是将政府部门的各项政务办理系统集中起来，形成统一的政务办理体系。这些政务办理过程中形成的数据直接对接到大数据平台，不需要经过各部门的二次加工、传输，避免了格式的不统一。而分散在各部门的技术人员可以通过转隶，形成专门的大数据部门，统一对政务服务体系提供技术支持和数据分析服务。这样既将各部门的大数据资源充分利用起来，提高了政务办理系统的性能，减少了各部门的工作量，又为需要办理政务的各方提供了便利。

（二）优化回执报税各环节流程设计

1. 优化数据汇总分析

税收的行政效率原则，旨在考察税务行政管理方面的效率状况。[②] 各国实践表明，税收治理需要多部门协同才能更好实现税收公平，避免国家税收流失。在回执报税中，数据汇总、分析阶段主要包括纳税主体的涉税信息流入第三方涉税主体、第三方涉税主体将涉税信息共享给大数据平台和税务大数据的分析。第三方涉税主体广义上包括其他政府部门、事业单位、企业法人、社会组织、媒体和个人等，但在目前法律和现实条件限制下，只有政府相关职能部门、企事业单位等组织可以较方便地提供涉税信息，且通常这些组织提供的信息也具有较高的真实性和准确性。在相关信息的提供中，实现税务信息一体化显得特别重要。比如，政府部门掌握的信息包括自然资源部门的不动产登记资料以及土地的划拨、出让、租赁、作价出资等信息；住房与建设主管部门掌握的建设工程企业的重组、分立、合并等资质核定情况、工程建设项目审批、商品房交易、房地产

① 参见刘尚希、孙静：《税收治理的新范式及政策挑战》，载《经济研究参考》2016年第9期。

② 参见李汉卿：《协同治理理论探析》，载《理论月刊》2014年第1期。

备案等信息；市场监督部门掌握的股权登记、变更等信息；交通运输部门掌握的运输收费、违规处罚、交通工程建设等信息；财税部门掌握的财政拨款、税收返还等信息等。这些信息都是纳税主体在生产经营中流入政府相关部门的，政府通过优化行政管理使各部门信息流通顺畅，进而建立政务大数据平台，提高税收行政效率。

税收的经济效率原则，旨在考察税收对社会资源配置和经济机制运行的影响状况。[①] 目前，一系列鼓励发展大数据的政策出台和大数据平台成立，为涉税数据共享和大数据分析提供了重要机遇，为税收治理创新提供了保障和可能。例如，2015 年国务院发布《促进大数据发展行动纲要》；2017 年海关总署、国家税务总局、国家外汇管理局共同签署签署了《关于实施信息共享开展联合监管的合作机制框架协议》，同日，海关总署与国家税务总局签署了《关于推进信息共享实施联合监管合作备忘录》，海关总署与国家外汇管理局签署了《关于推进信息共享实施联合监管合作备忘录》，对相关部门税务信息整合提出了具体落实机制。在政务大数据技术发展方面，中国首个国家大数据工程实验室"提升政府治理能力大数据应用技术国家工程实验室"于 2017 年 5 月 24 日在贵阳市高新开发区成立，[②] 将在政务数据采集融合与分析、政务数据共享与开放、政务数据安全与隐私保护、面向政府公共服务的大数据应用等 7 个研究方向展开研究。目前，各政府部门和社会组织已有部分正式运营的大数据平台，税务部门需要通过与现有的大数据平台对接、整合，使得现有平台资源获得更好利用；这也让税务部门减少了研发投入，从而实现经济效率。

2. 优化纳税主体回执报税流程

回执报税通过简化纳税申报流程、降低纳税申报难度，从而优化纳税主体的纳税申报体验。具体来说，回执报税由回执和申报两部分组成。回执是对回执税单是否收到和是否认可具体内容进行确认；申报是在回执税单的基础上，补充其他税务信息并统一申报的过程。具体而言，回执主要是对回执税单信息的正确与否进行检查，如果出现不认可的情况，可以附上证明材料后提交大数据平台

---

① 参见郑榕：《论我国税收效率原则的理论和实践》，载《税务与经济（长春税务学院学报）》1998 年第 4 期。

② 参见尚素娟：《中国首个国家大数据工程实验室在贵阳揭牌》，载新浪网 http：//finance. sina. com. cn/roll/2017 – 05 – 24/doc – ifyfkqwe0995570. shtml，2019 年 6 月 10 日访问。

进行申诉。因回执税单的信息是综合政府部门数据并经整理后得出的，通常不会出现重大错误。在纳税主体确认回执税单之后，纳税主体可以将回执税单的数据导入现有的纳税申报系统，在补充其他申报材料后提交申报。回执税单导入的内容不需要审核和补充其他单据，也不得进行更改。税务部门最后再对申报内容进行比对，这部分的比对工作相比现行模式下的对应流程，则要轻松很多。

（三）构建完善回执报税延伸和拓展机制

回执报税的第三方涉税主体中还包括银行、证券交易所、保险公司、信托机构等金融机构，因为大量的涉税信息存在于纳税主体在这些机构进行的交易中。目前，我国对这部分的信息共享有比较严格的限制，如《商业银行法》原则上赋予商业银行拒绝对个人储蓄存款或单位存款等信息进行查询的权利。而当前已有一些国家放开涉税信息查询限制，明确规定了涉税第三方定期向税务机关报告相关信息的义务，通常是要求特定的第三方主体主动向税务部门提供涉税信息；赋予税务机关依法获取涉税信息的权利，通常是允许税务部门直接访问有关第三方的数据库等。同时，通过立法的方式对第三方涉税信息报告的主体和内容进行规定：第三方涉税信息报告的主体包括银行、保险公司、基金公司、财产交易机构等大量税务信息积聚的金融交易机构，第三方涉税主体向税务机关报告的相关信息包括资金等。我国在2015年《税收征收管理法修订草案（征求意见稿）》中新设的"信息披露"章节第32条第1款规定："银行和其他金融机构应当按照规定的内容、格式、时限等要求向税务机关提供本单位掌握的账户持有人的账户、账号、投资收益以及账户的利息总额、期末余额等信息。对账户持有人单笔资金往来达到五万元或者一日内提取现金五万元以上的，银行和其他金融机构应当按照规定向税务机关提交相关信息。"但最终该条款未予保留。因此，当前我国在纳入共享范围的涉税信息界定、相关政府部门和有关单位的权利、涉税信息泄露的责任承担、对纳税人救济机制等方面均欠缺详细的规定。大数据时代背景下，我国税收征管立法应该秉持信息共享理念，构建完善金融机构与税务部门的涉税信息共享机制。

综上所述，在大数据技术进步和"创新"驱动发展趋势的引领下，迫切需要构建与实施回执报税新型纳税申报方式。回执报税对提升纳税申报的信息共享、安全高效具有重要的制度价值。当然，回执报税流程设计尚有待于对税制改革的技术条件、政府部门的协同状况、法律规范及施行成本等方面的进一步完善。

论经济法学分析框架下的破产法发展进路*

丁　燕**

目　次

引　言

破产法之艰深，毋庸置疑。然破产法之广博性以及其与不同法学科之间的交叉性，亦被各国法学界所公认。破产法与经济法之间的关系分外密切，从经济法学基本理论的分析框架出发，运用自由与管制协同论、利益平衡与社会本位协调论能较好地诠释破产法的特征，探寻破产法的规则设计与法律适用，从而逻辑演绎出具有理论与实务价值的研究结论，解释、发展并创新既有的破产法规则体系，乃本论文之意旨所在。经济法的重要组成部分——产业政策法、财税法和竞争法均对破产法具有至关重要的影响。从历史维度剖析各国破产法

* 本文系国家社会科学基金项目“公司破产重整融资法律制度研究”（17BFX092）的阶段性研究成果。
** 法学博士、青岛大学法学院教授。

的发展脉络和实施进程，透视产业政策法的决定性功能；从规范维度分析企业破产中的国家救助以及税法与破产法的冲突与协调，凸显财税法的保障性功能；从比较维度分析市场化破产与破产企业抗辩制度对竞争法本质与立法宗旨的体现，强调竞争法的创新性功能。总而言之，经济法与破产法之间形成了相互协调、相互促进的统一和谐体，共同为社会主义市场经济的发展保驾护航。

一、经济法基础理论对破产法律制度的诠释

（一）自由与管制协同论

从法哲学角度分析，伦理性的实体体现为自然精神时，构建了家庭；在分裂或现象中构建了市民社会；直至表现为特殊意志的独立性的普遍客观自由，则构建了政治国家。① 市民社会崇尚自由精神与意志的独立性，政治国家强调对自由溢出边界的规范与管制。诚然，市民社会与政治国家绝对分野对立的时代已成为过去，为满足现代社会实践发展的现实需求，二者高度融合交叉。在此背景下，经济法应运而生，弥合契约自治存在的天然空隙，适度加强政府管制，日益在各国经济社会发展中发挥重要作用。从历史上看，德国之所以成为经济法的发源地，一方面契合了德国法学家侧重追求理论概念及结构的缜密性，另一方面契合了德国经济发展的现实需求。德国1967年颁布《促进经济稳定和增长法》，赋予各种政策工具，使政府积极地干预市场经济的运行、调整市场结构及控制景气以维系总体经济的均衡，从而在法律制度中渗入总体经济多元目标。②

自由与管制协同论作为经济法的基础理论，具有诠释破产法律制度的重要功能。就破产的性质而言，限制个别的强制执行而代之以集体清偿程序本身就是一个社会化的安排。国家对于私人间交易关系的管制，着眼点应在于保护弱者的社会化考量和维护市场道德。市场在没有任何管理的情形下运作，会走向两个极端：或者导致彻底的无序化，或者导致受到市场机制损害的人寻求激烈的变革。变革的极端结果将是国家对经济活动实施广泛的管理，从而导致由市

① 参见［德］黑格尔：《法哲学原理》，范扬、张企泰译，商务印书馆1961年版，第41页。
② 参见张世明：《经济法学理论演变研究》，中国民主法制出版社2009年版，第60页。

场所带来的诸多效率收益受损。[①] 世界各国破产法逐渐以自由与管制协同论为内生理论，对于诸多私人之间的债权债务清理予以公权力的适度干预，以司法为主导，制止无序的“先来先得”的私人竞争混乱，实施集体清偿程序，实现公平与效率。

（二）“利益平衡”与“社会本位”协调论

利益衡量是一个法学方法论问题，在立法与司法裁判阶段均适用。在立法阶段进行利益衡量时，必须探求以下问题：法规可能涉及之各方利益状态为何？有无保护该利益之必要？其各项利益有无相互冲突？应如何取舍？再进行各利益之比较衡量，最终决定哪些利益应优先保护等，从而确定立法原则。在司法裁判阶段进行法律上判断时，重视相对立的利益之比较衡量，此种利益衡量理论，有助于法律解释适用阶段之功利主义之实现。日本民法学者加藤一郎教授认为在具体的纷争中，准备适用法规时，应暂时将法规置于一旁，先进行利益衡量得出结论后，再适用法规。不论是立法抑或司法，在考察各方利益状态之后，为能营造全民之福祉，应兼顾各方利益，采取利益均衡原则，作为核心价值理念。[②]“社会本位”理念强调在对诸多利益进行衡量时，应以社会利益为核心，优先保护。在社会各种矛盾突出、文化多元化的当代，利益平衡理论价值目标的实现必须以社会本位为优先，二者之间协同一致，并行不悖。

破产法作为集体清偿程序，涉及各方利益矛盾与冲突，必然要求立法与司法者进行利益平衡，优先保护社会公共利益。破产法从罗马法时代单一保护债权人利益的价值理念逐渐发展，至近现代强调债务人挽救与债权人保护并重的规制理念，发展到当代以社会公共利益优先的多元化价值目标。历史上，各国早期破产清算制度主要局限于债务人资产最大化情形下的公平债权债务清理；随着各国重整制度的创设，破产法将重心移转至竭力挽救债务人、实现债务人持续经营；最后再发展至强调庭外债务重组与司法重整协同发挥积极作用，使各方利害关系人的共同福祉最大化，从而实现社会公共利益。必须承认，破产法的价值目标从来都是以社会政策目标为导向的，呈现多元化特征。无论是国家救助破产公司，还是保护社会信用体系，抑或优化营商环境、提升国家政治

---

① 参见许德风：《破产法论：解释与功能比较的视角》，北京大学出版社 2015 年版，第 31 页。

② 参见陈清秀：《法理学》，元照出版有限公司 2017 年版，第 126－132 页。

经济影响力，都是破产法的多元化价值目标的应有之义，充分体现了“利益衡量”与“社会本位”协调论的内涵与外延。

二、产业政策法影响破产法的历史变迁

各国为协调经济发展，缓和、消除社会矛盾，渐次改变放任不管的态度，除了通过规划和产业政策对经济及产业加以规划、引导、鼓励、扶持、限制和保护外，还日益对许多产业部门作具体的管理监督。日本、美国都有专门的产业部门法，如电信法、农业法等，产业规制无所不在，由此形成的部门法为产业政策法。[①] 产业政策法以社会总体目标为导向，由政府对产业布局、结构等内容进行设置、管理、监督，并通过法律方式予以保障。破产法逐渐成为政府实施产业调控的有效法律手段，各国破产法的起源与发展进程也体现了产业政策法特有的影响力。

（一）美国破产法史演变中产业政策法的影响力分析

18世纪晚期，破产问题是一个有关国家未来意识形态与产业政策发展方向的焦点。联邦党人认为，商业是美国产业的核心，在此背景下，破产法应保护债权人公平受偿，保护信贷市场的健康发展。与联邦党人恰恰相反，共和党人认为农业才更代表美国的未来，担心联邦破产法会危及农场主的财产。整个19世纪，立法者们都在争论这些基本的议题。商业利益集团的妥协和农场主的反对最终让他们形成了一个共识：每一方对破产法的立场都会对美国的整体经济产生巨大的影响。由于分歧过大，导致国会于1898年才颁布了较为稳定的破产法。

当立法者在联邦破产法上争论不休时，另一场破产大戏在国会之外拉开帷幕。19世纪，铁路公司成为美国最大的公司，其在发展初期问题重重。由于过度扩张和一系列严重的经济萧条或恐慌，大量铁路公司不能清偿到期债务。当时，美国有20%的铁路公司处于破产状态。铁路公司和他们的债权人没有求助于国会，而是通过诉诸州法院或联邦法院来解决他们所遇到的问题。到19世纪后期，法院已发展出一套司法重整方案即衡平法上的接管制度。不同于1898年破产法，这个制度自成体系，成为当代公司重整制度的基础。

---

① 参见史际春主编：《经济法》，中国人民大学出版社2014年版，第323页。

到了20世纪，立法者主张对1898年破产法案进行大幅修改，也就是试图把美国破产法修改为像英国破产法那样以行政为主导的法律制度。与福利和社会保障一样，政府机构同样可以在破产事务中发挥重要作用。最终国会采纳的破产法改革方案较为中庸。但是，在公司破产制度上，威廉·道格拉斯和新政改革者们则完全颠覆了原来的重整制度，结果使华尔街的银行和长期支配破产程序的重整律师们成了公司重整的配角。从1938年钱德勒法案开始推行新政改革到1978年破产法大修订这40年间，是美国破产法的黑暗时期。公司破产案件的数量大幅下降，破产业务长期声誉不佳，跌入低谷。在20世纪60年代，个人破产案件数量猛增，立法者们面临着来自消费信贷业日益强烈的呼声，要求修改破产法。同时，国家破产会议中一群知名的破产法律师开始就有损破产律师的诸多问题四处奔走。这些努力最终促使1978年《破产法典》出台。这部法律使美国破产法重获新生并得以发展。个人和公司破产的受理和范围又达到了前所未有的水平。① 1994年，国会成立了联邦破产法审查委员会，以对破产法典进行更为系统的审查，于1997年公布了调查报告。不少建议在2005年《破产滥用防止及消费者保护法》中被采纳。②

梳理美国破产法史，我们管窥到美国产业政策法律制度的历史变迁。农业与商业之争最终促使美国1898年破产法诞生；随后国家拯救铁路公司创设了公司重整制度；紧接着，混乱的经济大萧条时期采取的新政导致了破产法的黑暗时代，直到消费信贷业复兴了破产法。可见，产业政策法对破产法具有何等重要的影响力。

（二）日本破产法制度变迁中产业政策法的控制力解析

日本在1938年进行战时立法，修订商法，改变了破产、和解二元结构，新规定了特别清算和公司整理程序，并基于政策性考虑，消极性简易处理倒产。战后，日本于1952年制定了《公司更生法》，并在破产法修订中纳入了免责制度。据此，倒产法立法进入了稳定期。日本经济在经历了高速增长阶段后，进入了泡沫经济破灭后的长期低迷状态。为了清理不良债权和过剩债务、维护金

---

① 参见［美］小戴维·A. 斯基尔：《债务的世界：美国破产法史》，赵炳昊译，中国法制出版社2010年版，第3－5页。

② 《美国破产法协会美国破产重整制度改革调研报告》，何欢、韩长印译，中国政法大学出版社2016年版，第10页。

融体系的稳定，并为日本经济复苏提供制度保障，需要对作为金融法制基础设施的倒产法进行彻底性修订，提高其制度的实效性。1996年，立法机关开始推进倒产法的改革。

鉴于经济、社会、政治形势的严峻性，需要立法对适用于中小型企业的重整型程序进行整备。2000年4月，《民事再生法》得以施行，重点肩负中小企业业务重整的制度目标的同时，还被定位为重整型倒产处理法的基本模型，自然人和大企业也可以适用《民事再生法》。该法的适用十分活跃，曾达到每年1000件的规模，其中不乏SOGO等大型企业的重整。民事再生法成立后，作为第二阶段，立法者转向了创设适用于消费者的重整型倒产程序和完善国际倒产法制。作为民事再生法的特别程序，引入了有关自然人重整的特殊规定，还引入了有关住宅抵押贷款债权的特别规定。此外，日本还制订了《外国倒产程序承认协助法》，承认外国法院的倒产程序在日本国内具有一定效力外，还新设了诸多法院的协助处分。这两项修订案，均自2001年4月起试行。法律修订后的初期，正值日本经济低迷、企业大批裁员、个人再生程序的案件数量猛增，达到了万件以上。倒产法修订的第三阶段，是《公司更生法》的修订，由于其无法充分满足大型企业重整，导致大幅度修订。新修订的规则于2003年4月试行。收官之作莫过于破产法的修订，除了完善撤销权、抵押权之外，还完善了各种倒产法之间转换的规则。现行破产法于2005年1月试行。修订的收尾工作则废止了公司整理程序，但保留并修订了特别清算程序，该程序随同新成立的《公司法》于2006年试行。此后，为配合产业政策的不断变化，倒产法也随之修订。

正是由于上述修订，日本的倒产法又一次站在了世界前列，并成为经济活动的基础设施。破产法作为自由主义经济的基本法，可以为在市场竞争中失利的经济主体提供顺利退出的舞台，解除经济主体的后顾之忧。在日本经济不能摆脱因供给过剩造成的通货紧缩的状态下，一方面有必要命令破产的企业尽早地退出市场，另一方面需要帮助有可能完成业务重整的企业去实现根本性的疗伤，助企业重整一臂之力。[①] 经由此，实现了产业结构的调整与升级，从而符合产业政策法的立法目标与宗旨。

① 参见［日］山本和彦：《日本倒产处理法入门》，金春等译，法律出版社2016年版，第8－11页。

（三）中国破产法实施进程中产业政策法的核心力透视

1986年，全国人大常委会颁布了《企业破产法（试行）》，适用于全民所有制企业，于1988年11月1日起实施，极大地推动了我国经济体制改革，尤其是国有企业改革。期间，大量国有企业实施政策性破产而退出市场。在该法试行近20年后，为适应社会主义市场经济的发展，健全企业市场退出机制，全国人大于2006年审议通过《企业破产法》，并于2007年6月开始实施。新《企业破产法》实施后，最高人民法院陆续发布了一系列司法解释，但我国企业破产受理数量不升反降。2015年年底，中央经济工作会议提出，推进供给侧结构性改革，加快“僵尸企业”处置，《企业破产法》在实务中的适用逐渐增多。2017年年初，最高人民法院开始推进执行转破产工作，法院受理破产案件数量明显增加。浙江、江苏等地法院对破产案件的审理呈积极态度，探索一系列新制度，包括“府院联动机制”“管理人报酬基金”“破产企业信用修复”等。2019年上半年，为进一步优化我国营商环境，深圳、北京和上海专业破产法庭先后设立；《最高人民法院关于适用〈中华人民共和国企业破产法〉若干问题的规定（三）》颁布，从债权人保护、破产融资的保障、债务人重大资产出售等方面作了规定，极大提高了我国在世界银行营商环境评价体系中的“办理破产”指标得分。2019年2月22日，“深化金融供给侧结构性改革”帷幕开启。2019年5月24日，包商银行被接管。随后，由中国人民银行全资控股的“存款保险基金管理有限责任公司”注册成立，为我国金融机构破产重组提供保障条件。

可见，我国破产法的起源、发展与变迁与产业政策法息息相关，产业结构与布局、目标的调整，均深刻影响着破产法的实施。换句话说，没有“供给侧结构性改革”和“僵尸企业市场出清”的产业政策出台，就没有我国破产法适用的勃兴。可以预见，随着上述产业政策法律制度的深入推进，我国企业破产法的适用也将迎来久违的春天。综上，产业政策法对破产法具有极强的影响力与穿透力。

三、财税法保障破产法的法律适用

（一）财政法为破产法的实施提供有效保障

财政法是财政活动的一种外在形式，服务于不同历史条件下的财政活动的内在需求。但随着民主与法治的发展，财政法的功能从绝对服务于财政职能，转向对财政权力施加控制。① 破产法中，政府财政实施公共支援已日益成为常态，因此，财政能为破产企业提供强有力的物质保障，使财政法对破产法的影响日益重要。美国拯救通用公司和日本拯救日航公司就是代表性案例。

通用公司破产重整中，以美国联邦政府为主的政府财政先后向通用投入近500亿美元。2008年12月19日，美国前总统布什宣布政府将根据“困境资产救助计划”向通用提供紧急短期贷款，以避免企业破产。2008年12月31日，通用公司与美国财政部签订贷款与担保协议，根据该协议，美国财政部将分三步向通用提供总额为134亿美元的担保贷款。此后，美国财政部多次修改其与通用之间的贷款协议，最终美国政府在通用破产申请前的贷款总额为194亿美元。2009年6月1日，通用进入破产重整程序。通用提出自查出售的申请，申请中提及美国和加拿大政府将对通用提供重整期间的融资333亿元，其中242亿元来源于美国财政部。该交易于7月5日被破产法院批准。②

2009年，日本航空公司陷入破产，并由政府出面处理。2009年9月，日本政府成立特别调查委员会，并于次年1月将此案作为企业再生支援机构的第1号案件向该机构提出支援的请求。与此同时，向东京地方法院提出适用《公司更生法》的申请。在这一处理框架下，日本航空公司在较短的时期内便实现了V字形反转并重新上市。在此期间，政府向日本航空公司提供了550亿日元的临时融资和3050亿日元的协调融资。在此基础上，企业再生支援机构向日本航空公司提供了3500亿日元的出资并输送了人才，从内部主导了日本航空公司的重整。在营业层面，日本航空采取了撤出赤字航线、大幅削减人员、修改福利政策等措施来改善收益结构，在财务方面削减一般债权的87.5%的更生计划获得了通过和批准。③

我国作为社会主义市场经济国家，对于危困企业的救助，表现更为积极，救助方式和救助对象呈现多样化。从传统财政直接给予支持转变为多方引导社

---

① 参见刘剑文、熊伟：《财政税收法》，法律出版社2007年版，第24页。

② 参见贺丹：《通用公司重整模式的破产法分析》，载李曙光，郑志斌主编：《公司重整法律评论（第2卷）》，法律出版社2012年版，第23-25页。

③ 参见［日］佐藤铁男：《破产法与其他法律领域的交叉——寻求其协调的序论性研究》，刘颖、侯欣怡译，载李曙光、刘延岭主编：《破产法评论（第1卷）》，法律出版社2018年版，第121-122页。

会资本合作参与破产融资，从救助大型国有企业延伸至救助小微民营企业，从设立各种产业投资基金扩展至引导市场化债转股基金、危困企业投资基金的项目落地，无不体现了国家财政力量对于危困企业的救助功能。在我国经济社会转型期，破产法的实施必须得到财政法的支持，但是绝不能倒退回计划经济时代，也不能让国家财政对市场化主体商业经营失败行为埋单。因此，各种救助对象的遴选，应符合国家产业政策的导向，救助方式符合财税法治原则，更多地运用市场手段，积极发挥社会资本的作用与功能。

（二）税法与破产法的冲突与协调

税捐是一项古老的财政制度，在现代的法学方法被引进于税法之研究以后始有比较系统化的研究。该发展之意义为肯认税制与其他法律一样，在税捐之课征上有立基于其事务之本质固有的价值与原则：公平与安定。① 税收法定、量能课税原则是公平征纳税的重要前提与基础。对企业破产而言，无论是破产受理前可能存在的欠缴税款，还是破产程序中的新生税款和纳税申报，又或是重整程序中的所得确认，以及最终破产清算终结后的税务注销登记，每一个环节都绕不开税务问题和税务机关。可以说，没有税务机关参与的破产程序是不完整的，没有税收政策支持的企业破产法是难以实施的。因此，税法与破产法的关系是理论界和实务界都必须认真审视的问题。②

在日本的破产案件中，税收债权曾经是非常大的威胁。因为税收作为提供公共服务的资金源，具有公益性。纳税是宪法所规定的国民义务，作为权利的税收债权在实体上享有一般优先权的地位。但现实中纳税人以拖欠税款的状态进入破产的情况比较多，这给后续破产处理造成很大的影响。日本旧破产法（1922 年）给予了税收以举世罕见的优待。该法明文规定，基于破产清算程序开始前的原因而发生的税收债权一律为财团债权。破产法实务界和理论界对此提出了强烈的批判。批判观点认为，至少基于破产清算程序开始前的原因而发生的税收债权并不存在应确保其随时从破产财团优先受偿这一财团债权的因素。于是有判例指出，在财团债权中，税收债权应当劣后于破产清算程序的管理费用即管理人的报酬。也有判例指出，在破产清算程序开始后，不得再对破产财

---

① 黄茂荣：《税法总论：法学方法与现代税法》，植根出版社 2012 年版，第 128－129 页。

② 参见徐战成：《企业破产中的税收法律问题研究：以课税特区理论为指导》，法律出版社 2018 年版，第 5 页。

团所属财产实施《日本国税征收法》所规定的扣押。总体而言，在各个案件中贯彻税收债权的优先性乃是其他一般债权人因破产而造成的损失扩大等经济不景气的原因，从宏观层面来看未必就没有减少税收。现行日本破产法缩小被作为财团债权的税收之范围。具体而言，在基于破产程序开始前的原因而发生的税收债权中，被作为财团债权的仅限于破产清算程序开始之时尚未到缴纳期限，或者自缴纳期限起还未经过1年的税收债权。破产程序与税收的问题不仅包括基于破产清算程序开始前的原因而发生的税收债权，也包括基于破产清算程序开始后的原因而发生的税收债权。现行日本破产法并未明确规定如何处理基于破产清算程序开始后的原因而发生的税收债权，一般认为，其中只有属于“有关破产财团的管理、变价及分配之费用的请求权”的部分才是财团债权。①

我国企业破产法与税法存在规则互认的和谐，但也存在难以调和的矛盾。企业破产法及相关司法解释对于税收债权的承认，主要体现为：根据我国《企业破产法》第82条，债务人所欠税款作为单独的表决组，包括税务接管和海关两类主体。根据第84条，税款债权人有权投票。根据第109条和第113条，在破产清算程序中，一般情况下的债权清偿顺序为：担保债权，破产费用和共益债务，职工债权、欠缴社保费和欠缴税款、普通债权。可见，税款债权具有相对优先的地位。根据最高人民法院的相关司法解释与批复，破产企业在破产案件受理前因欠缴税款产生的滞纳金属于普通破产债权，受理后产生的滞纳金，不作为破产债权。关于企业破产情形，税法除了给予一些相关税收优惠政策之外，在征管方面也有特殊规定，散见于《企业所得税法》第54、55条及国家税务总局的一系列相关文件中。②

我国企业破产法和税法之间的矛盾与衔接不畅问题较为突出，主要体现为：税款债权与担保债权的优先性、破产程序中税收强制权的行使、欠税滞纳金的起止时间、欠税滞纳金的优先性、税务机关的破产申请权、税务机关的债权申报义务、破产程序中税务稽查的启动、破产程序中新生税款的定性、资产拍卖税费转嫁条款的合法性与可操作性、破产撤销权对税收强制执行的影响、企业

---

① 参见［日］佐藤铁男：《破产法与其他法律领域的交叉——寻求其协调的序论性研究》，刘颖、侯欣怡译，载李曙光、刘延岭主编：《破产法评论（第1卷）》，法律出版社2018年版，第115－117页。

② 参见徐战成：《企业破产中的税收法律问题研究：以课税特区理论为指导》，法律出版社2018年版，第7页。

进入破产程序后的纳税申报主体、破产企业的税收优惠政策、重整企业的纳税信用修复、关联企业实质合并破产的税务处理等。① 实务中，单纯依靠个案中的“府院联动”机制解决，具有天然缺陷。为彻底解决实务难题，我国学术界提出“课税特区理论”，将破产程序界定为课税特区，征税权力应谨慎介入并作必要调适。我们期待立法机关能广泛接纳“课税特区理论”，对我国税法予以修订与完善，使税法不再成为破产法实施过程中的绊脚石，而是转变为保障破产法实施的法律制度。

四、竞争法促进破产法的规则变革

（一）竞争法的立法宗旨要求市场化破产

竞争主要有四项重要机能。第一，保证资源有效分配的机能。完全竞争的市场是不存在的，因此导致了垄断和卡特尔现象，并损害了资源分配的效率性，必须在市场中积极维持实质性自由竞争，实现资源的有效分配。第二，保证技术革新和经营的有效机能。激发经营者的创意，刺激企业的有效率的市场营销活动，实现技术革新，提供价廉物美的商品和服务。第三，信息（知识）的创造和创造新信息的传播功能。具备利润动机和公平自由的竞争原理的市场，能够将新的信息和知识从所有市场、地域中或更多的群体中挖掘、结合并进行传播。第四，保障消费者权益的机能。通过维持竞争政策排除“阻制竞争”和“阻碍公平竞争”的有效竞争市场，可以最大限度地保障消费者的利益。②

市场经济以自由竞争为重要特征，竞争的结果必然是优胜劣汰。破产便是淘汰竞争失败者的一种方式。所以，破产乃是商品经济社会发展到一定阶段必然出现的法律现象。破产法是商品经济社会法律体系的重要组成部分，对商品经济的发展、市场的正常秩序起着重要的保障作用。③ 我国《企业破产法》第1条表明的立法宗旨之一是为了维护社会主义市场经济秩序。同样，破产法的功

① 参见徐战成：《企业破产中的税收法律问题研究：以课税特区理论为指导》，法律出版社2018年版，第10-14页。

② 参见［日］丹宗昭信、伊从宽：《经济法总论》，吉田庆子译，中国法制出版社2010年版，第142-143页。

③ 参见王欣新：《破产法》，中国人民大学出版社2011年版，第10页。

能发挥依赖于商品交易市场、人力资源市场和资本市场。[①]

在国际经济新形势下，竞争法的立法宗旨要求我国必须积极推进市场化破产，实现自由竞争。首先，对"僵尸企业"应有效识别，分类处置。对于经营管理虽存在困难，但仍具备运营价值的企业，依法开展破产重整救治；对救治无望的企业，及时进行破产清算。鉴于重整成本较高，对于企业重整价值应进行综合评估，结合其所处行业、财务、经营状况等多方面的因素进行判断。其次，基于债务人资产最大化的目标导向，处置、变现资产时应当通过市场化的方式进行。再次，实施债转股时，应摒弃之前的政策性债转股模式，在遵循各方主体意思自治的前提下，依法稳步推进与实施市场化债转股。最后，为解决破产融资的困境，债权交易逐渐成为被关注的焦点，相应规则的变革正在发生。正如芝加哥大学法学院教授道格拉斯.G.贝尔德所言："破产法庭已经变成债权市场。在现代公司重整中，那些贷款人早已经被谈判者取代坐在桌前参与谈判。股票在交易所交易，而债权在法庭交易。在破产之外，投资者通过收购股票成为公司的剩余所有人；在破产之内，投资者通过收购债权达到相同的目的。这两种场合都是交易者、套利者和公司收购者的世界。"[②]

（二）"破产企业抗辩"凸显竞争法与破产法之间的协调性

自国际制鞋公司案以来，破产企业抗辩制度一直牢牢地扎根于美国反托拉斯法。该制度更多地侧重于体现竞争法保护竞争的立法宗旨，而不是保护经济不景气情况下企业免于关门。最被广泛接受的破产企业抗辩是由美国反垄断监管机构提出的横向合并准则。制定横向合并准则是为了便于联邦机构评估合并可能产生的竞争影响以及合并是否符合反托拉斯法。《横向合并准则》于1968年通过，并于1982年、1984年、1992年和2010年修订，反映执法政策的变化。1992年合并准则规定，合并不太可能产生或增强、促进市场力量，如果下列情况得到满足：（1）被指称破产的公司将无法履行其近期内的金融义务；（2）无法根据破产法第11章成功重整；（3）它做出了不成功的善意努力，以寻求合理的替代办法，将其有形资产和无形资产保留在相关市场并构成与拟议的合并相比，对竞争的严重危险较小；（4）在没有收购的情况下，破产公司将

① 参见齐明：《中国破产法原理与适用》，法律出版社2017年版，第9-10页。

② 参见李曙光、郑志斌主编：《公司重整法律评论（第3卷）》，法律出版社2013年版，卷首语。

退出相关市场。1992 年合并准则被批评过于狭隘，2010 年修订版大大放松了 1992 年的合并准则，反垄断监管机构认为如果前三个要素得到了满足，则退出相关市场的要素也就得到了满足，而不必再单独分析。监管机构普遍认为，破产企业抗辩作为一种绝对抗辩，可以结束对交易可能产生的反竞争效果的所有调查。[①] 欧盟 2004 年《横向并购指南》作出了与美国法类似的规定，即当破产企业作为目标公司被合并后，如果想得到合并的审查豁免，需要符合前文中所述及的三个要素。[②] 除美国和欧盟外，日本、韩国等国也有类似制度。

我国《反垄断法》并未规定该制度，随着跨国企业破产的兴起与发展，我国相关法律制度也应与国际接轨，尽快建立破产企业抗辩制度。在未来《反垄断法》修订时，可以考虑规定该制度适用的实体要件与程序规则。与此同时，我国破产法也应做好与反垄断法的衔接工作，变革相应破产法规则，设计有关破产企业抗辩的指引性条款，使当事人未雨绸缪，处理好破产法内外的相关事宜，提高破产法实施的效率，增强社会影响力。

结 语

有学者认为，破产法是培养法律通才的一门法律。此种说法毫不夸张。每一个破产案件中所涉及的相关法律的多样性、复杂性都足以使人认为破产法是狭窄而艰深的法律，但实际上，破产法与其他学科之间的交叉、融合已经成为常态，其具有的广博性也被公众所确认。即使专攻破产法的学者也经常面临破产法自身与破产法之外法律规则适用的冲突、平衡与协调。在一系列相互交叉、融合的学科中，尤其不能忽视经济法学科对于破产法的重要指导功能。各国破产法史就是一国的产业政策演变史，而企业破产中的国家救助、税收优惠规则体现了财税法的价值功能，竞争法的立法宗旨要求实施市场化破产，破产企业抗辩制度则成功架起了竞争法与破产法之间的桥梁。鉴于此，破产法的发展进路深受经济法的决定性影响，从而呈现互动、协调、促进的动态关系。

---

① See Kyle DiGangi, "Cutting the financial fat from the failing firm defense: refocusing the failing firm defense on *Antitrust Law*", *St. John's L. Rev.*, *Vol.* 86 (2012).

② See Marianela López - Galdos, "Comparing the US & the EU failing firm defense: reflections from an economic *perspective*", *Loy. Consumer L. Rev.*, *Vol.* 28 (2016).

实践研究

Economic Law Review

标准必要专利侵权判定标准之实践分歧与法理探析

环境政策审计制度实施考量及完善路径

标准必要专利侵权判定标准之实践分歧与法理探析

——从西电捷通诉索尼案谈起

李逸竹*

目 次

一、问题的提出

目前，在对擅自实施标准必要专利是否构成专利侵权以及如何判定侵权标准的问题上，我国司法界存在多种观点，实践处理也不统一。北京高院终审的西电捷通诉索尼案中，两审法院的观点及裁判思路存在巨大差异。这一方面是受英美法系国家与以德国为代表的大陆法系国家对标准必要专利的不同裁判思路的影响，另一方面也反映出我国专利法在标准必要专利侵权立法上的不完善之处。当然，归根到底是没有在学理上真正厘清标准必要专利的法理性质及其产生的权利义务关系。

2015年，西电捷通至北京知识产权法院控告索尼侵犯其“一种无线局域网移动设备安全接入及数据保密通信的方法”专利（以下简称WAPI)，该专利被纳入国家强制标准（延期实施）。北京知识产权法院判决认为，标准必要专利

* 中国人民大学法学院博士研究生。

与普通专利在侵权判定规则上并无不同，均适用“全面覆盖原则”。西电捷通的FRAND承诺仅是单方民事法律行为，不代表其已经作出了许可，不能认定双方已达成了专利许可合同。据此判决索尼停止实施西电捷通的WAPI专利，并赔偿910余万元损失。① 索尼不服上诉，北京高院虽维持原判，但裁判思路上并不认同原审观点，而认为FRAND承诺具有法律效力，原告应担负由此产生的义务，但被告也应本着诚实信用原则进行协商，因此，究竟该由谁承担谈判破裂的责任，应“考虑双方谈判的过程和实质条件”。北京高院对双方长达六年的协商过程中的通讯往来进行分析，认为索尼采用了拖延战术，具有明显过错，应承担谈判破裂的全部责任。②

该案一审是从大陆法系的民法基本原理出发，认为FRAND承诺是单方民事法律行为，不具有“缔约”的效果意思，不能据此推出原被告之间成立专利许可合同，而被告擅自使用WAPI专利的行为构成侵权无疑。这符合以德国为代表的大陆法系国家早期对标准必要专利的裁判理念。如在2012年5月2日判决的摩托罗拉诉微软ITU标准必要专利纠纷案中，德国曼海姆地区法院认为FRAND承诺并非要约，而是要约邀请，德国法不承认使第三人受益的物权合同，通过使第三人受益的合同而创设的具有处分性质的许可授权于法无据。③ 上述观点曾在2013年轰动全国的华为诉IDC案中为被告IDC所援引，却未获得法院的支持。④ 西电捷通案二审的观点，某种意义上是承继了华为诉IDC案的裁判思路。其中，肯定FRAND承诺的效力，认为西电捷通因此担负某种义务，实际上反映了英美法系的一贯理念；但从分析双方协商过程中的报价往来以确定主观意图及责任的承担，则又是以德国为代表的大陆法系国家后期的做法。

在英美法系，利益第三人合同、默示许可规则一直以来都是解释标准必要

① 参见（2015）京知民初字第1194号民事判决书。

② 参见（2017）京民终454号民事判决书。

③ 摩托罗拉诉微软ITU标准必要专利纠纷案判决的相关观点转引自华为诉IDC案的民事判决书：“IDC公司所提交德国曼海姆地区法院于2012年5月2日就摩托罗拉诉微软有关ITU标准必要专利的侵权诉讼判决部分翻译显示：曼海姆地区法院认为，专利权人在专利标准组织作出的知识产权声明或是许可声明，并不构成权利人和潜在被许可人之间的许可合同。也不存在一份第三人为受益人的合同，通过使第三人受益的合同层面而创设的具有处分性质的许可授权于法无据，德国法不承认使第三人受益的物权合同。标准必要专利权利人作出的许可准备声明，也不能被视为针对不特定的，甚至标准必要专利权利人不认识的多数第三人作出的、仅需要第三人接受即可的具有约束力的要约，而仅仅是请求许可的各方寻求符合FRAND条款的要约邀请。”见（2013）粤高法民三终字第305号民事判决书。

④ 参见（2013）粤高法民三终字第305号民事判决书。

专利与FRAND效力问题的权威答案，而确立该规则的微软诉摩托罗拉与苹果诉摩托罗拉两案也常为学界正面援引。[①] 2017年英国判决的无线星球案对利益第三人合同的阐释，被认为是对FRAND承诺概念的“最易接受”的界定。[②] 为了避免专利劫持，英美法系判例基本都认可FRAND承诺的许可效力。如詹姆斯·罗伯特法官在微软诉摩托罗拉案中所言，FRAND承诺的本质，就是使自己担负向一切潜在实施者授予专利许可的义务。[③] 但在大陆法系的德国、荷兰等国，对FRAND承诺的定性是很明确的，即要约邀请。[④] 擅自使用标准必要专利者构成侵权无疑。然而，看似明确的分水岭，这两年也变得模糊起来。两大法系似有相互借鉴与融合的趋势。在2015年欧盟法院对三星诉苹果案的裁定后，擅自使用标准必要专利者不必然构成侵权了。欧盟法院创设了谈判步骤分析法，对谈判中双方必须遵循的善意行为进行了要件式规定，违者则构成过错，须承担谈判破裂的责任。而英美法系也开始反思他们对FRAND效力一贯的信任理念，认为对它的执着已经造成了更为严重的专利反向劫持，影响了创新的活力。2017年年底，在美国洛杉矶举办的“竞争政策在技术和知识产权许可中的应用”会议上，美国司法部反垄断局新任领导、助理总检察长Makan Delrahim发言指出：“不应将FRAND许可承诺变成一种强制许可制度……”[⑤]

在对标准必要专利态度反复无常的外部环境下，我国专利法立法该何去何从呢？我国对标准必要专利及FRAND的态度也曾出现过反复。2008年，最高院对季强、刘辉诉朝阳兴诺案作复函时指出，只要将专利纳入国家标准的，即视为许可，他人擅自实施不视为侵权。[⑥] 2015年，国务院出台专利法修订草案，

---

① See Microsoft Corp. v. Motorola, Inc., (LEXIS 170587, W. D. Wash, Nov. 29, 2012); Apple, Inc. v. Motorola Mobility, Inc., 886 F. Supp. 2d 1061, (W. D. Wis. 2012).

② See Damien Neven and Pierre Régibeau, "Unwired Planet vs Huawei: A Welcome Clarification of the Concept of FRAND and of the Role of Competition Law Towards SEP Licencing", *Journal of European Competition Law &Practice*, Vol. 8, No. 7 (2017), p. 463.

③ Microsoft Corp. v. Motorola, Inc., (LEXIS 170587, W. D. Wash, Nov. 29, 2012).

④ Koninklijke Philips Electronics N. V. v. SK Kassetten GmbH & Co. District Court The Hague, The Netherlands, Joint Cases No. 316533/HA ZA 08 – 2522 and 316535/HA ZA 08 – 2524; Rb. 's – Gravenhage, 14 maart 2012, m. nt. 4. 2 – 4. 7 (Samsung Elecs. Co. /Apple Inc.) (Neth.)

⑤ Makan Delrahim, "Take It to the Limit: Respecting Innovation Incentives in the Application of Antitrust Law", available at https://www.justice.gov/opa/speech/file/1010746/download, visited on Feb. 8, 2018.

⑥ 参见《最高人民法院关于朝阳兴诺公司按照建设部颁发的行业标准〈复合载体夯扩桩设计规程〉设计、施工而实施标准中专利的行为是否构成侵犯专利权问题的函》（［2008］民三他字第4号）。

规定默示许可制度，即参与国家标准制定的专利权人在标准制定过程中不披露其拥有的标准必要专利的，视为其许可该标准的实施者使用其专利技术。① 有学者认为，这违反了《与贸易有关的知识产权协定》第31条规定的授权强制许可应遵循一事一议的原则，且只缴了中国企业的枪。② 2016年，最高院又出台司法解释，规定如专利权人在标准制定过程中履行披露义务，则不视为默示许可。③ 但并未明确未履行披露义务者是否构成默示许可。鉴于此，西电捷通案因存在披露情形，故不构成默示许可，法院可据此判决索尼侵权，无需再从双方谈判过程去评判。但北京高院仍仿照德国法院的后期做法，不得不承认这种裁判思路在解决标准必要专利纠纷时较简单地以是否披露作为许可标准的“一刀切”模式更具优势，一方面，只要将这种裁判思路稍加调整，引入竞争法相关原理，即可与专利法已有的强制许可制度衔接；另一方面，将谈判过程中双方行为及主观意图与最终的责任承担挂钩，也可在实践中促使双方积极谈判，达成许可协议。

然而，对FRAND效力的认可与谈判中的行为及主观意图的评判标准尚不能在现有专利法中取得法律依据。根据法理，FRAND承诺显然不可能发生专利强制许可的效力，而法官在个案中仅依据原告在谈判中的过错与专利劫持的可能

---

① 《专利法（修订草案)》第85条规定，参与国家标准制定的专利权人在标准制定过程中不披露其拥有的标准必要专利的，视为其许可该标准的实施者使用其专利技术。许可使用费由双方协商；双方不能达成协议的，可以请求国务院专利行政部门裁决。《关于〈中华人民共和国专利法修改草案（征求意见稿)〉的说明》第26条解释道：“为了平衡专利权人与标准实施者和消费者的利益，结合国内外的法律实践，草案规定了标准必要专利默示许可制度，即参与标准制定的专利权人在标准制定过程中不披露其拥有的标准必要专利的，视为其许可该标准的实施者使用其专利技术，在此情形下专利权人无权起诉标准实施者侵犯其标准必要专利。但默示许可不等于免费许可，专利权人仍有权要求标准实施者支付合理的使用费。”

② 参见宋柳平：《专利法修改草案82条——不要缴了中国企业的枪》，http：//www.chinaipmagazine.com/news-show.asp？id=18483，2018年2月8日访问。

③ 《最高人民法院关于审理侵犯专利权纠纷案件应用法律若干问题的解释（二)》（法释〔2016〕1号）第24条规定：推荐性国家、行业或者地方标准明示所涉必要专利的信息，被诉侵权人以实施该标准无需专利权人许可为由抗辩不侵犯该专利权的，人民法院一般不予支持。推荐性国家、行业或者地方标准明示所涉必要专利的信息，专利权人、被诉侵权人协商该专利的实施许可条件时，专利权人故意违反其在标准制定中承诺的公平、合理、无歧视的许可义务，导致无法达成专利实施许可合同，且被诉侵权人在协商中无明显过错的，对于权利人请求停止标准实施行为的主张，人民法院一般不予支持。本条第二款所称实施许可条件，应当由专利权人、被诉侵权人协商确定。经充分协商，仍无法达成一致的，可以请求人民法院确定。人民法院在确定上述实施许可条件时，应当根据公平、合理、无歧视的原则，综合考虑专利的创新程度及其在标准中的作用、标准所属的技术领域、标准的性质、标准实施的范围和相关的许可条件等因素。

性而自行设定许可费率的行为，与强制许可又有何区别呢？或许，为平衡专利权人与行业集体、社会公众之利益而对标准必要专利实施强制许可在事实上是公平的，但其毕竟否定了绝对权排除妨害请求权，强制许可规则必须由立法机构确认，而非司法机构。暨专利法第四次修订之际，需及时明确标准必要专利的侵权及强制实施规则。

二、标准必要专利与 FRAND 承诺之法律属性分析

（一）通说认识误区：标准必要专利并无“公共属性”

标准必要专利“在本质上属于公共资源”的认识，早已深入人心。[①] 西电捷通案的二审法官就认为，当专利纳入技术标准且该标准被广泛使用后使得该专利具有了“锁定效应”，并具备一定的公共利益属性；此外，专利权利效力上承载专利权人作出的不可撤销承诺对专利权利的行使产生一定的拘束力。[②] 需要指出，一项专利，无论有多么重要，在现实生活中有多么必不可少，它都是专利权人的财产。如果属于公共资源，则根本无法授予专利权，这是专利制度的根本。不坚持这个根本，则在根本上取消知识产权了。

在苹果诉摩托罗拉案中，理查德·波斯纳法官表示，一旦一个专利成为标准的要素，专利权人讨价还价的能力将迅速飙升，潜在实施者无可选择，只有仰仗他的仁慈与怜悯。[③] 实施者们或支付高额的许可费，或因禁售令而撤回市场产品。[④] Norman V. Siebrasse 和 Thomas F. Cotter 在近期的研究中指出，标准必要专利的价值不仅包含专利的价值，同时包含标准的价值，并大篇幅地论证标准价值的计算方法，提示我们不可忽视标准的价值。[⑤] 这实际上是将标准必要

---

① 参见马海生：《专利许可的原则：公平、合理、无歧视许可研究》，法律出版社 2010 年版，第 11 页。

② 参见北京市高级人民法院（2017）京民终 454 号民事判决书。

③ Apple Inc. v. Motorola, Inc., in the District Court for the Northern District of Illinois, Case No. 1: 11 - cv - 08540.

④ See National Research Council, Policy and Global Affairs, Technology, and Economic Policy Board on Science, Committee on Intellectual Property Management in Standard - Setting Processes, *Patent Challenges for Standard - Setting in the Global Economy: Lessons from Information and Communications Technology*, National Academies Press, 2013, p. 97.

⑤ See Norman V. Siebrasse, Thomas F. Cotter, "The Value of the Standard", *Minnesota Law Review*, Vol. 101, No. 3, 2017, p. 1198.

专利视为标准与专利的价值“添附”的产物。如果标准必要专利存在添附事实，作为对价，对其权利进行限制或令其承担默示许可义务就于法有据了。FRAND承诺的许可效力看似有了极有力的法理支撑。然而事实并非如此，发生价值增值者是标准，而非标准必要专利。如不澄清此间真正的添附者，则无法揭示专利反向劫持问题的根本。

（二）真正的添附者：标准

标准的价值本归属于国家或行业集体，特定行业中的实施总人数为一变量，任一实施者对标准仅享有使用权、收益权，而不享有处分权，即不得转让，类似于古代日耳曼村社的土地关系——总有。“所谓总有，系将所有权之内容，依团体内部之规约，加以分割，其管理、处分等支配的权能，属于团体，而使用、收益等利用的权能，则分属于其成员。”[①] 任一成员对归属于团体之财产均无份额所有权之财产关系，均为总有关系，如校友会等。[②] 据此，任一实施者对标准价值享有总有权，权能为使用、收益。

专利与标准仅仅在使用时才发生“支配其一必然支配其二”的问题，在许可、收益、处分时，不存在上述“必然”的问题。具体而言，专利权人完全可以将标准必要专利当作普通专利来进行许可、融资、转让，而不是结合了标准价值的专利，仅在实施专利制造产品时，必然实施标准；实施者也是同理，实施标准必然实施专利。然而，标准由包括专利权人在内的行业集体所总有。专利权人对专利的实施的确无法撇开“标准”，但其本就享有标准实施权，学理上称“标准总有权”。专利权人虽享有“标准总有权”，但其并不享有可以“独占”标准的完全支配权——对应标准的整体价值。包括专利权人在内的任一行业主体所享有的“标准总有权”的价值，与专利的价值相比微乎其微。标准必要专利高额许可中追求的超额价值不可能是标准总有权的微小价值，而是标准的整体价值。在实践中，专利权人因享有标准必要专利完全支配权，借机追求对标准的完全支配权，试图借此决定经营者的市场准入资格。这与个体所享有的标准总有权是两回事。

在政治经济学中，市场交换实行等价原则；相应地在民法中，主体交易实

---

① 李宜琛：《日耳曼法概说》，中国政法大学出版社2003年版，第75页。

② 参见李锡鹤：《民法原理论稿（第二版）》，法律出版社2012年版，第354页。

行对价原则。那些追求超额价值的专利权人，庆幸地以为标准必要专利附着了标准的巨大价值，然而，由于标准并不归他们个人所有，因而他们追求的超额部分也不受法律认可。或许有人认为，专利权人可为高额许可等行为实现其超额价值，但高额许可在合同法中构成显失公平，法院可以判定部分无效，重新认定费率。在爱立信诉友讯案中，美国联邦巡回法院法官指出，“标准必要专利的许可费必须反映，至少近似于专利技术所贡献的价值，而非标准所衍生之价值”。[①] 该案判决之后的次年，电气和电子工程师协会（Institute of Electrical and Electronics Engineers，以下简称 IEEE）与其标准协会针对专利权人与实施者对 FRAND 中“合理”一词的巨大争议，更新了 IEEE－SA 标准委员会章程中的许可政策，章程 6.1 规定：“合理的许可费应当是摒除了包含于标准必要专利中的 IEEE 标准价值的许可费。”[②] 据此，标准对专利权一切权能的行使，均不会带来“增值”的合法效果。但专利对标准而言，情况就不同了。

专利权人对标准享有总有权，其实施专利，是将专利之价值外化于产品，当然也包括少量标准总有权之价值。由于专利之价值、标准总有权之价值本就归属于专利权人，因而专利权人实施标准必要专利，并不涉及他人的权利与归属于他人的价值。而行业其他主体就不同了，其实施标准，行使标准总有权时，必然同时实施专利，必然将专利之价值外化于产品，当然也包括少量标准总有权之价值。因而行业其他主体实施标准必要专利，必然涉及专利权人的专利与归属于专利权人之价值。至此可以说明，标准必要专利的价值增值并不成立。真正发生增值者是标准，而非专利。

（三）标准之添附带来专利反向劫持风险

我们以往仅仅看到了专利权人索要高额许可等专利劫持行为，错误地认为这是标准必要专利包含标准价值所致。与此同时，我们忽视了真正的增值者——标准。标准切实地蕴含了专利的价值，令人联想到民法中的“添附”。罗马法的“添附（accessio）”指属于不同所有人的物合成一体的法律事实。[③]

---

① “The royalty for SEPs should reflect the approximate value of that technological contribution, not the value of its widespread adoption due to standardization.” Ericsson Inc. v. D－Link Sys., Inc., 773 F. 3d 1201 (Fed. Cir. Dec. 4, 2014).

② IEEE－SA STANDARDS BOARD BYLAWS 6.1 (INST. OF ELEC. & ELECS. ENG'RS, INC. 2015), available at http://standards.ieee.org/develop/policies/bylaws/sb_bylaws.pdf, visited on Jan. 18, 2018.

③ 参见周枏：《罗马法原论》，商务印书馆 1994 年版，第 367 页。

专利为无形财产，非物，不能套用“物的添附”。但无形财产的确存在价值结合——支配一份必然支配另一份的“不可分”情形，比如改进专利与基础专利。也许我们可借用“添附”一词，将复数主体的无形财产的“价值融合”称为“价值添附”。其实，“添附”的本质就是价值结合，它不是物法的专利。根据添附理论，主体实施标准时，因同时将标准必要专利之价值外化于其产品，从而现实地取得标准必要专利之价值，必须支付专利权人对价。

一直以来，人们的焦点都集中于专利，不会有人关注归属于行业集体的标准是否因此而增值；而对标准的“公共属性”的一味强调，必然无法揭示其真正的添附属性，忽视了添附中的对价原则，从而放纵了反向劫持行为。直到买方垄断效应的形成，才有人提出“反向劫持比专利劫持更可怕”。在实践中，有些实施者以FRAND为借口，恶意拖延许可费的谈判时间，以达到不支付、少支付许可费的目的，增加专利权人的维权成本。如某公司以许可费率违反FRAND为由，与标准必要专利公司进行了将近5年的谈判，对后者的多次许可费报价均不满意，直至诉讼都未达成许可协议。① 有些实施者以标准必要专利公司未告知其他被许可人的许可费率，导致其无法判断该公司是否违反FRAND为由，控告该公司滥用权利，以求支付最低许可费率，如日本2014年终审判决的苹果诉三星案。②

现有专利法中的强制许可制度是为了防止专利权人滥用权利而设，而反垄断法中也有相关规定，足以应对专利劫持问题。但对反向劫持问题，无任何专门的法律制度予以规制，因而成为目前行业中最棘手的问题。我国司法实践中对FRAND效力的认可、专利法修订草案中的默示许可制度，使得专利权人的地位越来越被动。“如果实施者进行反向专利劫持，那即使创新取得了成功，创新者也无法获得补偿。与之相反的是，专利劫持给实施者带来的风险却存在一定的缓冲空间，因为至少实施者的部分投资是发生在新技术的许可费率能够被确定之后的。”③ Delrahim所言，值得人们深思。

---

① 参见李扬：《专利权案件的现实思考，如何应对“FRAND劫持”》，载《中国知识产权报》2015年6月10日。

② 知财高判平成26.5.16平成25（ネ）10043。

③ Makan Delrahim, “Take It to the Limit: Respecting Innovation Incentives in the Application of Antitrust Law”, available at https://www.justice.gov/opa/speech/file/1010746/download, visited on Feb. 8, 2018.

（四）FRAND 承诺无“效果意思”

有学者认为FRAND 承诺是单方法律行为，“标准必要专利权人作出 FRAND 承诺，尽管是标准组织知识产权政策的要求，但其成立并不依赖标准化组织或者潜在实施者的意思表示，标准必要专利权人一方作出 FRAND 承诺的意思表示即可成立，因此和设立遗嘱、被代理人对无权代理行为的追认、代理人辞去委托、受遗赠人放弃受遗赠等一样，属于单方法律行为。专利权人作出 FRAND 承诺后，不可撤回，给其标准必要专利设定了一个负担，属于直接使权利发生、变更或者消灭的处分法律行为”。[①] 专利权人作出 FRAND 承诺究竟处分了什么呢？又负担了什么呢？学者怕是对“法律行为”“负担”有什么误解。

在大陆民法中，法律行为指有民事效力并含效果意思之行为，其构成要件有：（1）效果意思；（2）民事效力。“效果意思”指变更（含延长、限制）或可能变更民事关系，包括：①变更民事关系，如设定、变更或终止民事权利；②行为完成时未变更民事关系，但如不撤回该行为，将变更民事关系，如遗嘱、非即时生效的要约和承诺；③延长民事关系的期限，如债权人请求债务人履行债务，引起时效中断；④限制民事关系的期限，如限制行为能力人订立合同后，相对人向其法定代理人为催告行为，法定代理人在法定期限内未作表示，视为拒绝追认。[②]“民事效力”指对行为人追求与行为后果之间关系的评价。这一评价的前提是可明确判断行为人的追求。

FRAND 虽名为承诺，却不是法律意义上的承诺，因欠缺效果意思，无法判断行为人追求。在民法中，主体在相对关系中为自己设定债务被称为“套上法律的枷锁”，这样的枷锁必然是具体而现实的，能够确定给付标的、数量、价格与期日或期限。即相对人能够根据债务人的意思表示而明确知道其在何时何地可以为何种受领行为，则这样的意思表示才可能构成法律行为。“我将公平、合理、无歧视地授予许可”，不是无条件的许可。正如房屋出租人仅仅表示一句“我将合理地许可你使用我的房屋”，理智的承租人不会理解为当下即可搬进出租房，而是继续与出租人协商“合理”的经费与租期。同理，FRAND 承诺即便写在合同文本中，所谓的承诺人并未因自己的承诺而给自己套上任何法律枷锁。

---

① 李扬：《FRAND 承诺的法律性质及其法律效果》，载《知识产权》2018 年第 11 期。
② 李锡鹤：《民法原理论稿（第二版）》，法律出版社 2012 年版，第 737 页。

因此，FRAND承诺根本不是意思表示，非法律行为。FRAND承诺人既没有处分什么权利，也没有使自己负担什么义务。

（五）“默示许可”规则何以行不通？

专利法修订草案所引入的“默示许可”规则是缺乏法理依据的。根据民法的平等原则，除了法律，任何主体都不得为他人设定义务，否则意味着主体可将自己的意志强加于他人，违反平等原则。法律行为中的效果意思，只能是为他人设定权利的效果意思，不能是为他人设定义务的效果意思。“默示许可”本非民法概念，而是从美国法翻译过来的。就其实质而言，对应民法中的概念是“授权”，指许可人许可被许可人在特定情况下行使许可人的权利，许可人不因此丧失任何权利，可随时终止授权，被许可人不得对抗。

默示许可的效果意思，只能是专利权人为第三人设定了允许其使用自己专利的权利，而不是也不能包含付费义务，否则意味着专利权人可将自己的意志强加于第三人，违反民法的平等原则。因此，默示许可只能是免费为第三人设权，而不能是收费为第三人设权。所有的利他合同，包括信托、保险合同的受益第三人都是只取得权利，不负担义务的。不会出现受益第三人因其他俩人订立了合同而莫名其妙地多了份义务的。在民法中，天上可以掉馅饼，但不能掉义务。

因此，标准必要专利的问题根本不是利他合同的问题，根本不存在所谓的受益第三人，所谓的默示许可，用信托、保险合同关系去套标准必要专利问题，是公式运用错误，是用了牛顿方程去解相对论，当然得不出正确答案。标准必要专利的问题，根本上就是强制许可的问题，只能在强制许可的框架内解决。

三、标准必要专利侵权判定标准与强制许可制度构建

（一）欧盟与德国法院确立的谈判步骤分析法

以德国为代表的大陆法系国家普遍认为，FRAND承诺仅仅是一项“要约邀请”，而非要约。[①] 摩托罗拉诉微软有关ITU纠纷案中，德国曼海姆地区法院明

---

① Landgericht Mannheim [LG] [Regional Court], 2 O 240/11, at B. II (Ger.); Landgericht Mannheim [LG] [Regional Court], 2 O 387/11, at B. II (Ger.); LandgerichtDilsseldorf [LG] [Regional Court], Quoted in Thomas F. Cotter, “Comparative Law and Economics of Standard – Essential Patents and FRAND Royalties”, *Tex. Intell. Prop. L. J.*, Vol. 22, 2014, p. 318.

确指出，标准必要专利权利人作出的许可准备声明，不能被视为针对不特定的，甚至标准必要专利权利人不认识的多数第三人作出的、仅需要第三人接受即可的具有约束力的要约，而仅仅是请求寻求许可的各方寻求符合 FRAND 条款的要约邀请。[①] 在荷兰的飞利浦诉 Kassetten、三星诉苹果等案中，海牙法院的观点皆是 FRAND 承诺不构成标准必要专利权人与实施者之间的许可合同。[②] 因此，在追求形式逻辑的大陆法系，FRAND 承诺的效力不可能在理论上获得认可，但现实利益的冲突又促使立法者限制禁令的适用以平衡权利人与行业实施者之间的关系，如何缓和理论与实践的矛盾，大陆法系将目光投向了竞争法相关理念，橙皮书规则即是产物。

橙皮书规则是由德国最高法院在 2012 年的摩托罗拉诉微软案中针对被控侵权人能否行使强制许可抗辩（compulsory licence defence）而设定的标准。"如果潜在实施者向 FRAND 承诺下的标准必要专利权人作出了不可撤销的、无条件的和支付一揽子许可费的要约，以求与专利权人缔约，并向专利权人或第三方缴纳了上述费用，而专利权人拒绝许可或向法院申请禁令，则专利权人构成权利滥用。"[③] 强制许可抗辩，意味着法院不得适用禁制、禁售、销毁产品等排除禁令。其背后的法理逻辑是，专利权人基于绝对权之对抗不特定人之效力，因而享有拒绝许可他人使用的权利；当且仅当其构成权利滥用时，才可适用橙皮书规则。即从民法领域进入竞争法领域。

从坚持民法基本理论到引入竞争法观念的转变，在其他大陆法系国家也同样存在。在 2010 年荷兰的飞利浦诉 Kassetten 案中，海牙地区法院认为 FRAND 承诺不构成标准必要专利权人的许可，潜在实施者无法对抗专利权人的侵权指控，遑论对抗禁令的适用；橙皮书规则与荷兰专利法冲突，造成了法律的不确定性，实际上，法院并无照顾被告利益的必要，实施者应当寻求许可。[④] 但在 2012 年的三星诉苹果案中，海牙地区法院一反之前的态度，认为三星拒绝回应

---

① （2013）粤高法民三终字第 305 号判决书。

② Koninklijke Philips Electronics N. V. v. SK Kassetten GmbH & Co. District Court The Hague, The Netherlands, Joint Cases No. 316533/HA ZA 08 – 2522 and 316535/HA ZA 08 – 2524; Rb. 's – Gravenhage, 14 maart 2012, m. nt. 4. 2 – 4. 7 (Samsung Elecs. Co. /Apple Inc.) (Neth.)

③ Motorola v. Microsoft, Regional Court of Mannheim, Federal Republic of Germany, Case No. 2 O 240/11.

④ Koninklijke Philips Electronics N. V. v. SK Kassetten GmbH & Co. District Court The Hague, The Netherlands, Joint Cases No. 316533/HA ZA 08 – 2522 and 316535/HA ZA 08 – 2524.

苹果要求许可的请求，违反了谈判中的善意原则，因而构成权利滥用，故未授予其禁令。[①]

德国法院的橙皮书规则只是竞争法理念下概括的裁判思路指导，作为要件式的谈判步骤分析法的确立，则是在欧盟法院的裁定中。在华为诉中兴案中，杜塞尔多夫地区法院认为中兴侵犯了华为被纳入4G/LTE标准的专利，但鉴于欧盟委员会在三星诉苹果案中，对三星申请禁令发布了"反对声明"，该院决定向欧盟法院咨询究竟该采取怎样的救济措施。欧盟法院也被问及，究竟是欧盟委员会在"反对声明"中的观点还是德国法院橙皮书规则更符合欧盟法。2015年7月16日，欧盟法院对上述问题作出初步裁定，认为标准必要专利权人申请禁令有可能构成滥用市场优势地位，从而违反欧盟反垄断法。但是，如果做到如下三点，则专利权人提起的侵权诉讼与禁令的请求不构成滥用市场优势地位：(1)在诉讼前，专利权人必须通知被诉人侵权；(2)在被诉人明确表明了愿意接受FRAND条款后，专利权人必须提出书面要约；(3)被诉人仍继续使用标准必要专利且未认真答复该要约。

欧盟判决后，2015年11月3日，杜塞尔多夫地区法院对SISVEL诉海尔德国、海尔欧洲贸易公司的两起案件作出了判决，该院认为海尔侵犯了SISVEL的标准必要专利，其FRAND抗辩不符合华为诉中兴案中欧盟法院设定的条件，法院无需对其能否适用FRAND抗辩做决定，因为这只有在标准必要专利使SISVEL处于市场主导地位的情况下才会发生，据此授予SISVEL禁令，要求海尔停止侵权，并对过往侵权进行赔偿。该院总结了欧盟法院规定的申请禁令的要求：[②](1)专利权人必须通知被诉人侵权事宜；(2)如果被诉人愿意接受许可，专利权人必须根据FRAND条款提书面要约；(3)被诉人必须诚意回应，不能耽搁；(4)如果被诉人不接受该要约，则必须根据FRAND条款在合理时间内给予反要约；(5)如果专利权人不接受反要约，被诉人必须对过往使用支付费用。

---

① Samsung v. Apple District Court of The Hague, case numbers/docket numbers 400367/HA ZA 11 – 2212, 400376/HA ZA 11 – 2213 and 400385/HA ZA 11 – 2215. Quoted in Thomas F. Cotter, "Comparative Law and Economics of Standard – Essential Patents and FRAND Royalties", *Tex. Intell. Prop. L. J.*, Vol. 22, 2014, p. 319.

② SISVEL Vs. Haier, (4a O 93/14 and 4a O 144/14).

目前，德国法院认为欧盟的禁令标准同样适用于专利权人提出的销毁侵权产品的诉请，至于权利人是独占权利人，还是处于下游产品市场的企业则无关紧要。① 这意味着在德国，民法中的停止侵权、排除妨害、消除影响请求权能否适用，取决于专利权人是否构成滥用市场优势地位，而判断标准则具体化到谈判流程。

（二）谈判步骤分析法评析

单纯的专利拒绝许可，是行使专利权的正当行为。根据欧盟、德国法院的观点，只有当拒绝许可的行为同时构成垄断、权利滥用时，实施者才得适用强制许可抗辩。其为强制许可抗辩列举了适用要件，值得参考。德国最高法院橙皮书规则给出了三项要件：（1）实施者向专利权人作出了不可撤销的、无条件的和支付一揽子许可费的要约；（2）并向专利权人或第三方缴纳了上述费用；（3）而专利权人拒绝许可或向法院申请禁令，则专利权人构成权利滥用。

欧盟法院则从反面规定，专利权人可以行使禁令而不构成滥用市场优势地位的三项要件：（1）在诉讼前，专利权人必须通知实施者侵权；（2）在实施者明确表明了愿意接受 FRAND 许可后，专利权人必须提出书面要约；（3）实施者仍继续使用专利且未认真答复该要约，则专利权人得提起诉讼与申请禁令。

欧盟规则因不够具体故不利于规制反向劫持行为。其仅要求实施者认真答复专利权人的要约，何为“认真”在实践中很难界定，也未落实许可费的实际缴纳。所以杜塞尔多夫地区法院在 2015 年的 SISVEL 诉海尔两案中又增加了两项要件：（1）如果实施者不接受该要约，则必须根据 FRAND 条款在合理时间内给予反要约；（2）如果专利权人不接受反要约，实施者必须对过往使用支付费用。这补足了欧盟规则的不足，如果实施者不缴纳费用，将面临包括销毁产品在内的禁令威胁。然而，这仍增加了专利权人包括通知、诉讼在内的诸多负担。

上文指出，添附是标准的添附，而非专利的添附。一方面，专利权人在为专利许可行为时，不必然侵犯实施者的权利，仅当其过错限制竞争时，强制许可制度才须介入规制。橙皮书规则即对专利权人的过错规定。从逻辑上而言，

---

① See Marco Stief, Stefan G. Fuch, “Germany: Developments since Huawei Technologies v ZTE”, *Euromoney Institutional Investor PLC*, 27 January, 2017.

专利权人的过错是实施者申请强制许可的首要前提。然而，专利权人的过错主要表现在专利劫持，而专利劫持必须在具体的谈判流程中才能认定。橙皮书规则对此规定也不具体。

另一方面，制度设计应当以促进双方协商、避免买方垄断从而保障专利收益权的实现为宗旨。橙皮书规则与SISVEL诉海尔规则均落实了费用的预先缴纳，但橙皮书规则对费用高低仅限定在FRAND标准上，在实践操作中，往往以标准化组织的指导价格为基础，未必反映标准必要专利的真实价值。因而此后的摩托罗拉案规定要约价格即预缴数额应达到“明显过高”程度，实际上是将预交款作为一种“侵权担保”，保证专利的收益权能够充分实现。[①] 再者，FRAND承诺不具法律效力，不构成默示许可，而专利一旦授权即向社会公示，实施者理当知晓自己的实施行为侵犯专利，无需专利权人另行通知。欧盟规则不应以其作为实施者过错方面的要件。两种制度均有利弊，不可拿来主义地照搬入我国专利法。

（三）在强制许可制度框架内设计标准必要专利实施规则

1. 设计标准必要专利实施规则的宗旨

设计标准必要专利实施规则，应结合FRAND行业规则产生的背景，制定适合行业发展且能够平衡专利权人与实施者之间利益的规则。在标准必要专利产生之初，人们对于标准与专利之关系尚未厘清之时，经营者只知自己享有标准实施权，即可实施标准。一旦发生专利侵权，专利权人只能诉诸法院并由法院确定许可费率。然而，擅长处理法律关系的法官们，未必了解行情，有时难以制定合适的费率。专利权人与实施者，虽然对费率产生争议，但双方毕竟都是行业中人，比法官们要了解行情。对于费率的制定，没有比二者协商确定来得更为合理的办法。如Delrahim所言，“创新者和实施者之间利益对立的紧张状态应由自由市场来解决，通常以自由协商的许可费协议或交叉许可的方式来解决”。[②]

标准化组织制定FRAND承诺机制的原始动机，是促进双方协商解决费率问题。在此意义上，FRAND承诺是专利权人尝试所作的一次让步。但出乎意料的是，尝到甜头的实施者得寸进尺，一旦某一实施者在反向劫持中获利，行业其

---

① Motorola v. Microsoft, Regional Court of Mannheim, Federal Republic of Germany, Case No. 2 O 240/11.

② Makan Delrahim, “Take It to the Limit: Respecting Innovation Incentives in the Application of Antitrust Law”, available at https://www.justice.gov/opa/speech/file/1010746/download, visited on Feb. 8, 2018.

他实施者也会纷纷效仿。不仅如此，一些标准化组织也忘了初衷，对专利权人采取愈加苛刻的政策，IEEE 新政策以创新者同意限制其寻求禁令救济的权利来作为将其创新纳入标准的前提。欧美部分国家的司法实践，对于禁令也采取排斥态度。没有了禁令的制约，实施者可以肆无忌惮地实施标准必要专利而不缴纳或拖延缴纳许可费。FRAND 承诺实际上使专利权人的地位被动化，而标准化组织的价值指导、禁令排除等政策，也引发了买方垄断效应。① 美国已经认识到这一点，司法部反垄断局助理总检察长 Makan Delrahim 在 2017 年竞争政策会议上，不断强调反向劫持所将带来的严重问题。设计标准必要专利的实施规则，一方面必须避免造成买方垄断效应，因而必须严格规定其适用门槛；另一方面，也需促使双方谈判达成许可协议。

2. 沿用强制许可制度中的竞争法理念与申请审核程序

专利和标准之间的事实关系，不能以基础专利与改进专利来类比；但是，二者之间的法律关系可以后者来类比。专利权人实施专利，并不牵扯他人之权利，如同基础专利之实施不牵扯改进专利；但行业其他主体实施标准，必然牵扯专利权人之专利，如同改进专利之实施必然牵扯基础专利。或许，我们可以借鉴改进专利的实施规则，来构建标准的实施规则。实际上，在专利法已有的强制许可制度框架内作相应调整，即可解决标准的实施问题。

《专利法》第 48 条规定，国务院专利行政部门根据有关主体申请，可以授予申请人强制许可：一是超过法定时间而未实施者；二是专利权人行使专利权的行为被认定为垄断、对竞争有不利影响的行为。根据欧盟与德国法院的最新裁判思路，要在尊重绝对权及法理逻辑的前提下解决标准的实施问题，只有引入竞争法相关理念。而该条第二款正为该问题的解决留了条出路。我国《反垄断法》第 55 条规定："经营者依照有关知识产权的法律、行政法规规定行使知识产权的行为，不适用本法；但是，经营者滥用知识产权，排除、限制竞争的行为，适用本法。"那么，何为垄断行为？滥用专利权，排除、限制竞争又该如何界定呢？

"垄断"译自英文单词 monopoly，表示一种经济状态，不属行为范畴。其英

① See Roy. E. Hoffinger, "The 2015 DOJ IEEE Business Review Letter: The Triumph of Industrial Policy Preferences Over Law and Evidence", *CPI Antitrust Chronicle*, March 2015 (2), p. 7.

文含义有二：(1) 对特定商品的交易或特定服务的提供的完全控制。(2) 对对象的完全控制、占有或使用；一事物归属于一个人或一个团体且他人不能分享。[①] 政治经济学定义"垄断"为："少数资本主义大企业为了获取高额垄断利润，联合起来对生产和市场实行控制。"[②] 该定义所取应为"垄断"的第一种含义。"垄断"必然产生对市场的控制能力，但这只是"垄断"的引申义，不是"垄断"的本意。"垄断"的本意应为"一事物归属于一个人或一个团体且他人不能分享"。据此，可定义"垄断"为：主体（"团体"实为一种拟制主体）对一种资本完全控制之经济状态。专利权之客体是一种资本，为专利权人所完全控制。它就是一种垄断。

马克思曾将垄断分为封建垄断与现代垄断。前者以为限制竞争行为为必要条件；后者以自由竞争为必要条件。"垄断"指是一种经济状态，而法律是行为规范。除了行为，法律一概不规制，也无法规制。反垄断法其实是通过禁止实施限制竞争行为，来实现反对"封建垄断"之经济状态。如果专利属于现代垄断，则非反垄断法反对对象。"自由竞争引起生产集中，生产集中发展到一定程度必然走向垄断。谁都知道，现代的垄断就是由竞争产生的。"[③] 平等竞争下产生的现代垄断是对竞争本身的否定，但它不同于限制竞争的封建垄断，它是"正当的垄断"。[④] 反垄断法不是禁止垄断者的一切经济行为，也不可能反对现代垄断。反垄断法禁止的是垄断者限制公平竞争的经济行为。

垄断者拥有为限制竞争行为的能力，但是否运用此能力，则另当别论。拒绝许可要受反垄断法的规制，前提是其限制了竞争。标准必要专利是专利权人自愿纳入行业标准，使标准与专利发生必然的联系，拒绝许可在事实上将产生标准的禁用，而使经营者无法生产符合市场要求的产品，实际上控制了经营者进入市场的资格，构成排除竞争。除了拒绝许可外，有条件许可之附条件行为也可能限制竞争，包括高额许可、搭售、专利联营、反向许可等行为。其中，

---

① 参见《牛津高阶英汉双解词典（第6版）》，牛津大学出版社、商务印书馆2004年版，第1121页。

② 陈亚平主编：《马克思主义政治经济学原理》，华东理工大学出版社2004年版，第111页。

③ 《马克思恩格斯全集（第四卷）》，中共中央马克思恩格斯列宁斯大林著作编译局，人民出版社1995年版，第177页。

④ 《马克思恩格斯全集（第四卷）》，中共中央马克思恩格斯列宁斯大林著作编译局，人民出版社1995年版，第178页。

高额许可违反等价交易原则，搭售、专利联营、反向许可等违反自愿交易原则，虽未排除竞争，但限制了对方平等竞争的资格。

综合考量德国法院橙皮书规则、欧盟法院规则及反垄断法相关理论，建议我国《专利法》可在第七章“专利权的保护”下对标准必要专利侵权制度作特别规定：

（1）推荐性国家、行业或者地方标准明示所涉必要专利，被诉侵权人以实施该标准无需专利权人许可为由抗辩不侵犯该专利权的，人民法院一般不予支持；

（2）推荐性国家、行业或者地方标准未明示所涉必要专利，但被诉侵权人明知或应知该标准涉及他人专利的，被诉侵权人以实施该标准无需专利权人许可为由抗辩不侵犯该专利权的，人民法院一般不予支持；

（3）未获得强制许可或未取得标准必要专利权人许可而擅自实施标准必要专利的行为，构成专利侵权，侵权人应承担停止侵权、消除影响、销毁侵权产品、赔偿损失等民事责任。

同时，在该法第六章“专利实施的强制许可”的第48条下对标准必要专利强制许可制度作特别规定：

（1）标准必要专利权人无合理理由拒绝许可有关单位或个人实施专利的，或附不合理条件而导致无法达成专利实施许可合同，有关单位或个人在向国务院专利行政部门预先缴纳一年许可使用费后，可以向该部门申请强制许可；

（2）有关单位与个人向标准必要专利权人作出缔结专利实施许可合同的书面要约，标准必要专利权人未在合理期限（建议15日内）内回复的，或回复内容不符合法律规定的，视为无合理理由拒绝有关单位或个人实施专利；

（3）标准必要专利权人根据第二款所作的回复内容，应包括是否无条件接受有关单位或个人的要约，如果不接受则须在回复中提出反要约；

（4）有关单位或个人在收到反要约后，应在合理期限（建议15日内）内回复标准必要专利权人，回复内容必须包括是否无条件接受反要约，如果不接受则不得擅自实施标准必要专利，否则构成侵权；

（5）标准必要专利权人在第三款所涉反要约中或在与有关单位或个人协商许可事宜时，提出的许可费率明显过高的，或强制有关单位或个人购买其生产所不需的商品、服务或接受其他专利许可，或强制有关单位或个人提供专利反向许可等不合理要求，作为其许可的前置条件，视为附带不合理条件；

（6）强制许可及其申请中预缴的许可使用费的费率由国务院专利行政部门根据标准化组织递交的指导价格、申请人与标准必要专利权人在要约与反要约中提出的费率等因素综合确定。

上述立法建议对以披露义务作为分水岭的公式化侵权判定规则作了调整。从法理上而言，专利授权必然公示，本就是面向社会的披露。标准所涉必要专利，即便未予明示，也不应推论专利权人作出了默示许可。但由于专利权人未履行披露义务，而第三人因不知情而实施标准的，在主观过错认定上应有所区别，即专利权人必须在诉讼中证明第三人明知或应知该标准涉及他的专利，才能申请禁令。这就增加了专利权人的证明义务，也将促使他在标准制定时及时披露专利信息。

其次，该建议将双方协商作为实施者申请强制许可的前提，以书面要约与回复作为有关部门发布强制许可的审核依据。如果实施者在要约中提出的费率过低，则专利权人可以否定，并在反要约中提出合适的费率。一方面，反要约不会造成专利劫持，因为如果提出的费率过高，则实施者可予以拒绝，并据此申请强制许可，而强制许可的费率由国务院根据标准化组织递交的指导价格等认定，专利权人在费率制定上不再享有主动权。这就迫使其在反要约中提出合适的费率。另一方面，反要约也不会造成反向劫持，因为当提出的费率是合适的，即符合市场正常价位的，如果实施者不接受，则其在获得强制许可之前将无权实施专利，而申请强制许可在行政手续中必须投入的金钱与时间成本、预缴的许可费以及未知的结果，也将迫使实施者接受专利权人的合理条件。同时，预缴许可费也可作为强制许可不成立时的侵权担保，有利于保障标准必要专利的收益权。此外，对协商过程规定书面、期限等法定要件，不仅有利于行政审核及诉讼中的证据认定，同时将促使双方尽快达成许可协议，真正让市场决定标准必要专利的许可费率。

环境政策审计制度实施考量及完善路径*

——基于审计署2015—2017年审计结果公告的分析

胡耘通[**] 冯子轩[***]

目 次

一、问题的提出

环境政策作为公共政策的重要类型之一，服务于环境治理的国家目标，属于政府解决环境问题的主要手段。根据《环境科学大辞典》释义，环境政策是国家为保护环境所采取的一系列控制、管理、调解措施的总和。① 环境政策的制定、执行与政府公共权力的运行相伴相生；公共权力若没有相应的约束机制，极有可能会发生"治理中的寻租和权力异化"。环境政策审计则是审计机构依法对环境政策的制定、执行、实施效果进行监督、评价、控制、反馈的审计活动。②

---

* 基金项目：重庆市社会科学规划项目（2018PY95）；中国博士后资助项目（2018M643518）；重庆市教育科学"十三五"规划重点项目（2018GX007）。

** 法学博士，西南政法大学中国企业法治研究院教授，西南财经大学博士后研究人员。

*** 法学博士，西南政法大学副教授，中国社会科学院博士后研究人员。

① 参见环境科学大辞典编委会：《环境科学大辞典》，中国环境科学出版社2008年版，第62页。

② 参见金晶：《国家环境治理与环境政策审计：作用机理、现实困境与发展路径》，载《中国行政管理》2017年第5期。

从目标趋向分析，环境政策审计具有政策评估的特质，考察环境政策实施的效果及其影响，促进责任主体环保职责的履行；从价值趋向分析，环境政策审计以审计特有的程序和视角评价政策过程，用以改善制定主体的决策基础。环境政策审计作为环境政策的“纠偏工具”，是实现政府环境治理目标的重要保障。

作为环境治理的重要工具，环境政策审计一直受到世界各国和地区的持续关注，并陆续有指引文件发布，如美国1986年《环境保护署环境审计政策声明》、欧盟1993年《生态管理与审计计划》、最高审计机关国际组织环境审计工作委员会2001年《从环境视角进行审计活动的指南》等。环境政策审计正在发挥着重要职能——核实被审计单位遵守环境政策法规的情况、评估现有环境政策执行的有效性、分析现有环境政策存在（或潜在）的风险点并提出有效的改进建议。[①] 自20世纪90年代以来，我国逐步展开环境政策审计探索，以退耕还林试点资金审计、“三河三湖”水污染防治审计、中央企业节能减排专项审计等为代表的典型项目，在推动环境政策落实、规范环保资金使用方面发挥了积极作用。[②] 2015年以来，为契合国务院关于国家重大政策措施贯彻落实的部署，审计署承袭“自上而下”的线性路径，率先在全国层面展开环境政策审计，发布了一系列相关文件，在促进政策方针落实、发现体制机制缺陷等方面取得良好效果。但由于起步时间较短、缺乏理论支撑，我国目前环境政策审计还停留在萌芽阶段。[③] 因此，亟须总结实践经验、完善制度规范，为环境政策审计的深入展开奠定基础。

环境政策的启动、执行等程序均与政府权力相伴，权力成为环境政策运行的根本动力和实现目标的基本手段。环境政策的制定者与执行者掌握了绝对的权力和资源，但绝对的权力必然导致绝对的腐败。如果缺乏监督，尤其缺乏第三方独立的监督，政策极可能夹杂着制定者的自身私利，政策执行也极可能因权力寻租而异化。那么，政策最终便会沦为“少数人获取额外利益的窃喜，或者利益被剥夺者的愤怒与绝望”。[④] 国家审计因宪法、法律的授权成为专门的监督机构，介

---

① INTOSAI Working Group on Environmental Auditing, “Guidance on Conducting Audits of Activities with an Environmental Perspective”, 2001.

② 例如，2001年审计署提交了《关于退耕还林政策意见和建议的报告》，提出的6条意见和建议被国务院全部采纳，进一步完善了国家退耕还林政策。

③ 参见樊士德：《国家治理现代化视角下政策审计的功能定位与路径选择》，载《中国行政管理》2016年第12期。

④ 张润泽：《形式、事实和价值：公共政策评估标准的三个维度》，载《湖南社会科学》2010年第3期。

入环境治理的现代化体系中，进而防止权力被滥用或被异化为少数人谋利的工具，[1] 并确保权力的行使服务于社会公众的环境价值实现。具体来看，环境政策审计通过预防、揭露和抵御实现“免疫系统”功能：预防功能，设计评价环境政策制定、执行，提前发出预警，将可能的风险消弭在新一轮政策的启动环节；揭示功能，审计以问题为导向，揭露环境政策运行的违法违规、绩效实现及体制机制障碍等情况；抵御功能，立足建设性、坚持批判性，针对环境政策的评价结果，及时出具审计处理意见和建议，并及时跟踪反馈整改及督促问责落实。

二、环境政策审计实施的现状梳理

本文从相关制度规定以及审计署审计结果公告内容入手，梳理环境政策审计制度与实践。

（一）相关制度规定

我国建立了以《宪法》为基本依据，以《审计法》为核心，包括行政法规、地方法规、规章及规范性文件的多层次审计法律制度体系。《审计法》主要针对“财政收支或者财务收支”实施审计监督，环境政策审计并未直接纳入审计机关的职责范围，仅在第 26 条明确“除本法规定的审计事项外，审计机关对其他法律、行政法规规定应当由审计机关进行审计的事项，依照本法和有关法律、行政法规的规定进行审计监督”。可见，《审计法》将更大范围的审计职责授予了有关法律和行政法规。《审计法实施条例》属于行政法规，并未直接明确环境政策审计，只是在第 5 条、第 7 条规定了准用性规范依据——国务院规定、地方法规和政府规定，明确审计署及地方审计机关的职责。至此，环境政策审计经过行政法规的二次授权，获得了运行的法律依据。

目前，关于审计机关实施环境政策审计的规定主要在《审计署主要职责内设机构和人员编制规定》（国办发〔2008〕84 号）[2]、《国务院关于加强审计工

① 参见刘家义：《论国家治理与国家审计》，载《中国社会科学》2012 年第 6 期。

② 2018 年《国务院机构改革方案》调整了审计署的相关职责，但目前没有发布职能配置的规定。相比于 1998 年国务院机构调整所确定的职责来说，2008 年规定存在退步嫌疑。《国务院办公厅关于印发审计署职能配置内设机构和人员编制规定的通知》（国办发〔1998〕40 号）规定审计署主要职责包括“组织实施对贯彻执行国家财经方针政策和宏观调控措施情况的行业审计、专项审计和审计调查。”而 2008 年审计署的职责缩减为“组织实施对国家财经法律、法规、规章、政策和宏观调控措施执行情况……等与国家财政收支有关的特定事项进行专项审计调查。”

作的意见》(国发〔2014〕48号)、《国务院办公厅关于印发稳增长、促改革、调结构、惠民生政策措施落实情况跟踪审计工作方案的通知》(国办发明电〔2014〕16号)、《中共中央办公厅、国务院办公厅关于完善审计制度若干重大问题的框架意见》(中办发〔2015〕58号)等文件中体现。另外,审计署先后于2015年5月、2016年5月在《国家重大政策措施和宏观调控部署落实情况跟踪审计实施意见(试行)》、《关于适应新常态践行新理念更好地履行审计监督职责的意见》中提出“加强生态环境保护政策措施落实情况审计”“在各项审计中都要关注资源节约集约循环利用和环境保护政策落实情况”。与此呼应,2014年《环境保护法》修订后,国务院办公厅发布《关于加强环境监管执法的通知》,要求审计机关对地方各级主要领导干部执行环保法律法规和政策、落实环境保护目标责任制等情况进行审计。环境保护部于2015年颁布《关于开展政府环境审计试点工作的通知》,决定在甘肃省兰州市开展环境审计试点。其中,政府环境履责合规性审计包括政府落实国家和上级政府有关环境保护的法律法规、环境标准、环境规划和政策的基本情况等。

至此,全国层面关于环境政策审计的制度体系初步搭建,且由过去仅有审计机关单打独斗的局面,逐渐改变为与环境机关共同作用的格局。在地方层面,各地纷纷针对自身环境资源的现实情况制定规范文件,并展开审计实践探索。

(二)实践状态分析

国外实践表明,环境政策审计确实能够发挥环境治理的工具作用。以比利时布鲁塞尔市为例,其在实施环境政策审计的10年间,废物排放量减少20%、废物循环利用率达54%。[①] 自2015年6月以来,我国审计署开始将环境政策审计常态化,定期在政策跟踪审计结果公告中予以披露。2015—2017年期间,审计署共发布16份国家重大政策措施落实情况跟踪审计结果公告,15份公告归纳了环境政策审计内容(见表1,其中2016年第3季度没有涉及环境政策审计内容)。我国环境政策审计逐步趋于规范,呈现以下特点:

第一,从审计成效来看。2015—2017年,全国各级审计机关共审计各类项

---

① See European Commission, “Eco－management and Audit Scheme (EMAS) at the European Commission Briefing”, available at http://www.eubusiness.com/topics/environ/emas－guide/, visited on Sep. 24, 2009.

目约7万—8万个，累计抽查相关单位7万—10万个，基本保持在稳定状态。[①]但审计涉及金额方面不大相同。例如，2016年涉及989.23亿，2017年涉及4634.83亿元，增长近5倍。另外，三年分别对2138名、4113名、2514名相关责任人追责问责，2016年的追责人员数字几乎是2015年、2017年的2倍。审计署并未对这两个异常变化给予解释。近三年，审计发现环境政策的问题主要包括“污染治理项目延期、未完成”“未严格执行大气污染防治行动计划”“项目运行效果不佳”“未按要求建设、缺少环境评价、建设进展缓慢或建成后闲置”“环保专项资金……闲置未使用”等。

第二，从审计内容来看。环境政策审计多围绕废弃物处理与防治展开，其中水防治项目数量最多，其次是大气、土壤、重金属等。且多数以资金、项目审计形式评价环境政策落实情况。例如，审计发现吉林省四平市叶赫镇污水处理工程应于2015年或之前完工，但截至2017年年底项目仍未完工。严格讲，仅有五个公告专门涉及环境政策评价，即2015年9月、10月黄标车淘汰任务，2015年12月北京市公交车结构调整任务，2017年第二季度宁夏回族自治区执行大气污染防治行动计划，2017年第四季度山西省、黑龙江省、天津市等7个省完成国家大气、水污染防治方面目标任务。

第三，从公告形式来看。结果发布一般采用“公告+解读”形式，即在发布审计结果公告的同时，对审计结果进行解读。其一，公告名称趋于标准化，由2015年的《稳增长促改革调结构惠民生政策措施贯彻落实情况跟踪审计结果》，改为2016年、2017年的《国家重大政策措施贯彻落实情况跟踪审计结果》。其二，发布频率趋于稳定。由2015年按月发布（发布时间一般是审计之后的1—2个月），改为2016年、2017年按季度发布（发布时间一般是审计之后的2—3个月）。其三，发布内容趋于完善。在2015年只披露政策执行过程中具体问题的基础上，增加了好经验好做法、落实政策具体措施以及整改情况检查等典型案例，使公告的指导性作用更加突出。[②]

① 2015年仅发布5—12月的审计结果公告，各项数据也是统计7个月的，且各公告没有单独列出环境政策审计的相关数据。

② 参见张军等：《中美政策审计比较研究》，载《审计研究》2017年第5期。

表1　2015—2017年国家重大政策措施落实情况跟踪审计结果公告中关于环境政策审计内容（按照年份整理）

年份	涉及环保政策审计的内容	取得成效	主要发现问题
2015年5—12月稳增长促改革调结构惠民生政策措施贯彻落实情况跟踪审计结果	包括：广西壮族自治区钦州市大榄坪污水处理厂及管网一期工程项目进展缓慢；河南伊洛河治理项目因前期准备工作不充分至今未开工，中央财政资金2.2亿元闲置；山西省太原市餐厨废弃物资源化利用和无害化处理项目进展缓慢；部分地区淘汰黄标车工作推进不理想；北京市2015年公交车结构调整任务未完成；等等	全国各级审计机关共审计各类项目7.53万个，累计抽查相关单位7.66万个。其中，审计署直接审计项目9252个，抽查单位5420个，反映问题3446个，涉及问题金额4634.83亿元。相关地区和部门对2514名相关责任人进行了追责问责	“污染治理项目延期、未完成”“未严格执行大气污染防治行动计划”“项目运行效果不佳”“未按要求建设、缺少环境评价、建设进展缓慢或建成后闲置”“环保专项资金……闲置未使用”等
2016年第1—4季度国家重大政策措施贯彻落实情况跟踪审计结果	包括：94.28亿元专项资金未及时安排使用发挥效益；甘肃省靖远县城镇污水垃圾处理设施及污水管网工程项目专项资金结存525万元；福建省平潭综合实验区中央环保专项资金调整项目建设内容后，仍有829万元闲置未使用；等等	全国各级审计机关共审计各类项目7.65万个，累计抽查相关单位7.82万个。其中，审计署直接派出的审计组审计项目4491个，抽查单位3863个，反映问题2391个，涉及问题金额989.23亿元。审计机关对查出的问题及时通报，出具整改建议函150份。全年共对4113名相关责任人进行了追责问责	
2017年第1－4季度国家重大政策措施贯彻落实情况跟踪审计结果	包括：云南省、江西省6个水污染、土壤污染治理项目延期1年多未完工，涉及投资4.09亿元；环境保护部加强京津冀及周边地区大气污染防治情况督查；宁夏回族自治区部分地区未严格执行大气污染防治行动计划；山西省、黑龙江省、天津市等7个省（市）的部分地区未完成国家大气、水污染防治方面目标任务；等等	全国各级审计机关在跟踪审计中检查各类项目共计7.28万个，累计抽查相关单位10.58万个，其中审计署直接派出的审计组检查项目5510个，抽查单位5286个，查出问题3260个。各地对2138人进行了追责问责，其中有549人受到党内严重警告、行政撤职等党纪、政纪处分，有1157人被诫勉谈话、约谈，有195人被通报批评，有67人被停职检查或作出书面检查。上述人员中有90人涉嫌违纪违法，审计机关已依法移送纪检监察机关或司法机关处理	

三、环境政策审计实施的问题发掘

（一）规范依据缺乏

法律依据和评价标准乃实施政策环境审计的基础。一般来说，环境政策审计依据包含规范审计职责权限的法律法规和实施评价的具体准则。前文已述，目前开展环境政策审计的依据主要来自国务院及部委的规范性文件，而部委文件并不属于《审计法实施条例》的法定依据范畴。同时，以部委文件为审计依据也涉嫌扩张解释《审计法》，因《审计法》只规定依照法律、行政法规进行审计监督。从15份审计结果公告来看，仅有2015年5月、2015年6月《稳增长促改革调结构惠民生政策措施贯彻落实情况跟踪审计结果》明确“根据《中华人民共和国审计法》的规定”。此外，虽然我国制定了《环境保护法》《水污染防治法》《大气污染防治法》等环保法律法规及近400项相关环境标准，但并非专为环境政策审计而颁布，在相关政策法规中很少明确审计评价的依据。可以说，环境政策审计的评价标准供给存在较大的“滞后效应”，这无疑增加了审计实施的难度。[①] 现有文件主要针对审计工作的部署展开，制度设计层面并未规范和细化环境政策审计的职责、权限、依据、程序、方法等内容，因而，碎片化、简单化问题出现在审计过程中，审计机关往往依赖传统思维，进而影响环境政策审计的质量和效力。与传统财务、财政审计相比，环境政策审计能更直接地服务环境治理，更直接地奠定审计在环境治理中的基石。

事实上，选择合适项目是政策审计能否取得成效的基础。[②] 从15份审计结果公告来看，环境政策审计项目的选择并没有标准化：有些公告包含环境政策审计的内容，有些则没有（例如2016年第3季度）；有些年份环境政策审计项目实施较多，有些年份则很少。例如，2015年2个中央（次）、64个省份（次）涉及，2016年仅有8个省份（次）涉及。环境政策审计实施项目的数量差别巨大。究其原因，审计机关实施环境政策审计主要依赖“三去一降一补”

---

① 参见金晶：《国家环境治理与环境政策审计：作用机理、现实困境与发展路径》，载《中国行政管理》2017年第5期。

② 参见陈益新：《苏州市生态补偿政策执行跟踪审计的实践与启示》，载《江苏省政策执行情况跟踪审计研讨会论文集》，2012年。

的宏观导向，并在每年年初发布《国家重大政策措施落实情况跟踪审计工作指导意见》，没有相对固定的计划安排和项目标准。由于审计署印发的方案、意见等存在阶段性、应急性特点，稳定性和规范性不足，因而环境政策审计在实践过程中往往陷入无章可循的尴尬境地。

（二）评价模式落后

总结不同模式的审计特征发现，立法型审计模式中，审计主要关注政策评价的综合绩效；行政型审计模式中，审计更多关注资金、项目等方面的绩效评价。[①] 从15份审计结果公告来看，仅有5个公告涉及环境政策的专门审计评价，其他审计项目均以资金、项目为依托。即使专门针对环境政策的审计，也仅关注问题本身，并未给予评价结果。以2017年第四季度关于大气污染防治方面目标任务为例，公告指出："截至2017年底，黑龙江省仍有1573辆2005年年底前注册营运的黄标车未淘汰。"这并不能得出黑龙江省黄标车淘汰任务完成的绩效情况以及具体结果，监督的意义并不大。如果该省有15730辆黄标车，还剩1573辆，那么政策执行率就是90%；而如果该省3106辆黄标车，还剩1573辆，那么政策执行率只有50%。可见，现行环境政策审计并没有达到目的。可以说，在环境政策审计实践中，审计机关仍存在"遇到资金查违规、遇到项目查进度"的惯性思维，[②] 较少能够结合当地环境、经济、社会的实际发现问题。

由于现有环境政策审计主要采用事后方式——作为政策执行的"纠偏工具"，介入政策的整个运行体系中，实际上并未涉及政策启动、终结等关键环节。一方面，缺少审计的事前介入，毕竟从政策启动的源头发现问题，更能发挥预防功能，更利于政策的及时调整以及效果提升。另一方面，由于环境治理涉及面广，加之缺乏充分的环境信息来源，停留在对单个环境治污项目层面，未能系统地评价环境政策的实施绩效，也会导致追责问责的抵御功能难以落实。

（三）处理方式不当

根据15份审计结果公告内容，审计发现了环境政策执行中"污染治理项目延期、未完成"等诸多问题，取得了一定成效。但发现问题仅仅是手段，目的还在于促进整改。审计存在一定的滞后性，未能在较短时间内就政策推进与效

---

① 参见黄溶冰、陈耿：《节能减排项目的绩效审计》，载《会计研究》2013年第2期。

② 参见王慧：《政策措施落实情况跟踪审计理论与实务研究综述》，载《审计研究》2017年第2期。

果情况进行反馈。[①] 2016 年公布的审计机关出具的 150 份“整改建议函”，相比当年审计各类项目 7.65 万个项目来说，几乎可以忽略不计。审计公告披露“以往跟踪审计发现问题的整改情况”，一般是在下一审计阶段中公布之前的整改情况。例如在 2016 年第一季度审计公告中，2014 年平潭综合实验区整改，将闲置超过 2 年的专项资金调整用于新立项的“三十六脚湖水环境综合整治”项目，但截至 2016 年 3 月末，仍有 829 万元资金闲置未用。

此外，问责也是促进整改的重要手段，且直接影响审计成果的运用。在 15 份审计结果公告中，每年最后一次公告会披露当年追责问责的具体数量，2015—2017 年分别对 2138 名、4113 名、2514 名相关责任人追责问责。但由于环境政策审计中违法违规的责任主体不明确、问题本身相对抽象、涉及责任主体层级多以及隶属关系复杂等各项原因，[②] 并不清楚具体多少人在环境政策执行中受到追责问责，实践中确也难对此类事项问责。

（四）信息披露不佳

当前，环境政策审计信息的公开数量极少，通常仅能在整体的政策审计公告中查询简单内容（当然，也有少量专门环境政策审计公告），可以说结果公告是目前公众了解环境政策审计信息的唯一渠道。信息披露存在的问题是：第一，信息披露模糊。例如，2017 年第二季度披露“2 个省的 46 个项目违规建设或建成后未发挥效益”，其中“江苏省镇级污水处理厂项目运行效果不佳。该省 2016 年以前建成并投入运营的 45 家镇级污水处理厂，由于污水管网建设滞后、进水量不足等，2016 年运行负荷率不足 10%”。公告仅描述了“污水管网建设滞后、进水量不足”“运行负荷率不足”等客观事项，未能揭示诸如设计论证环节、审批环节等更深层原因，相对模糊的表述方式，[③] 引发信息披露不足、后续追责问责空白的弊端。第二，信息披露随意。2015—2017 年每年最后一期审计结果公告总结当年取得成效，其中只有 2015 年公布的追责问责情况中，细致划分受到党内严重警告、行政撤职等党纪、政纪处分，被诫勉谈话、

---

① 参见彭兰香、戴亮梁：《基于可持续发展的环保项目政策落实跟踪审计研究》，载《财会研究》2016 年第 8 期。

② 参见朱智鸿、赵明华、陈文红：《政策跟踪审计存在的问题及改进建议》，载《财会月刊》2016 年第 28 期。

③ 参见马志娟、梁思源：《基于公共政策过程的环境政策审计研究》，载《审计与经济研究》2017 年第 4 期。

约谈、被通报批评、被停职检查或作出书面检查以及涉嫌违纪违法被移送司法机关等不同情况，其他两年仅笼统公布了追责问责的人数。这与审计信息公开、促使相关人员追责的治理功效并不契合。

四、环境政策审计实施的完善对策

在全面建成小康社会、建设生态文明的背景下，环境政策审计应当积极实现从“查错防弊”向“评价鉴证”的角色转换，确保评价鉴证、信息披露与整改问责之间的有机衔接，克服环境治理中“政府失灵”或“市场失灵”短板。

（一）夯实法律基础

实现审计改革，制度基础先行。在总结现有环境政策审计实践基础上，构建环境政策审计的制度体系。除中办国办、国务院的政策文件外，审计署发布的《国家重大政策措施和宏观调控部署落实情况跟踪审计实施意见（试行）》《关于进一步加大审计力度促进稳增长等政策措施落实的意见》，为环境政策执行审计构建了初步框架。事实上，环境政策审计具有法理基础，也符合我国审计立法的精神和宗旨。[①] 但由于各种因素影响，环境政策审计依据并未上升到法律、行政法规层面。相较而言，国外以立法形式固化对政策审计要求的经验值得借鉴。例如，美国1993年颁布《政府绩效和结果法案》，明确公共政策的制定、执行和审计的法律依据。以法案为依据的政策审计，强调评价对法案的绩效，同时对现存问题和未来可能遇到的问题提供建议。

基于此，一方面，针对环境政策审计持续深入的改革状态，《审计法》及其实施条例应当明确法律地位。另一方面，由于环境政策审计属于交叉领域，尤其涉及环境保护问题较多，《环境保护法》《大气污染防治法》《水污染防治法》也应当明确开展环境政策审计的法制基础。另外，建议审计机关与环保、国土等相关部门联合制定标准，[②] 将审计与环境保护相互结合，并在《国家审计准则》中予以明确，至少包括审计目标、评价标准、执行方式、职责分工等具体规定。环境政策执行审计具有宏观性高、涉及面广、专业性强等执行难度，

---

① 参见江金满：《政策执行情况跟踪审计法理探析》，载《中国审计报》2013年4月10日。

② 参见姜一博、陈平泽：《美国欧盟环境政策执行审计发展及对我国的启示》，载《中国内部审计》2015年第2期。

制定可操作性强的规范体系，[①] 能够保证审计机关裁量统一、步调一致。在环境政策的审计项目选取方面，借鉴美国《确定绩效和问责的挑战和高风险领域》经验，[②] 结合国家重大环境政策的实施情况，将项目选取标准纳入《国家审计准则》“审计计划”规定中。唯有科学、规范地选择环境政策项目，突出重点，方能发挥审计的“免疫系统”功能。

（二）改进评价模式

环境政策审计是基于受托环境责任，对环境政策展开鉴证和评价的活动。Brewer 将政策过程划分为启动、预评、选择、执行、评估和终结等六个阶段。[③] 而政策评估的本质意义在于分配社会的基本资源，即资源的再分配以及决定由谁合理地得到什么。因此，环境政策运行的其他环节，都需要以评估为判断依据，尤其是启动、执行和终结等方面。[④] 以荷兰环境政策审计为例，审计院独立履行绩效评价的综合职能，既评价政策目标效果的实现程度，也评价政策制定、实施、协调的管理效率。[⑤]

环境政策的运行包含了从产生到终结的动态周期规律，审计可以从单纯的关注执行环节，拓展到评价环境政策的启动、终结等阶段，形成审计“事前—事中—事后”的全程监督系统：将审计向前追溯至政策启动的疏漏，向后延伸至政策终结的建议，将审计关注重心从资金使用、项目推进转向政策运行，将审计方法从审查核实转向政策分析。在环境政策运行的整个生命周期中，审计以独立地位，首先评价政策启动的合法性、正当性以及可行性等要求，并通过随后的政策执行和终结评价，将前瞻性意见和建议反馈给决策部门，作为下一轮政策修改、论证的重要参考，[⑥] 充分展现审计“免疫系统”的预防功能，进而形成环境政策“启动—执行—审计—改进”的良性循环。[⑦] 毕竟预防环境政

① 参见李晗、何利辉：《重大政策跟踪审计的实践及完善建议》，载《财政科学》2017 年第 5 期。

② 参见王瑶瑶、庞艳红：《美国 GAO 跟踪审计实践对我国政策跟踪审计的启示》，载《审计月刊》2016 年第 2 期。

③ See Brewer, “The Policy Sciences Emerge: To Nurture and Structure a Discipline”, *Policy Sciences*, Vol. 3 (1974), pp. 239 – 244.

④ 参见王姝：《国家审计如何更好地服务国家治理》，载《审计研究》2012 年第 6 期。

⑤ 参见贺桂珍等：《荷兰的政府环境审计及其对中国的启示》，载《审计研究》2006 年第 1 期。

⑥ 参见魏明、席小欢：《政策落实跟踪审计评价研究》，载《南京审计大学学报》2017 年第 6 期。

⑦ 参见付宏琳：《美国复苏与再投资政策执行情况跟踪审计及启示》，载《审计研究》2016 年第 6 期。

策的不当风险发生，比解决现实问题的效益更高、损害更小，这也恰好契合环境治理的发展理念。

（三）构建协同平台

环境政策运行涉及的主体层次多、范围广，覆盖政策启动、项目审批和资金拨付使用等诸多环节，无疑增加了环境政策审计的实施难度，因而创新组织形式和平台、提高审计效率和质量是非常必要的。第一，实施常设合作机制。由审计机关牵头，横向联合环保、国土、财政、发改委等其他政策主体和专业机构，[①] 凸显协同治理作用：利用其专业知识和技术优势，弥补审计机关在某些方面的不足，跳出单打独斗的困窘，站在第三方展开针对性、专业性的评价，并提供科学、有效的意见和建议；也便于审计机关在日常实践中揭示的问题情况，能够及时反馈到政策主体，尽快对环境政策实施整改或者展开问题，确保审计结果得到充分运用。第二，建立数据资料系统。在信息化时代，无论是审计资源的整合，还是审计技术的创新，大数据技术均能大幅提高审计能力、质量和效率，从而提升审计监督的深度和广度。以资金管理使用为切入点，结合环境政策自身特点，构建包含项目申报、环评审批、环保验收、污染排放、环境监察、行政处罚、税收征管等详细记录在内的数据应用系统等，[②] 能够有效避免环境政策审计中对象众多、资料分散的弊端。第三，打通参与渠道环节。引导社会公众参与到环境政策审计中，由过去审计实施的“自上而下”单向思路，逐渐转变为“自下而上”“上下结合”的双向互动。例如，在环境政策审计项目的选择方面，允许公众提出请求，吸纳意见，针对公众关注的热点、难点，结合审计具体情况来确定具体项目；在环境政策执行审计中，充分利用调查手段获取公众关于环境政策的第一手信息，实现定性意见与定量评价相互结合，更确保审计结果的科学性。

（四）强化信息披露

信息公开乃促使环境政策审计效用最大化的关键所在。最大限度披露审计结果信息，不仅能够提升审计意见、建议的影响力和权威性，而且可以向公众传递信息，提高公众的支持力度和环保意识，对环境政策审计的顺利展开大有

---

① 参见周泽将、陈骏：《国家善治导向下公共政策审计优化研究》，载《江海学刊》2017年第5期。

② 参见徐萍：《地方环保政策落实审计重点及模式探讨》，载《审计月刊》2016年第8期。

裨益。[①] 以美国为例，除非有法律或条例方面的明确限制，否则审计报告副本是可以向公众公布的——审计报告公开出版发行，同时公布在官方网站上，能够查询到近50年来所有的审计报告，试图通过公众的力量来促使政策主体高度重视评估结论。[②] 第一，扩大公告范围。由于《审计法》及其实施条例并未明确审计公告的具体内容，而2002年《审计署审计结果公告试行办法》也仅规定公告各种类型“审计结果”，并未进一步细化。审计署《“十三五”国家审计工作发展规划》虽然明确“完善审计机关政府信息公开工作规定和审计结果公告办法”，但依然进行过多限制——涉及国家秘密、商业秘密、个人隐私之外，还排除了“可能危及国家安全、公共安全、经济安全和社会稳定的信息”不能公开。可见，审计机关对于公布信息及范围具有较大裁量权。今后不仅需对于判定影响安全、稳定的规则进一步明确，尽力披露环境政策审计诸如实施依据、项目选择、评价标准、评价方法、结果等具体信息，而且应逐步过渡到公布全部的审计报告，让公众和相关部门掌握更完整的资料。第二，提升披露质量。在扩大审计结果公告内容的基础上，逐步完善评价标准，增加绩效结果方面的信息。例如，公布政策执行的评价结论——优秀、良好、中等、差，或者具体分数级别等；发掘深层次原因——政策目标过高、怠于履行职责、论证设计不充分等；提供政策调整方案以及具体建议，为决策主体实施整改指明方向。

---

① 参见刘桂春、马宁宁：《京津冀一体化下的区域环境政策审计问题研究》，载《商业会计》2016年第17期。

② 参见王士红、孔繁斌：《美国气候公共政策审计的范式演变及其启示》，载《江海学刊》2015年第6期。

立法评议

Economic Law Review

滴滴系列集中案反垄断申报的适用困境

滴滴系列集中案反垄断申报的适用困境

——兼论《国务院关于经营者集中申报标准规定》第4条的修订

金枫梁*

目 次

一、问题的说明

经营者集中申报标准是经营者集中控制的启动程序与核心制度之一，也是《反垄断法》立法过程中争论最激烈的议题。①《反垄断法》第21条授权国务院通过行政法规《国务院关于经营者集中申报标准的规定》，该规定第3、4条规定了营业额标准与实质标准。2018年9月7日，《十三届全国人大常委会立法规划》将《反垄断法》修订列为需要抓紧工作、条件成熟时提请审议的47件

* 上海大学法学院讲师，硕士生导师，德国柏林自由大学法学博士，上海交通大学竞争法律与政策研究中心研究员。

① 参见方小敏：《经营者集中申报标准研究》，载《法商研究》2008年第3期；商务部条法司编，尚明主编：《〈中华人民共和国反垄断法〉理解与适用》，法律出版社2007年版，第187页。

法律草案之一。2018年11月16日，国家市场监督管理总局副局长、国务院反垄断委员会秘书长甘霖在国务院新闻办公室发布会上透露，《反垄断法》将迎来大修，修订草案已经形成。[①] 从国务院在2018年9月18日修正的《国务院关于经营者集中申报标准的规定》仅仅根据机构改革将“国务院商务主管部门”修改为“国务院反垄断执法机构”来看，立法者似乎对经营者集中申报标准的设计颇为满意。

然而，近年来以奉行免费商业模式为代表的数据经济与尚待投入市场的新药研发行业内的经营者集中频发，这些行业与建立在工业实体经济基础上的营业额标准不同的是，均未有显著的营业额：要么在很长时间内尚未有显著的营业额，要么根本尚未投入市场但具有极大的市场势力（例如新药研发成功但尚未投入市场）。最典型的是滴滴系列合并案件。滴滴分别在2014年与2016年收购了快的与优步中国，迅速占据了网约车市场90%的份额，一跃成为中国最大的网约车平台企业。这两起合并案件受到同业竞争者举报以及商务部关注。商务部发言人在2016年8月2日新闻发布会上首次指出两起案件均未进行申报[②]后，又分别在2016年8月17日、9月2日和2017年7月27日的例行新闻发布会上提及滴滴合并案件的申报，[③] 同时公开表示正继续调查滴滴合并案。然而滴滴一直以营业额未达到申报标准为由拒绝申报，[④] 该案一度陷入沉寂。2018年连续出现两起滴滴顺风车司机杀害女乘客案后，滴滴案又重新成为热点话题。2018年11月16日，新组建的国家市场监管总局披露，正在依据《反垄断法》及有关规定对滴滴与优步中国合并案进行调查。2018年11月28日，交通运输部会同国家市场监管总局等多个部门召开网约车顺风车安全专项检查工作新闻通气会指出：“对滴滴公司存在涉嫌利用市场优势地位获得不正当利益等行为，依据《反垄断法》等法律法规，由市场监管部门牵头，组织约谈，提出提醒告诫……”但该案的审查结果至今尚未得见。

---

① 参见许雯：《〈反垄断法〉将大修 市场监管总局：修订草案完成》，载新浪网 http：//news. sina. com. cn/c/2018－11－16/doc－ihnvukff7327207. shtml，2019年7月4日访问。

② 参见《商务部召开例行新闻发布会（2016年8月2日）》，载商务部网站 http：//www. mofcom. gov. cn/article/ae/slfw/201608/20160801370615. shtml，2019年7月4日访问。

③ 参见《商务部召开例行新闻发布会（2016年8月17日）》，载商务部网站 http：//www. mofcom. gov. cn/article/ae/ah/diaocd/201608/20160801381292. shtml，2017年12月25日访问。

④ 参见丁飞、杜希萌、赵璇：《滴滴回应商务部“合并交易须申报”：未达到申报标准》，载中国网 http：//news. china. com/domestic/945/20160803/23204472. html，2017年12月25日访问。

在现行反垄断申报框架下，滴滴案件至少留给《反垄断法》学界三个法教义学追问：首先，滴滴合并案当事人均不是境内上市公司而无法透过财务报告查明营业额，但在公众感性认识中，当事人均是体量巨大的平台企业，应当如同传统企业一样具有较高的营业额。因而滴滴宣称未实现盈利从而没有达到《国务院关于经营者集中申报标准的规定》第3条规定的营业额标准，是否是值得质疑的借口？其次，如果滴滴合并案当事人营业额确实尚未达到标准，第4条“该经营者集中具有或者可能具有排除、限制竞争效果的”是否可以应对？如果可通过第4条解决，是否要追究行政机关不作为责任？再次，如果上述条款都无法应对，是否存在需要填补的立法漏洞？

二、《国务院关于经营者集中申报标准的规定》第3条的适用

（一）营业额申报标准的前提：大体量营业额的存在

营业额标准至少具有三个优势。首先，营业额反映了经营者产品或服务在市场上的认可程度，因而体量大小直接反映经营者集中后可能具有的市场势力。其次，参与集中的经营者对营业额大小掌握最为清楚，为其判断是否要履行申报义务提供了足够的稳定性。最后，达到申报标准的经营者通常具有庞大的体量，其营业额通常能通过公开的财务报表、第三方统计查询，因而对公众以及监管机关而言，具有透明性与获得便利性。因此，营业额标准一直为OECD所重点推荐，[①] 也一直是各国与地区普遍接受的经营者集中申报标准。例如，《欧盟经营者集中条例》第1条第2款规定“1. 所有参与集中的经营者全球年度营业额之和超过50亿欧元；2. 参与集中的经营者中至少有两家经营者在欧盟范围内的年度营业额的总和超过2.5亿欧元，除非其中任意一家经营者欧盟范围内的年度营业额的三分之二以上都是在同一个成员国中产生。”第3款规定不满足第2款条件时依然适用的条件，即“1. 所有参与集中的经营者，全球年度营业额之和超过25亿欧元；2. 所有参与集中的经营者，在至少三个欧盟成员国中每个国家的年度营业额之和超过1亿欧元；3. 所有参与集中的经营者中，至

① See ICN, “Recommended Practices For Merger Notification Procedures”, available at http://www.internationalcompetitionnetwork.org/uploads/library/doc588.pdf, visited on Dec. 25, 2017.

少有两家经营者在上述至少三个欧盟成员国的每个国家中，每家经营者的年度营业额均超过2500万欧元；4. 所有参与集中的经营者中，至少有两家经营者中的每一家在欧盟范围内的年度营业额均超过1亿欧元。除非参与集中的经营者中，每一家经营者在欧盟范围内年度营业额的三分之二以上都是在同一个成员国中实现的。”2017年第9次修改前，德国《反限制竞争法》第35条第1款也同样规定了营业额标准：“1. 参与集中的经营者上一年度全球范围内的营业额超过5亿；2. 至少一个经营者在德国境界营业额超过2500万欧元，另一个超过营业额500万欧元。”

反垄断法立法过程中，一度存在以营业额标准、资产与交易规模为申报标准。随着中国与欧盟竞争政策对话的深入，①《国务院关于经营者集中申报标准的规定》第3条采用的是欧盟与德国通行的营业额申报标准。

（二）数据经济营业额的不显著性

典型数据经济平台商业模式中，平台两端连接着供需双方，至少存在两种最基本的营业额：平台经营者向单边或者双边用户提供服务收取的营业额；平台双边用户之间交易产生的营业额。平台顺利运行的前提是在交易平台两边拥有足够的用户数量，以此产生网络效应，因而初创平台企业如何吸引使用者成为关键。平台经营者通常使用两种方式吸引客户在平台上登记与使用。第一，与供需双方通过免费注册建立使用关系。②用户无需支付金额，只要用姓名、手机号码等个人信息在平台上登记；不登记个人信息通常无法使用平台。更精确地说，用户的个人信息成为用户与平台之间的支付手段。第二，对平台使用者进行单边或者双边价格补贴。2014年，优步中国对司机采取每单补贴60元的奖励政策，进出机场的补贴更是高达200元；使用平台的乘客将会随机收到如“乘客车费立减10元”“乘客返现12元至20元”的优惠红包。

在这种奖励机制培育下，双边用户对价格与服务质量具有高度的敏感性，如果平台企业初始时期就向双边收取过高平台服务费用，或者过早投放广告，都会影响用户体验度，用户就会选择不注册、转向其他平台或者退出。因而，即便在用户数量达到一定规模后，平台经营者也需要维持免费或者合适价格与

---

① 参见 http://ec.europa.eu/competition/international/bilateral/china.html, visited on Dec. 24, 2017.

② 参见周万里：《〈德国反限制竞争法〉的第九次修订》，载《德国研究》2018年第4期。

服务质量，防止双边客户的流失。这种以免费补贴换取客户数量的模式，决定了平台在运营的很长时期内并不可能有体量巨大的营业额。滴滴、快的与优步中国均不是上市公司，因而无法公开获取营业额数据，但有媒体爆料2014年滴滴、快的两家公司合计收入只有2500万美元左右，[①] 约1.6亿人民币，远未达到国内市场20亿人民币的申报标准。事实上，在过低的营业额与过高的运营与补贴成本的压力下，网约车企业一直处于亏损状态：2015年，优步中国亏损10亿美元（约合67亿人民币），滴滴则亏损至少100亿人民币。[②] 这些亏损显然无法从营业额中得到弥补，不得不依赖第三方融资。截至2017年4月28日，滴滴合并前后的融资金额已经达到150亿美元。

平台企业两端的客户数量巨大，如果计算平台两边用户的营业额就很容易达到申报所要求的营业额标准。平台经营者之间的集中也意味着各自平台企业两端用户也同样被整合在新平台下，由此产生的问题是供需双方的营业额是否一并归入平台企业？滴滴与快的合并案件中，根据快的2014年3月在其官网披露的信息，该公司司机账户流水达47.3亿元人民币，如以此基数计算，快的仅一年的营业额达到567.6亿元，远超规定的反垄断申报标准；这也是易到用车2014年向商务部正式举报滴滴、快的的理由。然而，根据《经营者集中申报办法》第5、6、7条规定，判断平台双方的营业额是否算入平台经营者营业额的关键是平台双方与平台企业之间是否具有控制权关系。不可否认，平台企业为供求双方提供了更多、更便捷的交易机会，甚至不排除平台双方对平台存在某种程度的依赖性。然而，一旦平台经营者收费或者降低服务质量，平台客户很容易选择停止使用或转向其他平台；因而，双边用户都独立于平台经营者，平台经营者对双边用户缺乏控制权意义上的控制力。因而，平台用户的营业额与平台企业本身的营业额必须予以区分。易到用车将滴滴、快的司机用户的营业额计入两者的营业额显然是错误的。

（三）结论

综上，平台运营者为吸引更多平台使用者，通常会采用免费与补贴模式，

---

① 参见虫二：《滴滴快的合体：一些误解和未明的真相》，载虎嗅网 https：//www.huxiu.com/article/109041/1.html，2017年12月25日访问。

② 参见相欣：《滴滴和优步中国合并后：补贴减少但不会取消》，载腾讯科技 http：//tech.qq.com/a/20160811/005238.htm，2017年12月23日访问。

这决定了平台经营者在很长时间内并不会有巨大的营业额；只有当平台使用者数量接近某个临界点时，才有可能达到申报标准所要求的数额。因而，滴滴合并案件当事人的年度营业额没有达到申报标准的理由是可信的，单纯的营业额申报标准已无法应对数字经济的挑战，必须寻求《国务院关于经营者集中申报标准的规定》第4条解决问题。滴滴营业额尚未达到第3条所规定的申报标准，也可从域外数字经济领域的案件得到验证。最著名的案件是Facebook/WhatsApp案，被收购的WhatsApp在2014年10月29日在欧盟境内的营业额仅为770万欧元，远未达到《欧盟经营者集中条例》第1条所规定的2.5亿欧元营业额的申报标准；欧盟仅是因为第4条规定，即3个成员国同时对该交易具有管辖权而获得管辖。[①] 2015年Microsoft/6Wunderkinder[②]案可以更清晰地说明该问题：被收购的6Wunderkinder公司是位于德国柏林运营不到5年的公司，在德国境内营业额远未达到当时《德国反限制竞争法》第35条规定的500万欧元申报标准，因而免于向德国联邦卡特尔局申报。

三、《国务院关于经营者集中申报标准的规定》第4条的适用

（一）市场份额标准作为申报标准

《国务院关于经营者集中申报标准的规定》第4条实际上赋予国务院反垄断执法机关在对营业额未达标准，但具有或者可能具有排除限制竞争效果的集中行为进行管辖的权力。根据《经营者集中申报办法》第8条规定，正式申报前参与集中的经营者可就集中申报的相关问题以书面方式向商务部申请商谈，这意味着集中方在营业额未达标时需要自行判断是否需要自愿申报；[③] 如果不主动申报将会受到调查的风险。国务院以及国家市场监管总局都没有出台细则规定何种事实与证据可以表明经营者集中具有或者可能具有排除、限制竞争的效果。

---

① European Commission, Case M. 7217 - Facebook/ WhatsApp, paragraph 10.

② Varinia Bernau, Microsoft kauft Berliner Start - up für mehr als 100 Millionen Dollar, available at http://www.sueddeutsche.de/digital/wunderkinder - microsoft - kauft - berliner - start - up - fuer - mehr - als - millionen - dollar - 1.2503612, visited on Jul. 5, 2019.

③ See H. Stephen Harris, ect., *Anti - Monopoly Law and Practice in China*, Oxford University Press, 2011, p. 142; Owen D. Nee, *Competition Law in China*, West Group, 2010, p. 342.

从历史解释与体系解释而言，市场份额与市场集中度是最重要的事实与证据。首先，在《国务院关于经营者集中申报标准的规定》新闻发布会上，国务院法制办负责人指出："由于经济生活非常复杂，在有些情况下，经营者集中虽然没有达到规定的申报标准，但仍有可能产生排除、限制竞争的效果。比如，有的行业经营者的营业额普遍较低，达不到申报标准，但参与集中的经营者的市场份额却相对较大，其集中行为就很有可能排除、限制竞争。对这类经营者集中，也需要有相应的控制措施。"① 显然，国务院认为将市场份额作为未达到营业额标准时的补充性标准。

其次，该条所列的"经营者集中具有或者可能具有排除、限制竞争效果"是《反垄断法》第28条第1款的实质审查标准；而第27条第（1）、（2）项又规定"参与集中的经营者在相关市场的市场份额"以及"相关市场的市场集中度"是审查集中是否具有排除、限制竞争效果的重要指标。《关于评估经营者集中竞争影响的暂行规定》第5条第1款也认为："市场份额是分析相关市场结构、经营者及其竞争者在相关市场中地位的重要因素。市场份额直接反映了相关市场结构、经营者及其竞争者在相关市场中的地位。"第6条则指出："市场集中度是对相关市场的结构所作的一种描述，体现相关市场内经营者的集中程度……市场集中度是评估经营者集中竞争影响时应考虑的重要因素之一。通常情况下，相关市场的市场集中度越高，集中后市场集中度的增量越大，集中产生排除、限制竞争效果的可能性越大。"这说明市场份额也是界定市场集中度标准的前提，只有在界定市场份额的基础上才能进一步分析市场集中度标准。

（二）确定市场份额的挑战

市场份额的计算必须以界定相关市场为基础，将能约束涉案企业价格及其他策略的各种潜在竞争者都纳入考虑范围。《国务院反垄断委员会关于相关市场界定的指南》提出了替代性分析与SNNIP方法，但这两种方法都无法明确地界定相关市场。

首先，就替代性分析而言，传统的单边市场中只存在供求双方的关系，受

---

① 《国务院法制办负责人就〈国务院关于经营者集中申报标准的规定〉答记者问》，载中国政府网 http：//www.gov.cn/zwhd/2008－08/04/content_1063736.htm，2019年7月5日访问。

竞争制约是单向度的。然而，数据经济是典型的双边甚至多边平台经济，[①] 使用替代性分析方法必然会导致相关市场界定的单边化。[②] 这在几起有争议的法院判决中有着明显的体现。在人人诉百度案件[③]中，搜索引擎两边同时面对免费用户与付费广告商两个客户群：就免费用户角度而言，相关产品市场界定为搜索引擎；就付费广告商而言，百度搜索引擎与其他搜索引擎与门户网站都是一种提供商业广告服务的广告媒介搜索引擎平台，因而至少可以界定为互联网广告市场。[④] 然而，一审与二审法院均将之界定为搜索引擎市场，忽略互联网广告市场，遭到学界一致的质疑。[⑤] 同样地，在奇虎诉腾讯案中，一审法院没有从即时通信双边市场的角度界定相关市场，没有考虑到运营商与广告商形成的互联网即时通信广告市场，而是只停留在运营商与用户形成的互联网即时通信服务市场。

其次，数据经济运行平台的免费性质与网络交叉外部性也决定了 SNNIP 方法不能直接适用。[⑥] SSNIP 不能适用于单边市场下不同价位需求方群体之间，因其相互间不存在交互影响；然而平台企业双边的群体具有互相依赖、互相补充性，某种产品或服务的价值不仅取决于交易平台一边的用户规模和数量，更取决于交易平台另一边用户的规模和数量，某种平台厂商一边用户数量的增加会带来另一边用户效用的提高，[⑦] 也就是交叉网络外部性。当平台企业在司机提高价格时，平台在司机侧的利润提高的同时司机使用平台率也下降；但由于存

---

① See OECD, "Two - Sided Markets", available at http: //www. oecd. org/daf/competition/44445730. pdf, p. 11; Schmalensee & Evans, "Industrial organization of markets with two - sided platforms", *Competition policy international*, Vol. 3, No. 1, 2007, pp. 151 - 179.

② 参见蒋岩波:《互联网产业中相关市场界定的司法困境与出路: 基于双边市场条件》, 载《法学家》2012 年第 6 期。

③ 北京市第一中级人民法院（2009）一中民初字第 845 号；北京市高级人民法院（2010）高民终字第 489 号。

④ 参见黄岩:《双边市场条件下相关市场的界定——以双边市场分类为视角》, 载《经济法论丛》2013 年下卷。

⑤ 参见侯利阳、李剑:《免费模式下的互联网产业相关产品市场界定》, 载《现代法学》2014 年第 6 期；蒋岩波:《互联网产业中相关市场界定的司法困境与出路: 基于双边市场条件》, 载《法学家》2012 年第 6 期；李剑:《双边市场下的反垄断法相关市场界定: "百度案" 中的法与经济学》, 载《法商研究》2010 年第 5 期；张世明:《定谳私议: 奇虎诉腾讯滥用支配地位案中相关市场的认定方法》, 载《经济法学评论》2015 年第 2 期。

⑥ OECD, "Policy Roundtables: Two - Sided Markets", DAF/COMP (2009) 20, p. 1.

⑦ See Mark Armstrong, "Competition in Two - sided Markets", *The RAND Journal of Economics*, Vol. 3, 2006, p. 57.

在平台企业的交叉网络外部性，这种下降会带来乘客使用数的降低，这又进一步促使司机侧减少使用平台的数量，就抵消了平台提高价格所获的收益。① 因而，直接将 SNNIP 方法适用于双边市场将会使得无利可图的提价低估提价所带来的损失，从而本无利可图的提价误判成有利可图，得出错误的相关市场结论。

"奇虎诉腾讯案"判决中，最高院反驳了一审法院实施的 SNNIP 方法，并认为"互联网服务提供商在互联网领域的竞争中更加注重质量、服务、创新等方面的竞争而不是价格竞争。在免费的互联网基础即时通信服务已经长期存在并成为通行商业模式的情况下，用户具有极高的价格敏感度，改变免费策略转而收取哪怕是较小数额的费用都可能导致用户的大量流失。同时，将价格由免费转变为收费也意味着商品特性和经营模式的重大变化，即由免费商品转变为收费商品，由间接盈利模式转变为直接盈利模式。在这种情况下，如果采取基于相对价格上涨的假定垄断者测试，很可能将不具有替代关系的商品纳入相关市场中，导致相关市场界定过宽。因此，基于相对价格上涨的假定垄断者测试并不完全适宜在本案中适用。"②

（三）不界定相关市场的市场份额？

在平台经济形态中界定相关市场异常困难的背景下，计算市场份额无需界定相关市场的观点开始在学界与实务界出现。最高人民法院在第十六批指导性案例 78 号明确指出："在反垄断案件的审理中，界定相关市场通常是重要的分析步骤。但是，能否明确界定相关市场取决于案件具体情况。在滥用市场支配地位的案件中，界定相关市场是评估经营者的市场力量及被诉垄断行为对竞争影响的工具，其本身并非目的。如果通过排除或者妨碍竞争的直接证据，能够对经营者的市场地位及被诉垄断行为的市场影响进行评估，则不需要在每一个滥用市场支配地位的案件中，都明确而清楚地界定相关市场。"学界也有赞同绕过相关市场界定的观点，并进一步指出只要通过企业尽职调查、第三方机构提供的信息与执法机构调查获取数据表明集中完成后的市场份额基本符合《反垄断法》第 19 条规定的市

---

① See FilistrucchiL.，GeradinD.，DammeE.，AffeldtP.，"Market Definition in Two－Sided Markets：Theory and Practice"，TILEC Discussion Paper，2013；林平、刘丰波：《双边市场中相关市场界定研究最新进展与判例评析》，载《财经问题研究》2014 年第 6 期。

② 北京奇虎科技有限公司诉腾讯科技（深圳）有限公司、深圳市腾讯计算机系统有限公司滥用市场支配地位纠纷案（最高院指导案例 78 号）。

场支配地位推定标准的，经营者就应主动或应执法机构要求履行申报义务。①

然而，在现行《反垄断法》框架下，界定相关市场是计算市场份额的前提。首先，《反垄断法》第12条第2款明确将相关市场界定作为一个正式的法律概念，且立法者将之安置在总则部分，这意味着所有垄断行为均需要界定相关市场。其次，《反垄断法》第27条“参与集中的经营者在相关市场的市场份额”的表述更是将相关市场的界定作为判定市场份额的前提。因而《国务院反垄断委员会关于相关市场界定的指南》第2条指出，相关市场界定通常是对竞争行为分析的起点，是反垄断执法工作的重要步骤。放弃相关市场界定的前提下去界定相关市场份额显然与《反垄断法》条文抵触，甚至有可能导致《反垄断法》的滥用。②

（四）结论

综上，尽管立法者对第4条市场份额实质标准寄予填补营业额标准缺陷的厚望，但无法应对数据经济的挑战。经营者自行评估不需要申报、反垄断执法机关认为需要申报时将面临处罚的风险，③ 这给经营者集中带来极大的负担。因而，反垄断执法机关在滴滴合并案中采取的谦抑态度可能有较为审慎的考量。更进一步，我国经营者集中采取的是申报与实质审查二元结合的预防性控制制度。申报标准的功能在于遴选出可能影响竞争的集中进入实质审查阶段。而市场份额标准则是判定集中可能会产生排除或限制竞争效果的重要标准，本质上属于实质审查的核心要素，更适合拥有广泛执法权力的主管机关在实质审查阶段考察，④ 如果在初始阶段就将之作为申报标准将直接瓦解申报标准与实质审查标准的区分，⑤ 这在各国反垄断法中也极为少见。

---

① 参见徐瑞阳：《经营者集中申报标准实施机制的完善》，载《法学家》2016年第6期。

② 参见蒋岩波：《互联网产业中相关市场界定的司法困境与出路》，载《法学家》2012年第6期。

③ 参见刘和平：《欧盟并购控制法律制度研究》，北京大学出版社2006年版，第308页。

④ 《经营者集中审查办法》第6条赋予商务部在审查过程中有权征求相关政府部门、行业协会和相关经营者的意见的权力。参见仲春：《创新与反垄断：互联网企业滥用行为之法律规制研究》，法律出版社2016年版，第91页。

⑤ 参见商务部条法司编，尚明主编：《〈中华人民共和国反垄断法〉理解与适用》，法律出版社2007年版，第190页。在其官方主页上该书被评价为“对于理解、探讨反垄断法的基本问题和解决将来法律适用的难题具有指导意义”。http：//fldj. mofcom. gov. cn/article/f/200811/20081105917480. shtml，2017年12月11日访问。又见吴振国、刘新宇：《企业并购反垄断审查制度之理论与实践》，法律出版社2012年版，第311页。

四、交易规模作为新的申报标准

（一）交易规模对数据经济市场势力的识别能力

交易规模是否适合作为申报标准，必须结合数据经济的商业模式考量。在奇虎诉腾讯案判决中，广东高院清楚地阐述了平台经济的商业模式："以免费的服务吸引大量用户，再利用巨大的用户资源经营增值业务和广告以实现盈利，然后以增值业务和广告的盈利支撑免费服务的生存和发展，已经成为互联网行业目前典型的经营模式。"① Microsoft 收购 6Wunderkinder 前，6Wunderkinder 旗下的产品 Wunderlist 只有极其微小的营业额，但却在全球有 1300 万用户，每天使用该软件的企业超过 50000 家。② 这说明了用户数量对于数据经济平台的重要性：足够多客户数量是数据经济平台最重要的"原材料"与竞争因素。平台经营者的营业额很低、未达到申报标准，但其用户数量达到一定规模时，未来的营业额可以迅速增长，甚至超过申报标准。然而，单纯以用户规模作为申报标准存在难题：究竟达到多大的用户规模才可以作为申报标准？换言之，何种标准可以反映出用户规模的市场竞争势力？

交易规模通常可以反映出用户规模对竞争的影响力。平台企业在吸引客户时必然要投入资金；平台企业所掌握的客户数量及其数据直接表明其潜在的市场价值与竞争力。滴滴、优步中国合并前，同时使用双方平台的比例达到 37%，而双方的非重合独立用户中，滴滴达到 42%，优步中国为 21%。70 亿美元收购价格反映了优步中国在市场上的竞争力：首先，消除了两者近半数的重合用户流向竞争对手的可能性，也扩张了两成的独立新增用户规模；其次，优步中国用户中有 43% 属于高收入群体，这也为滴滴开拓高级专车市场提供了新的增长点。③ 同样地，在 Facebook/WhatsApp 与 Microsoft/6Wunderkinder 收购事件中，前者交易规模达到 220 亿美元，后者交易规模为 10 亿—20 亿美元，这些

① 广东省高级人民法院（2011）民三初字第 2 号《民事判决书》。

② 参见凌空：《停不下来！传微软欲收购奇妙清单 Wunderlist》，https：//www. ithome. com/html/it/150471. htm，2019 年 9 月 15 日访问。

③ 参见冯辰：《收益报告：滴滴从 Uber 拿到了多少白领与用户？》，http：//m. cyzone. cn/a/20160802/301409. html，2018 年 1 月 8 日访问。

高额的交易对价是对被收购公司用户数量及其数据的市场价值体现。例如Facebook将其用户数据及其数据分析工具与广告位置捆绑销售，只有投放广告的用户才能获得用于优化广告效果的数据及其服务，而Google拒绝将其地图用户数据与其他企业分享，[①] 反映了其潜在的市场价值。

因而，尽管平台经营者营业额很低，但其用户数量规模保证了未来的营业额迅速增长与获得高额收益。从这个角度而言，交易规模是较为合适的标准。事实上，最早采取交易规模标准的美国在面临数据经济挑战时，并没有遇到如同欧盟与德国的困境。早在1976年美国颁布的Hart－Scott－Rodino Act（HSR）就引入了营业额与交易规模相结合的申报标准。[②] 具体适用可分为如下步骤：（1）如果交易规模的价值达到规定的上限标准，且没有豁免情形，该交易必须向执法机构申报；（2）如果交易规模处于上限与下限之间，则需要再根据营业额标准继续筛选：如果营业额标准达到了规定的标准，则需要申报，如果没有达到规定的标准，则不需要申报；（3）如果交易规模低于下限标准，不需要申报。交易规模标准根据公布的国民经济发展数据进行不同程度的调整。根据2017年修订，如果交易规模（即收购人收购的有表决权证券、非公司企业权益或资产）的价值超过3.23亿美元则需要申报；如果超过8080万美元但不到3.23亿美金，则结合营业额或资产额的标准申报。[③]

（二）德国第九次反限制竞争法的修改

2019年6月11日，美国司法部助理部长马坎·德尔拉希姆（Makan Delrahim）在以色列特拉维夫召开的反垄断新前沿会议上指出，美国的反托拉斯法及其执法机构有能力充分应对在数据经济与高科技领域经营者集中的挑战。[④] 德国垄断委员会在2015年鉴定报告中指出，在数据经济行业发生的并购案件中，单纯依靠营业额已经无法体现出市场潜力，但其购买的价格可以反映出其潜在

---

① 参见费方域等：《大数据经济学视阈下的竞争政策》，载《财经问题研究》2018年第2期。

② Section 7A Clayton Act, 15 U.S.C. § 18 a.

③ FTC, "Revised Jurisdictional Thresholds for Section 7A of the Clayton Act", available at https://www.ftc.gov/system/files/documents/federal_register_notices/2017/01/clayton_7a_publishe_1－26－17.pdf, visited on Jun. 11, 2019.

④ "Assistant Attorney General Makan Delrahim Delivers Remarks for the Antitrust New Frontiers Conference Tel Aviv", available at https://www.justice.gov/opa/speech/assistant－attorney－general－makan－delrahim－delivers－remarks－antitrust－new－frontiers, visited on Jul. 6, 2019.

的市场势力，因而提出购买价格作为对营业额标准的补充；[①] 而且该标准不仅仅适用于数据经济，也适用于所有行业。2017 年，德国第 9 次竞争法改革后，德国立法者在保持营业额不变的同时，又在第 35 条第（1a）款对未超过 500 万欧元的营业额的情形引入了交易规模标准，[②] 即“（1）参与集中的经营者上一年度全球范围内的营业额超过 5 亿；（2）至少一个经营者在德国境内营业额超过 2500 万欧元，但当中有一个经营者未超过 500 万欧元；（3）经营者集中的交易额达到 4 亿欧元；（4）被收购的企业主要营业地在德国境内”。在与营业额申报标准的关系上，先选择适用是否第 35 条第 1 款所规定的营业额标准；如果未超过 500 万欧元营业额，则适用第 35 条第（1a）款规定的交易规模标准。需要注意，美国的交易规模标准并不包括承担的债务，但德国相反。根据德国《反限制竞争法》第 38 条第（4a）款的定义，交易规模包括了收购方从出售方收到的所有资产、债权、其他货币支出以及收购方承担的任何负债的总和，因而交易规模包括：（1）购买价格，即经营者集中交易中，所有出售者从购买者处取得的资产与其他金钱债权；（2）购买者可能承担的债务的价值。自此德国实现了从 1973 年引入经营者集中申报的营业额标准向与交易规模模式相结合的转变。

尽管如此，交易规模标准也存在一些问题。有德国学者指出该标准至少存在两个问题[③]：第一种情形涉及所谓的对赌协议条款，指由于交易双方对价值和风险的判断不一致，将传统的一次性付款方式转变成按照未来一定时期内的业绩表现进行支付的交易模式。在这种情形下，购买者支付对价包括两部分：第一部分是固定价格；第二部分是视收购对象未来发展而支付的不确定价格。第二种情形主要包括未来取得的销售额以及未计利息、税项、折旧以及摊销前的利润；而这些价格的计算通常是采用累进的计算方式，并且能设定较长的时期。在这种情形下，简单地以现实中并不存在的最大交易额作为交易对价是不现实的，极端情形下由于经营风险与集中完成后融合成本等问题会导致交易对

---

① Monopolkommission, 68. Sondergutachten Wettbewerbspolitik: Herausforderung digitale Märkte, 2015, S. 20 ff.

② Barth/dos Santos Goncalves: Die neue Transaktionswert – Schwelle in der deutschen Fusionskontrolle, GWR 2017, 289. Oliver Budzinski, Competition Rules for the Digital Age?, List Forum für Wirtschafts – und Finanzpolitik, Vol. 43, Issue 3, 2017, pp. 221 – 249.

③ Barth/dos Santos Goncalves: Die neue Transaktionswert – Schwelle in der deutschen Fusionskontrolle, GWR 2017, 289.

象的价格显著低于交易前的价格。较为合适的选择是，以期权价格作为评估的基础，即将对赌协议规定的情形出现的可能性考虑在内，并且获取受益权（das Earn－Out－Recht）在当今的价格看来是确定的。然而，这导致评价标准次序先后问题，尤其是涉外交易时。立法说明理由书在这个问题上具有灵活性。然而，经验表明如此计算对经营者而言并不是绝对的。第二个例子是换股协议。股权转让是各国经营者集中最为常见的形式。然而，基于现金流的压力，股权转让很少直接用现金，而是采取换股协议，即股权所有者转让股权后在被收购的企业中享有一定份额。因而他在出售后的企业中仍然存在表决权时，评估就有很大的不确定性。以何时作为估值的依据？根据交易申报时间？还是预估交易完成时的价值？或者是在选择权到期日？① 从目前的文献与实务来看，美国尚未对这一问题进行足够的重视。

（三）我国交易规模申报标准的设计

我国历史上并非没有交易规模标准立法经验的积累。2004 年商务部送审稿指出了两种需要申报的情形：（1）参与集中经营者在世界范围内的资产总和超过 30 亿元，至少一个经营者在中国境内的资产总和超过 15 亿元，且并购交易额超过 5000 万元；（2）集中交易额超过 2 亿元人民币。2005 年 11 月国务院法制办提交全国人大常委会的《〈反垄断法〉（草案）讨论稿》第 17 条提出规定经营者集中的申报标准：（1）集中交易额超过 4 亿元，参与集中的一方经营者在中国境内的资产总额或者上一年度销售总额超过 15 亿元，且其他任何一方经营者在中国境内的资产总额或上一年度销售总额超过 5 亿；（2）中国境内集中的交易额超过 15 亿元；（3）经营者集中没有交易额的，或者集中的交易额未达到第（1）（2）项数额的，参与集中的所有经营者在中国市场上的资产总额或者上一年度销售总额超过 50 亿元。可见，引入交易规模标准只需在立法上界定交易规模的具体申报数据，而不会增加行政成本。

其次，在如何设计交易规模标准与营业额标准之间关系以及如何计算交易规模的问题上，德国计算交易规模的立法模式比美国更能反映市场势力。美国标准与德国标准最大的不同是前者不包括债务承担，后者承担债务。从滴滴的

---

① Barth/dos Santos Goncalves: Die neue Transaktionswert－Schwelle in der deutschen Fusionskontrolle, GWR 2017, 289.

商业模式而言，将债务纳入交易规模更能反映出市场的势力。滴滴免费商业模式决定其必然长期处于亏损的状态。追逐资本回报率的投资公司通常不会投资处于长期亏损的企业，然而，投资公司在几十轮的投资中陆续向长期处于亏损状态的滴滴、快的与优步中国至少投资了160亿元美金，这说明债务其实是对经营者市场势力的逆向真实反映。因此，奥地利在卡特尔法修订中引入交易规模标准条款时，并没有选择将债务排除在交易规模的美国模式，而是选择更严谨的德国模式。① 这也是我国未来设计交易规模计算时可资借鉴之处。

最后，鉴于交易额本身是任何经营者集中申报的必备内容，交易规模标准可以为当事人提供足够的预期。国务院法制办公室负责人就《国务院关于经营者集中申报标准的规定》在新闻发布会上指出："申报标准是经营者集中是否需要进行事先申报的门槛，应当客观、明确，便于参与集中的经营者以及反垄断执法机构判断和掌握，并有明确的行为预期。"② 国家市场监管总局《关于经营者集中申报文件资料的指导意见》第4条指出，申报双方必须提交交易额，如果没有确定的交易额，必须出具评估或者有关部门的证明文件。申报方在确定交易规模的信息与资料的掌握与计算上具有先天优势，无需类似市场份额计算那样不仅要界定相关市场，还要收集相对方的营业额。因而，交易规模本身具有透明性与确定性优势。

五、立法建议

滴滴合并未申报案的迷思表明，滴滴商业模式已对我国目前经营者集中申报制度中以营业额标准为主、市场份额标准为辅的申报标准形成严峻的挑战。营业额标准无法准确地反映那些营业额不具有或者不显著，但却对竞争具有显著影响的平台经营者集中行为。平台经济下市场份额的高度复杂性以及申报制度与实质审查的区分决定了市场份额也不适合作为申报标准。反垄断执法机构在查处该案件中的谦抑态度正是对这种适用困境的反映。未来的修订可以考虑

① https：//www.fiw－online.de/de/aktuelles/aktuelles/oesterreich－fuehrt－transaktionsbezogene－umsatzschwelle－in－der－fusionskontrolle－ein，visited on Sep. 15，2019.

② 《国务院法制办负责人就〈国务院关于经营者集中申报标准的规定〉答记者问》，载中国政府网 http：//www.gov.cn/zwhd/2008－08/04/content_1063736.htm，2018年12月7日访问。

修改《国务院关于经营者集中申报标准的规定》第4条，重新引入能准确反映市场势力，同时也具有本土立法经验的交易规模标准，具体表述为：

“第四条 经营者集中未达到本规定第三条规定的申报标准，但参与集中的交易规模达到（ ）亿元人民币的，经营者应当事先向国务院反垄断法执法机构申报，未申报的不得实施集中。交易规模包括了收购方从出售方收到的所有资产、债权、其他货币支出以及收购方承担的任何负债的总和。”

讲 座

Economic Law Review

税法的多重目标和非税制约因素

税法的多重目标和非税制约因素*

史际春**

目　次

引言：从个税改革谈起

各位老师、各位同学、各位嘉宾：

大家中午好！最近有两件比较重要的事：一是个人所得税法修订、通过，将于明年1月1日起施行，税务机关提前三个月就开始实施新的个人非经营综合所得起征点和新的税率表；二是政府想办法为民营企业减负。

个人所得税的一项主要修改，是提高工资、薪金所得的起征点，应纳税所得从月收入减除3500元提高到年综合所得减除6万元，同时引入个人所得综合申报制度，个人的工薪、劳务报酬、稿酬、特许权使用费所得按年综合申报，

---

* 2018年12月19日中国人民大学法学院第99届教授沙龙主题演讲，明德法学楼601报告厅，刘俊海教授主持。根据录音整理，已经作者审阅。

** 中国人民大学法学院教授、安徽大学讲席教授、安徽师范大学“法治中国建设研究院”特聘教授。

计算应纳税所得时可以专项附加扣除子女教育、继续教育、大病医疗、住房贷款利息、住房租金、赡养老人等支出的费用。这样一来，9163万人的工薪所得不必缴个税了，把我们国家的个税纳税人在就业人口中的比例从24%一下子降到10%左右，只占总人口的6%多一点。绝大多数国民不缴个税，而在各种税收中，个税的公民培养功能无出其右，这样也就把个税所固有的最直接、最有效的公民培养功能给淡化了。

拿已经属于自己的钱缴税，才能意识到自己是纳税人，就是直接税，在我国的直接税中，个税是最能使纳税人意识到自己是纳税人的。中国普遍征收的直接税主要是个税，偶然征收的还有关税、契税、车辆购置税、车船税、印花税等等，外国还有一个重头戏，中国暂时还没有，就是房产税。外国的消费税和中国不一样，也是直接税，一样东西100元，明码标价消费税10%，那你就要掏110元买这价格100元的东西。个人所得税的一项重要功能，就是培养公民的纳税人意识，进而养成公民意识，不断增强公民对国家的认同感，这是其他任何税收都不能取代的。我国个人所得税法的修改，一直以来一味调高起征点，导致个税纳税人的人数和比例降至极低水平。公民的主人翁精神降低，与此有没有关系？我觉得有很大的关系。大家的意识中，整天就是国家怎么不如何如何，就是不考虑自己该如何如何，医疗怎么不免费？高速公路怎么不免费？却从不考虑自己要为医疗免费、高速公路免费做些什么，医疗免费、高速公路免费行得通行不通也不管，他还希望油价越低越好，不管中国的油气资源多么匮乏。甚至非常令人痛心的，是一些人对国家、社会幸灾乐祸。我相信这种状况是跟大多数人不掏腰包交税、意识不到自己是纳税人，不把国家、政府当成自己的国家、政府有很大的关系。大家都听说过美国前总统肯尼迪1961年就职演说中的那个著名语录：“不要问国家能为你做什么，要问你能为国家做什么。”那么直接掏腰包给国家缴税尤其是个税，正是现代国家的公民能够为国家做的一项重要贡献。

一、税法的公民培养功能：一个被忽略了的大道理

税法的功能，就是它的作用，这是从客观上说的，从主观上来说，就是税法的目的。我为了准备这个讲座，在知网上搜了一下税法的功能、作用、目的，

居然没有一篇文章讲税法的公民培养功能，可能一些书或是没有上知网的文章中讲了，反正我在知网上没查到。老生常谈的税法功能，有取得财政收入、分配调节、经济和市场调控、控制公权力保护私权利、增加公共财产增进公共福利、对征税主体和纳税人的激励约束，等等，就是忽视税法的公民培养功能。

现代国家的公民，法律面前人人平等，纳税人是公民的骨干群体，支撑着社会主流价值。作为公民，不分宗教信仰、政治立场，现代民族国家的一个特点，就是公民对国家要有认同。公民要有爱国心、公德心，对国家的权利义务意识，关心、参与公共生活，对国家和社会有担当、有责任感。公民普遍纳税是现代国家公民与国家关系的一个重要的、主要的特征，它是伴随着现代民族国家和工业化而产生的一种现象，工业化之前没有，现代民族国家产生以前也没有。

大家知道，中国古代的税赋就是徭役和赋税，徭役无非是不给工钱的农民工，孟姜女哭长城，她丈夫就是服徭役。赋税主要是对田里的收成征收，每一个王朝都给上一个王朝的土崩瓦解搞怕了，苛政猛于虎、苛捐杂税导致上一个王朝灭亡，所以一个新的王朝建立的时候，总是说要轻徭薄赋，让百姓休养生息，但过不了几个皇帝就忘了，又拼命地征收，最终来一场天灾人祸，直接的后果就是财政崩溃，王朝灭亡，又来一个新的王朝，循环往复，这个情况一直到 1949 年都没有改变。我的导师佟柔先生不止一次和我讲过，抗战时他们家从东北逃到重庆，他在重庆上学，耳闻目睹陪都的税收都是靠地痞流氓收，政府没有能力收。首都都这样，其他地方可想而知，所以中国当时根本不存在公民意义上的纳税人和纳税人意义上的公民。

外国的情况，言必称古希腊、古罗马。雅典是现代西方民主的开端，雅典的公民被要求效忠国家，勇敢、智慧、体格健壮能打仗，但是不交税，一分钱税都不交，这好像高中历史课本上就讲过。那他不交，国家的财政靠什么？靠相当于我们今天所称“北漂”的“雅典漂”，因为雅典比较发达，雅典周边稍微有点能耐、想过好日子的人都到那去漂着，这部分人口数大大高于雅典公民的数量。不同的时期，雅典的公民大概是 2 万到 16 万，没有超过 16 万的，但是外来人口从三万多到几百万，政府就对这帮人征税。恩格斯在《家庭、私有制和国家的起源》里，把这个情况描述得特别清楚，外来人口没有权利，只有义务，社会就难以和谐了，从而要建立一个超越于社会各阶层之上的公共机构，按照地域来管理，这就是雅典国家的起源和形成。雅典还有很多奴隶，最少的时候十几万，最多的时候有几十万，公民最少的时候只有两万，你想想吧，奴隶跟中国古代的徭役一样，无偿劳动创造价值，不需要给工钱的。所以古希腊公民不纳税，古罗马也大体如此。古罗马的公民很多，公元212年赋予意大利范围内所有的自由民以公民权，但是历史书都会告诉大家，古罗马的一个最大特点是税收不规范，非常随意，想收就收、不收就不收。成为公民是获得参与公共生活和市场交易的平等权，与纳税关系不大，罗马法上有包税团体，跟佟老师讲的重庆抗战时期帮政府收税的地痞流氓是差不多的，政府把征税的任务包给黑社会性质的团体，让他们去收，收多少是多少，他们敲诈老百姓也随他去。在罗马共和国、罗马帝国强盛的时候还好，大规模的奴隶劳动，战无不胜的罗马军团一出征，把被征服民族的青壮年都给押到意大利来，无偿地干活。后来不行了，日耳曼人虎视眈眈，边疆守不住了，战争越来越频繁，就开始胡乱征税，不规范的税收愈演愈烈，导致社会的混乱、公民对国家的叛逆。所以马克思讲，古罗马不是被日耳曼人征服的，是它自己腐烂了。

欧洲中世纪根本就没有税收，国王也是一个封建领主，自己领地上的劳动成果自己拿，别人领地上的劳动成果则不能拿。那别的领地上的产出怎么分成，领主们靠什么来效忠国家呢？到需要打仗的时候，全副武装，到国王那儿去报到就行了，就是财政教科书上讲的“骑士自理装备，国王自理生计”。但是后来也是仗越打越多，侵略、被侵略、反侵略，军事负担导致不收税不行了，就是我4月份在这里讲的，国王与贵族们协商征税，1215年的大宪章就是这样一个典型的协议，实际上就是国王跟其他封建领地的领主商量着收点税。所以西欧封建社会到后来需要收税的时候，需要国王跟贵族、教士、商人们协商。商人最有钱，通过给国王交税，走上政治舞台，他们作为第三等级是原始的纳税人意义上的公民，即君主议会制国家的公民。大家注意谁是公民？商人是公民，工人、农民不是公民。他们没有权力，不用缴税，也没钱交税。到了19世纪，现代民族国家在西欧国家纷纷产生，伴随着工业化，工薪阶层也逐步形成、壮大。从这个时候开始，越来越多的公民要承担纳税的义务，因纳税而成为社会中坚力量，从纳税中获得公民的自豪感和身份认同。所以说，纳税人意识是公民意识的基础和重要组成部分。纳税人意识薄弱，意味着公民意识的普遍缺乏，纳税人义务、纳税人意识是通过直接缴税尤其是个人所得税才能形成的。非常遗憾，中国人的纳税人意识一直都很薄弱，不是现在才薄弱的。

我想主要有六个原因吧。第一个原因，民族国家出现太晚了，1949 年才勉强形成。1949 年以前，虽然中华民国成立了，但是根本没有产生民族国家，人民一盘散沙，对国家没有认同，地方与国家、地方与地方貌合神离。刚才提到的陪都收税乱象，就说明人民观念中的税收等同于横征暴敛、苛捐杂税，对税收一直以来直至那时都没有认同。第二个原因，1993 年《个人所得税法》第一次修订前，中国老百姓都不纳个税，之前的个人所得税是对外国人和港澳台人士在境内的收入征收的，单位可能要纳税，可是个人跟单位纳税之间有什么关系，老百姓完全不清楚、没意识。第三个原因，纳税与公共服务之间的对价不清晰。不要以为美国的税轻，美国的联邦、州、县、市都要收个人所得税，联邦收了我的税，我要看联邦给我提供什么服务，州收了要看州给我提供什么服务，县市也一样，都能一一对应，这个对价比较明显。对价最明显的是对住宅征收的房产税，你有房产，房屋有产权，就要缴房产税。房屋的市价越高，收的房产税越高，该小区的公共服务和周边环境也越好。我在纽约亲身体验，同样的一居室，在好的地段警力配备足、治安好，警察整天巡逻，其房价就高，月租要 3000 美元左右；在警察不太巡逻、治安差的地方，房价也就低，月租只要 800 美元左右。这个差别是从哪里来的？跟房屋所有权人缴税的多少，和相应的政府可以给他提供的保安服务的力度密切相关。还有的小区警察不爱去，可能太偏了或者是其他原因，那业主也可以自己协商决定，每户凑多少钱交给政府，请政府每天 24 小时至少派一个警察在这巡逻。这样的对价，在中国是一笔糊涂账，根本没有概念，所以老百姓不管缴没缴、缴了多少个税都可以无度地提要求，脸不红心不跳，政府则根据自己的能力和安排能满足多少是多少，不行也就算了，不存在那种由纳税多寡所决定的纳税人意识及其话语权，尤其是富人的强势话语权给政府施加的压力。第四个原因，对逃税的处罚不到位，偷逃税的成本低，对纳税产生了负面示范效应。他逃税没事，我为什么要缴税呢？第五个原因，个税基本上是工薪税，单位代扣代缴，老百姓基本无感，其纳税意识、税负感、纳税感不强。第六个原因，个税的起征点不断调高，纳税人在就业人口和总人口中的比重越来越小，刚才我说到，占人口的比例只略多于 6% 了，按原财政部官员刘克崮的说法是不到 2% 了。在这种情况下，怎么让老百姓能有纳税人的意识、公民意识呢？

怎么解决这个问题？我觉得首先理论上要纠偏，税法、经济法的研究要纠偏，纠正长期以来不把培育纳税人意识暨培养现代公民作为税法的功能和目的的偏差，理直气壮地强调税法尤其是个人所得税法的公民培养功能，将其作为税法的一项重要目的。美国差不多50%的人缴个税，这些人中的大多数构成中产阶级，就是大家耳熟能详的一个理论——橄榄型社会，中产阶级占大头，顶端的富人、权贵少，底层的贫困百姓也少，这是一种相对稳定的、健康的社会。中产阶级一萎缩，国家就衰败。中国是社会主义国家，工人农民和知识分子也即劳动者是主体，在纪念改革开放40周年时，邓小平重申知识分子是工人阶级的组成部分正是改革开放的前奏，所以借鉴中产阶级的理论，应该让劳动者——工人、农民、知识分子普遍缴纳个税，培养其纳税人暨公民的主体意识、国家的主人翁精神和对国家的自豪感。可是个税起征点那么高，缴个税的劳动者太少了。我个人的看法是，在网上看到其他人也有这样的看法，就是应该将个税变成国民税，有收入的一律缴税，农民可以交，退休人员也可以交税，有收入就应该交。法国老百姓游行反对法国拟进行的改革，要对退休金征个税，民众不干了。对退休金征收个税，从理论上讲没有任何问题，关键是收多少，收一块钱不是也行吗？收十块钱当然更好。对于一定收入以下的人，只要有收入，就让他交一点税，用这笔钱制作一个精美的纳税证书给他，每年给一个，他拿到立马感受到自己是纳税人，很光彩。西方有些理论不一定是对的，或者不一定他们说什么我们就要照着去做，这次个税法修改用了一个很重要的理论，就是不应该对个人生活开支征税，然而个人的生活开支可大可小，最低只收一块钱、几块钱，不会影响个人生活，不等于就是对个人的生活开支征税，而且不对个人生活开支征税的原则跟税法培养公民的这种功能相权衡，哪个更重要、更大啊？我觉得是公民培养的功能更重要。通过这种方法，让劳动者不断增强国家、政府是自己的国家、政府的意识，增加对公共事务的参与意识，对社会的担当和责任意识。

二、简单、稳定的纳税预期：打造小微企业优良法治营商环境

关于小微企业的负担问题，根据我这段时间的观察，关键是要给小微企业打造一个简单稳定的纳税预期，而不是一味地对它减税降费。小微企业原本经营和财务就不规范，税费能避则避、能逃则逃，问题是税务机关存在执法不力

的问题，使得税法规定无法落实。在不依法征税的情况下，怎么指望靠税法规定的改变，小微企业实际就能降负呢？没用，税是“降”了，但是小微企业还是感觉税在增加。因为税务机关征税的力度和刚性是由指标、任务决定的，哪怕是减税，套到原本应交税而不交税的企业头上，纸面上应减一个百分比，而相对于原先的零缴纳，反而增加了一个百分比，刚性稍微大一点点，小微企业就受不了。又如，对不裁员或者少裁员的企业可返还上年所缴失业保险费的50%，可是如果某企业上年并没有缴纳失业保险费，这条减负措施又能有什么用呢？所以，最终的结果是，国有企业、大中型民营企业是可以从降税降费中受惠的，小微企业则很难。刚才说增值税降了一个百分点，此外还把小规模纳税人的条件放宽，让更多普通的增值税纳税人变为小规模纳税人，可是有一个你们都知道也可能不知道的一个普遍现象，就是许多小微企业原来基本上是不开发票的，现在企业普遍吃紧，增值税是降了，可是买方纷纷要求开发票，小微企业又傻眼了，反而要多交增值税了，当然这跟营改增也有一定的关系，牵一发动全身。

那小微企业负担重到底怎么办，究竟应如何给小微企业打造优良的法治营商环境呢？我在此下一个结论和判断，就是对小微企业的税法规定和税制越简单越好，执行越严越好，以让它长期生存在一种可预期的低税负之下，它就可以安心地搞他的生产经营了。规定越多、越复杂、越精细，越不容易执行，越容易出现普遍的违法、抗法，税务机关选择性执法的空间越大，纳税义务人越容易用人情和贿赂换取不法的利益。税制必须简化，以方便理解和掌握，使操作简便、可靠，征税方法则应采用尽可能避免主观任意和人为干扰的技术手段。有一个企业家就完善税制提了个建议，应将所有的税简化为一种税——交易税，在任何交易当中，由买方负担10%的税收，再用技术手段把这个10%收上来，不给税务机关变通和裁量的空间，不允许它主观随意地征税。正如杨东教授研究的区块链和监管技术，就是用类似技术手段、刚性的方法把税给征上来。你我都想想，是不是这么回事，哪怕一个富豪，钱再多总是要花吧，花的时候就收10%的税，不花就不收！买房、买资源也都是这样。这位人大代表的建议里包含的理念非常值得借鉴、汲取。这个理念就是税法、税制越简单越好，征收越刚性越好，大的决策由人做，规则既定的小事就让技术自动处理，人可以设置程序和监督，但不许个别人由着性子来。

三、直接税和间接税：究竟孰优孰劣？

推行以家庭为单位的个人所得税综合申报，把个税搞得越来越复杂，还要对居民住宅征收房产税，等等，都是遵循了税制和税法改革的一个重要思路：就是尽可能增加直接税、减少间接税。这也是一个根本性的问题，就是直接税和间接税到底哪个更好，哪个多多益善？增加直接税、减少间接税俨然已成为财政学界、税法学界、经济学界和实务部门的共识了，其理由：一是借鉴外国经验。他们认为我国的直接税“过低”，个人所得税占GDP的比重是1.4%，低于发达国家的7%或者8%；个税占税收的比重为7.7%，不到美国的1/5；个人所得税占人均可支配收入的比重，中国是2.9%，远低于主要发达国家10%的平均水平。二是企业税负过重，间接税高了，企业交的税多，个人交的税少，增加直接税，让个人交更多的税，企业减少缴税，其负担不就减轻了吗？我国以增值税、消费税为代表的间接税占税收的60%以上，发达国家一般在50%以下，所以税制改革就要朝这个方向走。这两个说法对不对呢？我的回答是都错了。

因为税制是否优良，取决于整体税负是否高低适当、纳税人税负是否公平、税收预期是否稳定以及征收是否简便且刚性，而与直接税和间接税的比重并无关联。一些人将流转税占税收总收入的比重说成是占商品价格的比重，误导舆论，其实中国的物价水平是合理的，价格主要受市场及其供求的影响，企业少交流转税也未必能降低物价、提高竞争力，企业承受一定的价格压力，也有利于提质增效，避免企业一味打价格战，以致经济在低水平上运转。鉴于直接税固有的对抗性，反而应当尽可能减少直接税和直接税的直接征收，同时尽可能增加间接税和直接税的间接征收。

直接税对纳税人来说，要拿已经到了自己腰包里的钱去交税，当然不开心，相应地对纳税的抗拒心理也强。相反，间接税的感知度弱，甚至于无感，纳税人无痛，有利于社会和谐。现在又出了个新的理论：tax salience，我把它译为“税收显著性”，把心理学运用到税收，形成了这样一个概念。就是说，税收的显著程度越高，纳税人的感受程度也越高，税痛感也越强，从而会影响人们的心理，作出不同的行为选择。比方说对住宅收房产税，这个痛感太大了，一套房一年要交几千甚至几万块钱，有几套房的人家怎么办？间接税的痛感和影响很小，征收的效率也就更高，比方说我国的消费税，我觉得就挺好，比外国的价外消费税好。理想的税收，正是对纳税的人影响程度最小，对其心理和行为选择干扰最少的税种或征收方式。

税法上还有一个理论：税收是对社会财富的增量征收还是对存量征收呢？对增量征税的痛感比较小一点，比如个人所得税，作为收益税，是在社会分配过程中对新增国民收入征税，纳税人收入多则多征、收入少则少征或不征，无收入者不纳税。财产税则是对社会财富的存量征收，比如房产税，要从已分配给某社会成员的财产中去收缴一个份额，对他（她）已分得的“蛋糕”硬要去切一块，而且财产税是对符合税法规定条件的财产征税，其征收并不考虑纳税人当下有无收入来源，“量财”征收而非“量能”征收，财产所有权人即使没有收入也必须纳税，因此房产税对人的心理和行为的影响就非常大，容易引起前面所说的纳税人的那些非理性反应。普遍征收房产税的话，老百姓能不能认同？在各种税收强制手段中，房产税制度中依法拍卖纳税人房产的强制手段，俗称“法拍”，是最严酷无情的。法律必须有不能正常实现时的救济手段，如违约及侵权损害赔偿、强制执行等，否则某项法律规定和法律制度就会形同虚设，其严肃性和权威性也丧失殆尽。住宅房产税的救济手段是纳税人超过一定期限不缴纳税款时，由法院依法拍卖纳税人的住宅，清缴所欠税款。美国的很多无家可归者，就是因为失业等原因交不起房产税，住宅被法院拍卖而流浪街头的，他本来是房屋的产权人，因为没交或者缴不起房产税，法院就把房给拍卖了，“法拍”的那点钱很快就花光，旅馆住不了几天，就变流浪汉了。中国固然可以不按国际惯例对自住住宅免征房产税，但个人和家庭有两处及以上自住住宅也是常态；更重要的是，“法拍”涉及个人和家庭最重要的财富和最能挑动社会敏感神经的产权，对刚刚建立产权观念和产权保护制度的中国人和中国社会来说，还无法接受合法的自有产权住房因未缴税就会丧失产权这样一种税收暨法律制度。中国人口基数大，自有住宅比例在世界上首屈一指，如果严格征收房产税，也会为法院带来沉重的负担。人民的政权、人民的政府、人民的法院能不能使“法拍”成为一种常态？

拟开征房产税还有一个原因是国有土地使用权出让制度被污名化了，被贬称为“土地财政”，所以要用房地产税取代国有土地使用权出让制度。这既有悖于我国的基本经济制度，也无视了国有土地使用权出让制度的优越性及其积极的实践效果。孙中山民生主义的理想，就是平均地权、节制资本，而在土地私有制的基础上靠征税是不可能“平均地权”的。唯国有制可以确保国土的统筹开发、利用、保护、管理，并将“涨价归公”寓于其中；在农村，也需依赖土地的集体所有，以确保农民在彻底离开土地之前不会永久失去土地。在私有制主导的国家，经济社会的发展很大程度上就是社会与私人土地所有者博弈的过程，包括国家对私人土地的征收、征税等，以平衡公私利益，维持最低限度的社会公平公正。在我国，政府以市场价转让国有土地使用权，取得土地预期的升值，用于公共财政即市政建设、修桥铺路和社会保障等。这一方面基于所有权获取收益，避免了征收和征税的矛盾冲突；另一方面避免了不公正的“涨价归私”——土地升值过分地为开发商和居民个体所占取。这是多么美好的一幅图景、多好的一件事情啊，通过这种方式涨价归公，老百姓没有任何痛感，不要缴税，涨价就归了公了。国有土地使用权出让制度是学我国香港的土地批租制度，香港特别行政区政府主要依靠“土地批租”，营造了一个公认的轻税薄赋的优良经济社会和营商环境。国有土地使用权出让制度引进三十余年来，对于内地的经济社会发展、民生改善乃至中国崛起功不可没，没有任何理由予以负面评价或是否定。

另外，直接税的间接或隐形的征收也是多多益善。在座的人大老师缴个税，财务处就代扣代缴了，现在综合申报又预扣预缴，不用你亲自跑税务局，非常好，基本上达到跟间接税一样的效果。直接税的直接征收，方法复杂、征收阻力大，容易发生逃税漏税的问题，对个人的法律强制、行政强制又不为社会普遍认可，所以纳税人痛感特别强，容易造成普遍的官民冲突。直接税隐形征收的税收显著度低，因而比直接税的直接强制征收更有效。美国的一些文献通过数据，得出了直接税“隐形”征收的凸显度低，因而比直接税直接强制征收更有效的结论。大家可以到美国的数据库去搜一下，相关论文还是挺多的。早在20世纪70年代，就有学者指出，直接税无论是房产税还是个人所得税，如果采取直接手段强制收入再分配，都反而会对经济产生负面影响，只会使整个社会变得更糟。间接隐藏的税收使得纳税人对税的感知度降低，既可以防止强征出现适得其反的效果，也可在潜移默化“无痛”的状态下影响他们的税收偏好和行为，从而使政府在获得收入的同时不扭曲经济，可以在降低无谓损失的同时提高税收收入。中国民众对纳税尤其是直接税和直接征税的“痛感”触发点低，同等税负下其“税痛感”更高，所以间接税以及直接税的源泉代扣缴是最理想的。

实际上，中国的古人早就想到这个了，统治者不是说要轻徭薄赋吗，实际上还是横征暴敛，怎么办？管子就反对强征，主张用间接的货币、价格、贸易等来获取非税经济收入，以此取代租税；桑弘羊也主张将财政的重点放在盐、铁、酒等专卖上，寓税收于价格之中。唐代的刘宴说“因民所急而税之则国用足”“取人不怨”，就是对老百姓日常所需的商品征税，税源充足、稳定可靠，广收薄敛，并让百姓在“柴米油盐酱醋茶”的日常生活中不知不觉地纳税，这样国家的开支就足够了，老百姓就没什么“税痛”了。当然，统治者不听他们的，但是这些理念、理论至今也没有过时，大家想想是不是这么回事？

亚当·斯密在其《国富论》中也提出税制应当遵循便利、节约原则，那就不能太烦琐、扰民，别劳民伤财。17 世纪法国重商主义的治税思想则是“财政上应寻求收入最多而国民怨言最少”的征收方式。所以我的看法是间接税越多越好，直接税越少越好，必要的直接税也是代扣代缴、源泉扣缴越多越好，直接让老百姓掏腰包交的越少越好。

结 语

最后我对上面讲的做三点总结：第一，税法的一项重要功能和目的是培育公民意识、养成合格公民。这个理论上的漏洞、缺陷、洼地需要补上。第二，税制在可能的情况下越简单越好，征税和缴税的人为主观随意性越低越好。的确要帮扶小微企业，但不是不对它征税，而是要给它打造一个简单稳定的税收预期。第三，间接税和直接税的间接或隐性征收在我国多多益善。

谢谢大家！

交流互动

刘俊海教授：感谢史老师的精彩演讲，讲得有深度、有高度、有温度，有批评、有建言、有数据，听了以后确实有拨云见日、茅塞顿开之感，我都同意。

首先是培养公民的纳税人意识，纳税人意识是公民意识的核心和前提，其实这在前几年废除农业税的时候，学术界已经有几亿人不缴税怎么行这样的隐忧了。史老师抓到了税法理论研究的一个短板和盲区，我认为确实应当把纳税与纳税人意识、公民意识和现代公民养成具有内在联系这个理论树立起来。史老师也强调，你的收入实在不高，交几块钱给你发个纳税证书也很好。现在都讲法律思维，除了法律逻辑还应该有法律细节，我觉得史老师说的纳税证书这件事可供财政部和税务总局参考（史插话：税务局还应该负责将其快递给老百姓）。

史老师的另一个很重要的观点，就是大道至简，很多人都抱怨我们的法律有一个共同的毛病，即严格细密立法、普遍违法、选择性执法，那税法有没有这个问题？我对号入座想了想，几个税种包括个税、企业所得税，还有增值税，仍然是有这个问题的。所以我个人觉得大道至简非常重要，这就和我们批评改革“摸着石头过河”、立法宜粗不宜细相对了，你说现在能看清改革目标和路径，立法必须宜细不宜粗，问题是这就无视了老百姓的人情世故，以及错综复杂多变的市场和交易，你设定全国960万平方公里13亿人民1亿多个市场主体都适用一个标准，而且都是用法律或至少行政法规层次的规范去调整，必然会出现大人穿小鞋、小孩穿大鞋的问题，包括对小微企业，刚才史老师讲得特别好，不然我到现在也不会明白为什么中央要反复强调给中小微企业减税免税，总是喊不够？这个轻徭薄赋，核心还是要有一个透明的、简单的、方便可操作的、尽可能排斥自由裁量的法治化营商环境。

第三点，刚才史老师提到直接税和间接税，他敢于反潮流，主张建立以间接税为主的税制结构，不得不保留的直接税则采取心理学上的无痛型征税方式，我都非常同意。特别是房产税，条件并不成熟，硬征的话社会就乱了。

所以史老师从以上三个方面讲的观点，我认为不光对在座的老师和同学们做学术研究有启发意义，对决策者下一步怎么进行税改，包括个税和房产税等，也会有醍醐灌顶的作用。接下来有请各位老师和同学发表意见，也可以向史老师提问。

杨东教授：听了史老师的报告，感觉跟我的研究有一个非常好的链接，尤其刚才史老师提到怎么让税收的程序、内容简单化、便利化、高效化（史插话：亚当·斯密就说了税收要便捷、要节约、成本要低）。原来这个做起来可能比较困难，现在技术突破以后，越来越容易了。我在湖南帮娄底市政府做了一件事，就是发出全球第一张不动产的区块链电子凭证，这件事难就难在打通国土资源局、房产局的一手房、二手房备案，还有税务的地税、国税，通过区块的超级节点把这四套政府系统打通了，然后就可以直接给老百姓发这个区块内的不动产电子凭证，就相当于房产证了。像史老师刚才说的对任何交易向买方、承受方征10%的税，技术上已经可以实现了，通过智能合约，只要上线，就征税了。包括前段时间腾讯和深圳市场监管局做的电子发票、前两天微信卖家直接在微信上就可以开发票，政府还要推动社保、招投标上线，这样市场交易的信息就能对称，而且具有可追踪性，不能篡改。今年5月份我写了一篇监管科技的英文论文，提出了科技治理的概念，和史老师说的观点是完全契合的（史插话：我觉得你这个监管科技用在税收领域是最好的，就是税收科技、科技税收，杜绝主观任意），具有现实可行性。

刘俊海教授：多谢杨东教授，他提出把区块链技术引进税收征收管理中，我觉得很有启发意义。这段时间特别流行的词汇就是金融科技，我估计下一步会有更时髦的tax technology了，是吧？

莫于川教授：史老师的报告给我的启发很大。比如他有一句话说，外国怎么做的其实中国未必要这么做，我挺赞同这句话。税收是一个非常能引起神经敏感的话题、问题，我想请教史老师，你说这个税收法律规范和相关制度要简单明快为好，那到底是精致、精细一点好，还是简单、粗放一点好？我最近写了一篇文章，基本观点是今天的法制建设进入了精细化阶段，如果反而要粗糙一点或者简单化一点，那执法者他想随意的话，不是更容易了吗？这一点我搞不清楚，请教史兄。还有一个问题，你提到个税起征点调高以后不容易培养国人的纳税人意识和公民意识，所以哪怕交一块钱还是让他交一下，但是后面你说到直接税和间接税的时候，又说间接税的负担者没有多少痛感，直接税也应尽量间接征收，那我们交了以后还是没有纳税的感觉，起不到公民培养的作用，是不是有点矛盾？

史老师：谢谢于川教授。关于第一个问题，我的意思是税法、税制越简单、越简洁、越明确越好，不是粗放，不是混乱。那么推而广之，整个法律制度是简单明了一些好，还是复杂精细一些好？假定纸面上的规定都能够在操作中得到落实，当然就是后一种好，不然还是前一种好。我举两个例子，一个就是这次搞的个人综合所得申报，工资薪金、劳务报酬、稿酬、特许权使用费等收入综合申报，然后给你扣除子女教育、继续教育、大病医疗、住房贷款利息或者住房租金、赡养老人等支出，作为中国人都了解中国国情，这样可能会助长社会成员的不诚信，税务部门也未必忙得过来，不如把税率调低一点，你追求你设想的纸面上的这种公平，实际上更不公平。税制简单一点，看上去好像这里没考虑到，那里没考虑到，实际上一定是更公平的。还有一个例子，就是在行政法上，是搞权力清单好，还是搞责任清单好？权力清单是失败的，我非常赞许韩正，他曾在上海市干部大会上讲：不许任何部门、任何人依法不作为！权力清单就是这样，对任何一个部门，把它的权力一一地罗列，老百姓找来了，就把清单翻给他看，如果我没有这个权力，那老百姓哭天喊地我也不管，也管不了，为堵漏洞权力清单必然要很细，越搞越细，越细越依法不作为，这哪行呢！最好的办法是责任清单，就是把权力划分粗一点，某个范围内的任何事、任何问题都是你管，加上首问负责，再加统筹协调，将每一级政权的各种职责无缝衔接全覆盖，老百姓找过来，诉求或问题哪怕再奇葩，也不容推脱，有人负责处理，这样肯定比因过细的权力清单造成普遍的依法不作为要好得多。

第二个问题，看上去似乎确有矛盾，但是通过给个税纳税人发证书的方式来解决，既让他感觉到自己纳了税，又不痛，证书金光闪闪，很光荣！间接税是无痛的，更不要去把它改少、改掉，习总书记昨天也讲了，不该改的就别改了，不是说改革就要永远地改下去，好的东西就不要改了。

刘俊海教授：多谢史老师的答案，就是简约而不粗放，精致而不烦琐，关键是在不同的目标之间寻求一个平衡，这是法和法学的艺术。

姚海放副教授：每次都能从老师那儿听到一些很有思想性的观点。现在财税法和财税法研究当中存在的问题很多。首先，税法有不同的目的，包括公民意识培养、公民养成，我们之前忽视了这个问题，可能是因为一直以来经济法只强调税对经济生活的调节，实际上财政税收是一个治国理政的大问题，不光是经济调控的问题。其次，我觉得税法比较有特殊性，为了减轻税痛感，税法应当简约设计，但这种理念能否推广到整个法律制度中，关键还是不要瞎折腾。比方说中秋节发月饼，说这也是个人所得，也要纳税，这就跟惯例、跟大家平常的习惯、常识相违背了。所以我们说简单，实际上就是按照一个惯常的做法，如果有明显不合理的地方可以改，但是不要轻易去改。刚才杨老师提到了区块链，今年11月我到温州去，私下了解他们在发土地权证，重新确权，我问发证时“四至”是怎么写的，还是从这棵树到那个坟头吗？他们说是，我说为什么不用GPS定位，现在技术已经那么发达了，得到的回答是老百姓不理解，这就是一个大问题，你发一张区块链的房产证给我，我不要，为什么？我不懂，我怕被忽悠。反正这里面是有很多具体问题的，提出来跟大家讨论。

方治刚：我是一个史老师20多年前的硕士生，现在中非发展基金工作，来到这次沙龙，我很震惊，因为个税征税点提高了，减税了，绝大多数人都很高兴，但是老师从中看到了问题，史老师是一位忧国忧民的法学家，在为中国法治的发展呼吁。我觉得每一个学法律的人都应该终身坚持这种精神，而不是说学了法律就在本本上用，就在法庭上用，而要用到生活中，用在社会中。这个讲座的观点我都认同，但是想提一个问题：立法或者法律的发展是应该遵守法律自身的规律好，还是应该更多地遵循民意好？

史老师：好，这其实是不矛盾的。我近些年不是一直都在讲嘛，法治有赖于强势而正义的主流价值观，否则一切的规定、执法和司法统统不管用，价值观可能也会扭曲。所有的法律条文、行政机关的执法、法院的司法、老百姓的行为都需要在不同主体尤其是利害攸关方的互动博弈当中形成正义的规则，这个规则不一定是纸面上的，反而要能够使纸面上的错误规则得以纠正或者搁置，漏洞得以弥补，超前或滞后的规则得以补正，如此，在动态中形成一种良序善治的法治状态。所以，法律及其自身规律不外于表现为民意的社会主流价值。

张世明教授：经常听史老师的讲座，每次都有新的收获。我就想问史老师一个问题，就是我曾经听史老师讲过纳税人意识培养问题，包括这个交一块钱的问题，但是史老师过去讲需要一个仪式感，让每个纳税人到税务局去申报，以培养国人的纳税人意识，今天史老师的意思好像还是代扣代缴比较好一点，我就想问史老师这个思想转变是怎么发生的。

史老师：我今天是说个税代扣代缴，并给纳税人发一个证书，让他产生自己是纳税人、国家主人的感受，产生是社会中坚力量、骨干群体的感受。中国人口多，现金支付也不受待见了，国民如果普遍纳税的话，14亿人有7亿人去纳税，每人交一块钱税务局都来不及收，你在网上交、用支付宝交，则那个仪式感还没有给他发个证书来得强。

郑翔副教授：谢谢史老师，下次请您到北京交大去做讲座。刚才老师从古希腊、古罗马到管子再到现在都讲了，学贯中西，我认为老师谈到的那个纳税对价，如果和预算、财政公开，以及这方面的公民监督结合起来，人们可能才更加认识到这个对价。我的总体观点，也是一个问题，就是税法的改革要赋予公民一种公平感的话，应当要和财政、预算公开及公民监督制度相结合，才能有实际效果，这也请老师指点一下。

史老师：我刚才说纳税是公民意识的核心和基础，并不排除公民意识还有其他表现形式，而且社会成员普遍具有纳税人意识、公民意识的话，他的参与感、责任感、担当会更能跟得上。另外，就是中国人的自治能力不行，合作社搞不起来，村民自治、居民自治都有赖于党和政府，物业管理——业主自己管理自己的房产都勉为其难，等等。自治能力差意味着人们连自己的事都不情愿参与，所以自治能力与参与国家事务虽然不是同一个概念，但却是密切联系的，纳税人意识的普遍形成和强化应该可以作为一个突破口，如此既可提升社会成员对于国家事务的参与度，也有利于培养其自治的意识和能力，自治意识和能力的提高反过来又会增强其国家主人翁精神及对国家暨公共事务的参与，两者相辅相成，相互促进。

刘俊海教授：史老师实际上说清了两个相互博弈的关系。纳税人意识弱，直接制约了国人的公益精神和自治能力；自治能力弱，同时也制约了纳税人的纳税主动性、积极性。

那咱们第99届教授沙龙就到此结束，感谢各位的参与！

书 评

Economic Law Review

经济法何以能成为“常规科学”？

经济法何以能成为“常规科学”？*

——评张世明《经济法学理论演变原论》

孙瑜晨**

目 次

如何判断一个学科是否为成熟学科或托马斯·库恩所谓的“常规科学”可谓人言人殊，但仍能从众说纷纭之中找到共识性的判断因子。库恩的范式理论认为，学科成熟的标准是各个研究集团能够统一服膺于某种具有共同概念范畴体系和共同方法论基础的研究范式，而作为常规科学逻辑起点的范式又受到历史条件的制约。① 从中可以提炼出三个要素：知识的积累、方法论的沉淀和历史考量。国内学者李炜光认为提炼新制度经济学家的观点，可以总结出判断学科成熟的三要素——基础理论、方法论和历史。② 时至今日，对于经济法的学科状态处于前科学时期还是常规科学时期依然难以作出权威性的回答，身份危

* 中国人民大学2017年度拔尖创新人才培育资助计划。

** 中国人民大学法学院博士研究生。

① 参见［美］托马斯·库恩：《科学革命的结构》，金吾伦、胡新和译，北京大学出版社2003年版，第9-47页。

② 参见《财政学科首席教授李炜光接受“凤凰大学问”记者采访》，载天津财经大学网站 http://www.tjufe.edu.cn/info/1094/2182.htm，2019年4月10日访问。

机和认同危机从未消除，究其缘由就在于上述三个要素的研究积累都较为贫乏。张世明教授（下称著者）所著的《经济法学理论演变原论》一书既注重东西方互视的比较研究，避免自说自话，又注重对本土地方性知识的深入体察和对传统法治资源的什袭珍护，避免唯西方是尚的研究陋习；既注重科际整合的复合性研究，又不典当自己的信念，致力于独立的经济法体系结构和语法规则的探求；从而在经济法基础理论、方法论和历史研究三方面作出实质性（某些方面甚至可谓是开创性）的重要贡献，增进了经济法成为“常规科学”的理论自信和底气。史际春教授指出，学术著作生命力的保持不是依靠形而上的自吹自擂，而是需要经过形而下的市场考验。[①] 该书问世后供不应求，很快售罄，很多学者为了求得此书而在二手书市场花费高价的情景正是对其学术价值最真实客观、最遵循市场价值规律的反映。[②] 借该书重新修订出版之契机，本文不揣浅陋，从经济法基础理论、经济法方法论（经济法哲学）和经济法历史三纬度，试图对本书内容进行简要评析，亦从侧面揭示千帆过尽后此书能成为多次再版名著的原因。

一、基础理论之纬：经济法底层语法规则的探求

与传统的公法和私法相比，作为“公私混合”产物的经济法体现了鲜明的问题导向性，但是这种实践性品格并不排斥理论研究，应用性与基础性也不是一种互斥关系。学者术之体，术者学之用。[③] 只有注重基础理论研究，才能找到普适性和通约性的范式进而统一于该范式之下去解决现实问题，否则经济法只能止步于一种前科学的状态。不难看出，范式理论内含着重视基础理论探究的方法论自觉。在库恩范式理论提出不久后，福柯提出了“知识型”概念，指

---

① 参见张世明：《经济法学理论演变原论》，中国人民大学出版社2019年版，史际春教授所作的序言。

② 该书第一版《经济法学理论演变研究》是在著者博士论文的基础上修改而成并于2002年出版，由于口碑载道，很快便售罄，在市场上难以购到。鉴于此，著者于2009年对该书进行修订再版，相对第一版而言，修订版内容大幅增廓。修订版出版后几年，一书难求的情景再次出现，很快就有了修订再版的强烈需求。2019年，著者对该书名称进行了微调，题作《经济法学理论演变原论》，著者依然精益求精、力求超越，杜绝简单再版重印，对该书继续进行全面修订，篇幅由40万字扩增至62万字有余，并由中国人民大学出版社出版。著者近20年来对该书进行赓续不断地精雕细刻、锻打磨砺，严谨精究的治学态度可见一斑。

③ 梁启超：《饮冰室文集》之二十五（下）。

出在不同学科底部，具有共同构型规则的“知识的实证无意识”和“文化的基本代码”。[①] 知识型“从各种知识形式中，从各种学科、理论、知识中寻找它们自身的深层语法结构”，“给人们的常识提供理论的力量，决定人们对那些视为真理的事物话语的认可”。[②] 著者的思想无疑受到了库恩范式理论和福柯知识型理论的影响，使其极为注重对学科本原性、基础性、底层性基础理论和语法规则的探寻。例如，在著者学术生涯非常重要的另一部著作《法律、资源与时空建构：1644～1945 年的中国》中，其贯通法学和史学的研究方法，探讨资源如何影响法律规则的流变以及法律规则如何影响资源配置的改变等底层元命题。[③] 这种注重基础性的学术风格也在《经济法学理论演变原论》一书中得到淋漓尽致的体现，使得此书极具理论深度。著者在此书中提到：“事实上，法学和哲学都浸淫于时代精神之中，虽然表面上疆域划然清楚，但井水不犯河水表相的底层却是浑然一体的地下水径流潜伏贯注于焉，其间存在学科话语底层共同的语法规则，即知识型。”[④] 著者对经济法学基础理论和哲学的考察可以说是对福柯知识型理论的一个注解。

通观全书，笔者认为著者将“经济自由——经济秩序”这组基石范畴作为经济法底层语法规则的出发点和着力点。自由和秩序之间存在天然的张力，完全的自由必然是失序的，而秩序必然要限制一定的自由。严格区别于当下一些学者主张的“免于政府干预”的绝对自由主义（实际上是一种经济放任主义），著者秉持一种理性和受限制的自由观念。著者引用了柏克“有序的自由”（ordered Liberty）的观点，柏克指出：“我所指的自由是与秩序联系起来的自由，自由不仅与秩序和美德并存，而且没有后两者就没有自由。”[⑤] 在柏克看来，自由就是限制的自由，必须服从于合法的、正当的秩序，秩序必须最大限度保障自由。肇始于弗赖堡学派的秩序自由主义（亦称奥尔多自由主义）就是上述这

---

① 参见［法］米歇尔·福柯：《词与物——人文科学的考古学》，莫伟民译，上海三联书店 2016 年版，第 348－371 页。

② Michel Foucault, *Les mots et les Choses*: *une archéologie des sciences humaines*, Gallimard, 1966, p. 32. 转引自张世明：《经济法学理论演变原论》，中国人民大学出版社 2019 年版，第 365 页。

③ 参见张世明：《法律、资源与时空建构：1644～1945 年的中国》（第一卷），广东省出版集团、广东人民出版社 2012 年版，第 51 页。

④ 张世明：《经济法学理论演变原论》，中国人民大学出版社 2019 年版，第 372 页。

⑤ ［英］埃德蒙·柏克：《自由与传统》，蒋庆、王瑞昌、王天成译，商务印书馆 2001 年版，第 109 页。

种理性的自由观念的一种典型，著者也对其着墨较多。这种自由观也深刻影响欧洲竞争观念和欧盟竞争法之形成，造就了欧洲统一化市场之繁荣。[①] 秩序自由主义者认为以竞争为主要特征的经济秩序才是确保经济效率和人的尊严的唯一途径。[②] 秩序自由主义者并非反对一切政府的干预，但是对其保持警惕。“自由主义与无政府主义在自由问题上的最大分野即在于，自由主义追求自由与秩序之间的平衡。”[③] 作为秩序自由主义代表人物之一的欧肯强调国家的经济政策应该限于塑造经济秩序，保护和促进竞争，不超越此界限而试图以统制方式干预经济过程。[④] 秩序自由主义不仅是经济学理论，而且是一种兼顾经济和法律的理论，其为传统自由主义增加了法律的纬度和社会的纬度，主张市场是必要而不完善的，有必要将经济根植于一种法律环境中，由此通过法律保护经济并由经济形成一个和谐社会。[⑤] 在秩序自由主义者看来，法律不是外化于市场，而是内生于市场，作为市场一个重要的组成部分。正是秩序自由主义对“自由—秩序”这一组范畴的理性克制的阐释使其牢牢成为战后德国经济法学的理论基础。著者还引用了载入1959年《哥德斯堡纲领》的名言作为对“自由—秩序”关系的注解——“竞争尽其可能，计划按其必要（Wettbeweb soweit wie moeglish, planung soweit wie nötig）”。[⑥] 在一定意义上，我们可以说经济法的本质是一种经济自由保护法，但是其允许以限制自由的方式保护自由，经济法必须为经济自由划定界线。“在现代，秩序是以自由为轴心而形成，自由是秩序的内部展开。干预离不开市场，市场亦离不开干预。”[⑦] 十八届三中全会以来，我国深化对政府和市场关系的认识，明确提出使市场在资源配置中起决定性作用和更好发挥政府作用，著者的观点与此一脉相承。如果要为此书中经济法学说产生和发展的核心论题寻找一条逻辑脉络，那么经济自由和经济秩序、经营自

---

① 关于秩序自由主义的论述，可参见［美］戴维·格伯尔：《二十世纪欧洲的法律与竞争》，冯克利、魏志梅译，中国社会科学出版社2004年版，第286-328页；［德］何梦笔主编：《秩序自由主义》，董靖、陈凌、冯兴元等译，中国社会科学出版社2002年版，第3-78页。

② 参见［美］戴维·格伯尔：《二十世纪欧洲的法律与竞争》，冯克利、魏志梅译，中国社会科学出版社2004年版，第296页。

③ 张世明：《经济法学理论演变原论》，中国人民大学出版社2019年版，第359页。

④ 参见冯兴元：《弗莱堡学派代表人物欧肯其人及其经济思想》，载《学术界》2014年第3期。

⑤ 参见张世明：《经济法学理论演变原论》，中国人民大学出版社2019年版，第309页。

⑥ 张世明：《经济法学理论演变原论》，中国人民大学出版社2019年版，第364页。

⑦ 张世明：《经济法学理论演变原论》，中国人民大学出版社2019年版，第364页。

由和政府干预的冲突和协调就是最清晰的主线。

关于“经济自由—经济秩序”这组底层语法的探讨揭示了“经济法学发展”的哲学理论基础，而著者书中对社会法学运动的研究则揭示了“经济法学产生”的哲学理论基础。古典自然法学将“现实的法”和“应有的法”（即自然法）对立起来，认为自然法是永恒不变、普遍适用的，对自然法的信仰乃是西欧政治思想的独特标志。① 尽管许多西方学者形成一种学术趋向，认为历史法学与自然法学在本质上是一样的，它仅仅在自然法学的内容上加上了人本主义、国民意识等，使其更加丰富和更加适应社会的现实。实际上，如果说自然法学是一种“法律创设论”，历史法学则是一种“法律发现论”。② 历史法学强调“法与社会环境和社会历史之关系”，试图从塑造了“民族精神”的社会环境和社会历史中发现法的真谛，这本身便与后来的社会法学相通，为后者的兴起埋下伏笔。③ 而著者认为，社会法学的兴起是经济法学产生的法哲学基础。社会法学肇始于法国孔德的社会学理论和实证主义哲学等，但正式开端于耶林和基尔克的学说。耶林认为法律并非像数学般可以逻辑地产生，而是应现实生活要求所产生，且系追求利益所产生，应当受“目的律”的支配。④ 耶林批判康德法哲学中的个人主义，认为法学的重心应当转移于社会、社会目的及达成这些目的的方法，不应过分注重个人权利及利益。著者评价到，耶林是当之无愧的社会法学的先驱。日本经济法学家峰村光郎亦将把肇端于耶林的社会法学新思潮作为经济法的思想根源加以探究。⑤ 耶林之后，声势浩大的社会法学运动勃兴，基尔克就是这场运动中的代表性学者之一。基尔克认为私法和公法并不是法律的基本分类，而应该是“个人法”和“社会法”；个人法管理个人及团体的私的关系，社会法则管理团体内部的活动及全体的关系。对此，西方学者评价到，基尔克首次在个人领域之外，指出还存在社会法领域，这是对现代法学的最大功绩。著者指出，经济法通常被认为是社会法，其思想本源正是来

---

① 参见张世明：《经济法学理论演变原论》，中国人民大学出版社 2019 年版，第 337 页。

② 参见张世明：《经济法学理论演变原论》，中国人民大学出版社 2019 年版，第 338 页。

③ 张世明：《经济法学理论演变原论》，中国人民大学出版社 2019 年版，第 338 页。

④ 参见［德］鲁道夫·冯·耶林：《为权利而斗争》，胡宝海译，中国法制出版社 2004 年版，第 7－8 页。

⑤ 参见［日］峰村光郎「ルメ“ルフフンィェリンヶ”と目的法学」，『法学研究』第 11 卷第 2 号，1932 年。转引自张世明：《经济法学理论演变原论》，中国人民大学出版社 2019 年版，第 340 页。

自基尔克。

除了对经济法的哲学基础的探讨，著者还对经济法的经济学基础进行深究。经济法与经济学具有千丝万缕的联系，这种密切关联很容易对经济法基础理论和底层语法的建构产生干扰。例如，一些国内经济法学者将凯恩斯经济学引入经济法，并将其作为经济法的理论支柱。而在凯恩斯干涉主义下，经济法沦为干预法，具有了较强的侵权法、侵益法色彩；经济法最重要的功能被界定为规范和限制干预权，如此就难以与具有控权法特征的行政法相区隔。更重要的是，当经济衰退，国家为了景气周期而大量干预经济时，经济法研究方兴未艾；而当经济增长，国家干预收敛时，经济法研究可能茶而不振。这种依附于国家干预的理论基础让经济法学科随着经济周期而摇摆不定，随着不同历史时空政府和市场的强弱关系变化而风雨飘摇。对此，著者提到如果像一些学者片面强调“在经济产生的整个历史过程中，一直起着支配作用的就是国家干预主义”，那么经济法学既不可能产生亦无法发展。值得注意的是，德国也有将经济法作为干预法的学说，研究经济公法或经济行政法的学者不乏其人，但是德国主流经济法学却始终与凯恩斯学说保持警惕的疏远。[①]“事实上，寒往暑来，品物流行……经济学理论的发展也是互相磨切交错，在统治者政教施为中如同冬裘夏葛一般依时而用之。”[②]罗斯福曾讥讽，经济学家们每五年或十年改变一次他们对经济规律的定义。经济法学的经济学理论不仅局限于凯恩斯经济学，而且是极为多元、易变的。从经济学中不假思索地“借用”语法规则和基石范畴来构建经济法学的理论根基，容易让经济法学沦为缺乏法安定性和教义学意蕴的经济管理学或经济政策学，危及经济法学科自身的生存和发展。总之，从经济法哲学基础的正面思考和对经济法经济学基础的反面拷问中，都可以看出唯有将经济法定位为理性的经济自由秩序保护法而非经济干预法，方能不失法学的本位主义，彰显浓郁的法律科学属性。

著者在书中以受经济学理论影响最为深刻的经济法重要部门法——反垄断法为例，对经济学理论和经济法学制度的互动关系提出反思，旨在揭示经济法学简单移植经济学范畴的危机。很多国内经济法学者认为美国《谢尔曼法》是

① 参见张世明：《经济法学理论演变原论》，中国人民大学出版社2019年版，第232页。

② 张世明：《经济法学理论演变原论》，中国人民大学出版社2019年版，第303页。

现代意义的经济法的起源，但这部法案却受到了经济学理论的侵蚀。考特和尤伦在《法和经济学》一书中说到，实行《谢尔曼法》反托拉斯，重点与其说放在固定价格这一法律问题上，不如说放在固定价格与产量的影响这一经济学的问题之上。① 20世纪60年代至70年代初，美国的反垄断立法和司法实践深受哈佛学派结构主义的影响。1968年美国司法部颁布的《企业合并指南》全盘接受了哈佛学派的理论，这被一些论者批判为法律适用与寡头理论之间签订了一种“浮士德式合同”。② 物换星移，70年代开始芝加哥学派的经济理论登上历史舞台，美国的反垄断立法和司法再次随着经济学理论的变化而随波逐流，效率至上、全面放松管制、奉行无为而治成为这段时间美国反垄断法学的显著标签。随着博弈论和信息经济学为基干的新产业组织理论的引入，芝加哥学派的理论被认为过于理想化和简单化，主张法官必须对具体商业策略行为进行精思密虑，导致反垄断法朝着精细化、微观化分析的方向发展。但是过于复杂的经济学理论和经济学模型引入法庭，让霍温坎普等学者担忧这些分析已经大大超出法官的能力负荷，结果弄巧成拙。③ 今天的美国反垄断法依然在随着反垄断经济学的发展而浮沉不定，一些经济学家甚至讥讽，从经济学的角度看，反托拉斯法并没有什么深刻的意义或理论基础。罗伯特·博克甚至指出反垄断法本身就是一个矛盾体——反垄断法认为：（1）竞争者放弃他们之间的竞争，就是伤害了竞争机制；（2）竞争者伤害了其他竞争者，因此也就伤害了竞争机制。这就形成二律背反，如果二者均成立，竞争机制就不存在了。④ 著者反思到，对于芝加哥学派经济学而言，效率是经济政策的唯一目标，但是对于经济法而言，手工业保护、消费者保护、对发展中国家的“特别待遇”、反通货膨胀等许多目标是可以和效率追求相提并论的。“经济自由秩序并非单目标性而是多目标性。因此，经济学难以对经济法追求的多元目标性的经济自由秩序完全进行解释不

---

① See Robert B. Cooter&Thomas Ulen, *Law and Economics*, Scott, Foresman and Company, 1988. 转引自张世明：《经济法学理论演变原论》，中国人民大学出版社2019年版，第326页。

② See Frederick M Rowe, “The Decline of Antitrust and the Delusions of Models: The Faustian Pact of Law and Economics”, *Georgetown lawJournal*, Vol. 72, 1983, pp. 1510 – 1571.

③ 参见［美］赫伯特·霍温坎普：《反垄断事业：原理与执行》，吴绪亮、张兴、刘慷等译，东北财经大学出版社2011年版，第11 – 78页。

④ See Robert H. Bork, *Antitrust Paradox: A Policy at War with Itself*, New York: The Free Press, 1993, pp. 134 – 135. 转引自张世明：《经济法学理论演变原论》，中国人民大学出版社2019年版，第329页。

足为怪，两者之间的张力不容忽视。"[①] 经济法应当依靠经济学的方法，但是更应当坚守经济法的理念。[②]

二、方法论之纬：推参阐述法和着眼于"时空"的大叙事

19世纪末，英国法学家詹姆斯·V. 布莱斯将法律研究方法归纳为四种，即先验哲学方法、分析方法、历史方法和比较方法。[③] 由于著者常年躬耕治学于法学、历史学、哲学、宗教学等学科以及掌握德语、法语、日语、英语等多种语言工具，上述研究方法在书中都得到了淋漓尽致的运用。[④] 但笔者认为著者对于经济法方法论的最大贡献是对德国经济法学泰斗费肯杰的推参阐述法的引用和书中所采用的一种体现时空观的大叙事。

费肯杰除了经济法方面的著作之外，[⑤] 还著有被拉伦兹誉为"里程碑式不朽之作"的《法律方法比较论》五卷本，推参阐述法就是其中独创性的一种方法。首先，推参阐述法从一种文化思维模式内部去考察法律政策目标，而不涉及这种文化思维模式的价值评判；其次，再从该文化模式外部进行效率能力评价，这一阶段可以引入直觉、价值、情感等主观因素；最后，从通用标准（如法治中的理性）出发，使得不同文化思维模式之间的比较成为可能。与其他方法相比，这种"入乎其内、出乎其外"的方法论更加立体丰盈，更具逻辑层次性；更重要的是避免先入为主地以西方法治价值为参考坐标，体现了对不同文化的包容性和文化思维的中立性，较之一些方法论更具有历史性、民族性及人文性。不同于刑法、民法等传统部门法能够形成诸多共识性的范畴，略显稚嫩的中国经济法常常聚讼纷纭、百家争鸣。尽管这种缺乏统一认识的"多重态"是学科的必经阶段，但是长期沉陷于该形态之中而难以自拔，势必阻碍学科的

---

① 张世明：《经济法学理论演变原论》，中国人民大学出版社2019年版，第330页。

② 参见张世明、王济东：《企业并购法贯通论》，中国政法大学出版社2018年版，第398页。

③ See James Bryce, *Studies in History and Jurisprudence*, Oxford University Press, 1901, p. 623.

④ 根据《经济法学理论演变原论》一书所列的"主要参考文献"的统计，书中引用的外文著作（不含期刊和中文译作）约235部，其中德文著作79部，英文著作76部，日文著作69部，法文著作11部。

⑤ 费肯杰创作的两卷本《经济法》堪称德国经济法学里程碑式的著作，经由张世明教授等翻译，于2010年首次在中国出版发行，译著共计200万字。参见［德］沃尔夫冈·费肯杰：《经济法》（第一卷），张世明、袁剑、梁君译，中国民主法制出版社2010年版；［德］沃尔夫冈·费肯杰：《经济法》（第二卷），张世明译，中国民主法制出版社2010年版。

发展，无法成为内含确定性和稳定性的常规科学。导致这种停滞不前的部分原因在于一些研究者在方法论上画地为牢、故步自封，缺少对其他文化思维模式下的经济法理论的考察，沉浸在闭门造车之中，更遑论能从不同思维中提取最大公约数从而形成确定和稳定的范式。推参阐述法的运用能够最大化凝聚共识，加速范式的形成。

著者在书中将推参阐述法应用到经济法定义上，彰显了这种方法论的优越性。中国经济法学非常偏好致力于为经济法下定义，对经济法的整体概述孜孜以求。著者也指出：“在中国，几乎每本经济法教科书也都提出各自的经济法的定义，令人眼花缭乱，无所适从。”[①] 遗憾的是，这些纷杂的定义从一开始就采取主观的先入为主、开门见山的描述性定义，定义成什么样子则取决于每个人“自己心目中的本尊佛”，而且这些定义局限于中国本土的实践和较为有限的文献资源，明显存在时间和地域上的偏颇，然而科学的概念是建立在客观的根据可观察和测量的特征来界定变量的操作性定义之上。[②] 尽管在书中著者并未对费肯杰对经济法的定义内容作出评价，但是较为推崇费肯杰基于推参阐述法的定义方法。[③] 费肯杰并未先入为主地将“西方理性”作为定义的前提，而是将计划经济模式的经济法和市场经济的经济法均考虑到经济法的定义之中，加以约分，寻找其最大公约数。费肯杰指出，在自由经济国家，对市场秩序和财产秩序的确保构成一般经济法，总体或个别规制构成特殊经济法；而在计划经济国家，经济计划的法律构成一般经济法。一般经济法和特殊经济法的区分只是一个由各自的经济宪法的基础类型所规定的形式上的区分。费肯杰关于经济法的定义能够包容不同文化思考模式，既能入乎其内，又能出乎其外；不仅涵盖了欧洲经济法，还涵盖了世界经济法。

书中著者所采用的体现时空观的宏大研究路径是其在方法论上第二个贡献。一些经济法学者常常局限在一个狭小或静止的时空坐标之下“孤芳自赏”，著者却从会通东西和贯穿古今的时空纬度进行研究，而这往往需要海量的资料考

---

① 张世明：《经济法学理论演变原论》，中国人民大学出版社2019年版，第374页。

② 参见张世明：《经济法学理论演变原论》，中国人民大学出版社2019年版，第375页。

③ 费肯杰认为经济法是以一般原则和通过总体或个别干预调整经济财产的流转安排的自由和其定分归属，在既定的经济宪法框架内，保障依据经济正义的标准所衡量的经济公民的自我发展和供给的重要法律规范的总和。

据、具备宽大的视界、涉及极广阔的论域，需要付出巨大的艰辛努力。“法律是人有意识地利用时空中的资源达成自己目的的一整套规则。法律是有生命周期的，在时间和空间中获得资源支持下的生命。在这种意义上，一部法律，就是一部时空建构史。”[①] 时间性和空间性是著者在方法论上始终关照的两个纬度。有别于一般比较法研究只关注时间性的纵向考察或只关注空间性的横断研究，该书同时沿着“纵的考察”和“横的透视”两个纬度，不仅关注相同空间性下经济法学说在时间轴线上的变迁（包括德国工业法时期、初创时期、机能说时期、战后时期，日本战前时期、战后时期、当前新动向，苏联战前和战后两个分期以及中国经济法学的断裂和延异等），还关注相同时间性下经济法学说在空间轴线上的继受（包括德国经济法在日本、欧陆的传播，德日经济法的美国化趋向等）。更难能可贵的是，著者还深入分析了时间性和空间性之间纵横交错的相互影响，生动呈现了一幅关于经济法学说演变和发展、经济法规范移植和变迁的立体性图景，最终反映了著者希望借助经济法指涉“法律的时空建构”的学术旨趣。

例如，书中著者对德国经济法学说和日本经济法学说分别进行了较为深湛的梳理和考究，同时著者更花费巨力分析德国经济法学说和日本经济法学说的交互影响。著者在分析德国经济法学理论在日本的传播与变异时，指出具有留德背景的孙田秀春等日本法学家将德国经济法学说引入日本，但是不同于德国法学家比较强调经济法的精神的伦理面向，日本法学家更注重法技术的植入，这也导致哥德施密特的学说大行其道，而其他展示法精神伦理的世界观说等理论黯然失色。[②] 著者还分析了战争对“学说继受”的影响，日本进入战时经济时期，日本经济法学者在对德国诸经济法学说介绍的同时对其加以同化和修正，从而更好地为统制经济、拘束经济服务。战争结束后，日本被美国占领，但是德国法并未完全被美国法取代，一些德国式基础得以保持和维持。盟军占领体制结束后，德国法学说对日本的影响再度显而张达。除了日本，著者还分析了德国经济法学说对欧洲诸国的影响。著者考虑了空间性因素，指出根据理论地理学距离规律，越靠近场的源点的地区，场的作用强度越大，影响效应水平越

① 张世明：《法律、资源与时空建构：1644～1945年的中国》（第一卷），广东省出版集团、广东人民出版社2012年版，第65－66页。

② 参见张世明：《经济法学理论演变原论》，中国人民大学出版社2019年版，第243页。

高。著者对与德国毗邻而居的法国、奥地利、意大利的学说继受之分析也验证了这个规律。总而言之，格外关注时间性和空间性的研究方法是该书的一大方法论特色，亦是该书的一大方法论贡献。

三、历史论之纬：经济法史学的开拓

相比于基础理论和方法论，经济法历史的研究匮乏是制约其成为“名副其实”的常规科学的最大瓶颈。在该书问世之前，国内关于经济法历史的研究较为薄弱，该书对经济法史学的研究作出了开创性的贡献，甚至称其为中国范围内经济法史学的奠基之作也不为过。著名经济法学家刘文华教授评价该书“不仅在法制史学方面突出了经济法史的研究方向，而且也为经济法理论方面填补一块仅已勾画粗略线条的空白。整个经济法学界应该感谢张世明同志的劳动成果”。著者在开篇就引用马克思和恩格斯的一个重要论述——“我们仅仅知道一门唯一的科学，即历史科学”[①]——对历史厌倦症和历史无用论进行批判，也从侧面反映了著者对于历史的深度关切。一般认为现代意义的经济法产生于19世纪末、20世纪初，但即便如此，其也缓缓历越了一个世纪有余的时光。关于经济法历史学的研究不应被边缘化，“因为任何一种观点，都只有通过历史发展，才能把它认识清楚”。[②] 著者沿着发生学的角度，对经济法概念的起源、产生因由、在近代法律构造更化中的地位、德日及苏联经济法学说之演变进行了精细的实证研究，展现了扎实的考证功力。以经济法概念的溯源为例，1983年佟柔先生的《论我国民法的调整对象及与经济法的关系》一文中指出，“经济法”一词最早来自于1906年的《德国经济年鉴》，很多学者都直接采信而不深究，但是著者并未人云亦云，不仅考据了这本里特尔的《德国经济年鉴》，而且还系统研究了德国卡尔·克尼斯所著的《历史方法观的国民经济学》和《作为独立学科的统计学》，著者发现当时的德国经济历史学派非常注重统计，主张归纳才是经济的研究方法。而受到这种强调统计归纳的学术氛围的影响，里特尔使用Wirtschaftsrecht一词并不是指代科学意义上的经济法的，而是将法律

---

① 《马克思恩格斯全集》（第3卷），人民出版社2002年版，第20页。

② ［法］孔德：《实证哲学教程》，载洪谦主编：《西方现代资产阶级哲学论著选辑》，商务印书馆1982年版，第25页。

(recht) 和经济 (Wirtschaft) 合用来说明世界经济有关各法。[①] 而后，著者又考据蒲鲁东、古维奇、皮彭布罗克的著作，最终得出论断——现代经济法概念的开山鼻祖为蒲鲁东。著者在书中写到，蒲鲁东认为为了达到国家和社会的均衡，就必须进行国家的改造和社会的组织化，而构成新社会组织的基础就是经济法。作为公的政治法会造成政府过多限制经济自由的危险，而作为私的市民法则无法影响经济活动的全部结构。因此，经济法是作为政治法和市民法之补充和必要的派生物，是与政治（公）法相衡抗的必然的均衡力，其本质是将经济组织起来，将与政治经济相对、适用正义而组织起来的相互性制度。[②] 史际春教授在《经济法总论》中慧眼独识，将蒲鲁东定位为最早提出经济法概念的人，[③] 而著者通过上述细致延绵的考证，为这一说法提供了坚实的实证基础。如今，该观点已经成为学界的通说，引用者不胜枚举。

更值得一提的是，著者对学术界普遍认可的——中国"经济法"概念最早是由1979年6月叶剑英同志在五届人大二次会议上所提出、中国经济法产生于70年代末等观点进行辩证，指出民国时期已经有经济法学，当时涌现出张则尧、李景禧、陆季蕃、张蔚然等一批法学者，将国外经济法学说引入中国，他们的一些论著见解之深邃让人瞋目。例如，著者指出："不敢说李景禧是中国最早研究经济法学的第一人，但他无疑是中国研究经济法学的前路先驱之一。"[④] 李景禧在1937年上海东吴大学法学院主办的《法学杂志》上发表了《社会法的基础观念》，指出第一次世界大战中"以德国经济生活非常的变动，和国家的统制经济为契机，超越传统的市民法理，与劳动法有同一进取态度之所谓社会化'经济法'(Wirtschaftcrecht)，于焉而生，新法系基本的根据，为社会团体主义的精神，德国学者之间，遂最先有了'社会法'新法系的提倡"。[⑤] 另一位民国时期学者陆季藩则指出社会法包括两部分，一是劳动法，二是经济法。社会法乃民法原理转变中的产物，在形态上，虽然与民法处于反对地位，但其

---

① 参见张世明:《经济法学理论演变原论》，中国人民大学出版社2019年版，第11-17页。

② 参见张世明:《经济法学理论演变原论》，中国人民大学出版社2019年版，第19-22页。

③ 著者对史际春和邓峰教授1998年所著的《经济法总论》给予极高的评价，著者书中写到："史际春的《经济法总论》以其戛戛独造的精湛研究而使中国经济法学理论步临新境……" 见张世明:《经济法学理论演变原论》，中国人民大学出版社2019年版，第13页。

④ 张世明:《经济法学理论演变原论》，中国人民大学出版社2019年版，第214页。

⑤ 李景禧:《社会法的基础观念》，载《法学杂志》1937年第9卷第6期。转引自张世明:《经济法学理论演变原论》，中国人民大学出版社2019年版，第213页。

实质并不否定民法，只不过加以限制而已；在其效用上，与民法互为表里，以达到维持现代经济组织的目的。[①] 著者的极深研几让这段被遮蔽的经济法学术谱系见诸于世，从而明确了经济法进入中国的渊源脉络，防止中国经济法历史谱系的断裂，避免了民国时期经济法学思想被遮蔽乃至被遗忘的命运。

在该书之前，国内经济法学者对于德日经济法理论的了解尚系只鳞片羽。著者克服了巨大语言障碍，系统化和体系化地梳理了德国海因里希·莱曼的工业法说、努斯鲍姆的集成说、韦斯特霍夫的方法论说、海德曼的世界观说、歌德施密特的组织经济固有法说、卡斯凯尔和豪斯曼的企业管理法说、弗赖堡学派的机能说以及战后提出的“社会的市场经济说”“经济政策中立说”“混合的经济基本体制说”等。此处举其荦荦大端者——海因里希·莱曼的工业法说认为民法典很少顾及工业化惊人发展的需要，法学成果主要集矢于民法与罗马法，对现代经济和产业法的问题回应不足，因而他呼吁将工业企业置于中心的工业法研究。多数德国学者认为20世纪初以“工业法”的名称所讨论的法律问题，多为现代经济法的研究课题，虽然当时多以私法规定及原理解决之，但仍不啻为现代经济法源起的构成部分。[②] 集成说最著名的代表人物首推努斯鲍尔，其认为经济法是一个集合的概念，是一系列法律规范的综合；民法本质上是对国民经济予以间接影响为主，以个人生活为其对象，而对国民经济予以直接影响的法律规范的集合称为经济法。努斯鲍尔还认为战后法律的明显特征是公法和私法之间相互融合，国家权力进一步干预经济活动、个人自由受到压制。著者评价到：“这意味着努斯鲍尔是‘私法的公法化’的先驱者，与今天仍将经济法作为公法私法的混合领域的理路相一致。”[③]

方法论说的代表人物有韦斯特霍夫、鲁姆普夫、卡尔·盖勒等，其共同的旨趣为运用法社会学的方法对经济现象的法进行把握。例如，韦斯特霍夫运用法社会学的方法，将经济事实置于法秩序的基础地位，将法学视为直接对经济原始资料进行区分和探究其间关系的工具，由此向社会学的领域推移。他主张

① 陆季藩：《社会法意义之商榷》，载《法律评论》1936年第13卷第36期。转引自张世明：《经济法学理论演变原论》，中国人民大学出版社2019年版，第214页。

② 参见张世明：《经济法学理论演变原论》，中国人民大学出版社2019年版，第87页。

③ 张世明：《经济法学理论演变原论》，中国人民大学出版社2019年版，第88页。

对经济进行相应的法的侧面的体系化，同时用法社会学的方法确立经济法的基础。[①] 世界观说的代表人有黑德曼、克劳辛等。黑德曼认为我们并不需要从材料出发，判定法律材料的某一部分是经济法，而是要从一种基调出发，正如这对于在思想精神上领会自然法是必需的一样。18世纪自然法的出现是基于18世纪对自然的憧憬，在现代一切都具有经济性的时代基调，经济哲学、经济政策、经济史、经济地理、经济法庭等经济化现象不胜枚举。与这种基调并列登场的新的法的概念就是经济法。[②] 但是峰村光郎认为这种方法并没有阐明作为经济法理念的契机的世界观问题与作为经济法现实的契机的国民经济构造的变动问题的关系。

对象说的代表人物有歌德、施密特等，歌氏首先以交易经济（主要指涉个人之间财物及其劳动力的交换关系，其或多或少受到限制）和共同经济（主要指涉维持经济共同体和构成成员间分配的管理关系，其在现代社会不断增大）的区分为逻辑起点，将为改善生产而规制的交易经济和共同经济简化称为"组织经济"，将这种组织经济固有之法称为经济法。[③] 与着眼于法学研究对象的学说相对，着眼于法律机能的学说（即机能说）随着弗赖堡学派的发展而得以建立，著者称机能说为德国经济法学转折的重要环节。弗赖堡学派认为作为经济法的中心概念，必须考虑到在国家统制经济和特定经济政策意义上的经济秩序以及有关的经济制度，国家规制经济是有目的的，即确保自由主义经济秩序，而这也正是经济法的规制"机能"，所以称之为"机能说"可谓其来有自。[④] 金泽良雄指出："基本可以明确的是，经济法的概念规定，与其说是求之于对象，莫如说求之于它的机能。"[⑤] 国内经济法学界长期致思于为经济法寻找特定的调整对象，但均无法形成共识性的判断，这是由于经济法的现代性、综合性、实践性、公私融合性导致其调整对象的多重性。刘文华教授指出，经济法的划定

---

① 参见张世明：《经济法学理论演变原论》，中国人民大学出版社2019年版，第88-89页。

② 参见张世明：《经济法学理论演变原论》，中国人民大学出版社2019年版，第91页。

③ 著者除详细分析歌德施密特的学说发展和内容外，还详细分析了该学说引入日本后的变异，全面梳理了日本学者对该学说的继受和批判。这种注重不同时间性和空间性的互视与互动的方法是本书的一大特色。参见张世明：《经济法学理论演变原论》，中国人民大学出版社2019年版，第97-108页。

④ 参见张世明：《经济法学理论演变原论》，中国人民大学出版社2019年版，第111页。

⑤ ［日］金沢良雄『経済法』〈法律学全集（52-Ⅰ）〉，有斐閣，1980：17. 转引自张世明：《经济法学理论演变原论》，中国人民大学出版社2019年版，第111页。

与其依靠调整对象机械论，毋宁依靠调整功能。[①] 这一真知灼见与对象说到机能说的嬗变可谓异曲同工。

此外，著者还对美浓部达吉、田中二郎、吉永荣助、金泽良雄、今村成和、田中诚二、正田彬、丹宗昭信、松下满雄等数十位日本学者的学说进行刨根问底式的系统性梳理，在此不赘。值得称道的是，著者的经济法史学研究从来都不是静态的，其坚持一种动态的、互视的勾连性研究。如上文所述，书中关于日本经济法学者对德国经济法学说的评价、德国经济法学说对日本学者的影响等内容也着墨较多。

尽管书中对西方经济法学说进行了精深研究，但是这种比较研究只是手段，而最终目的是服务于中国本土法治建设。著者批判认识论和方法论上的“西方中心主义”，强调本土资源的利用和对传统法律文化的传扬。相较于大多数专著而言，该书极为珍护中华传统法治资源。“现代法律自然与古代法律不可同日而语，但把古代与现代截然视为两橛，很可能使现代中国法律最终成为无本之木。中国传统法律文化裂而不断，时隔心不隔。”[②] 著者分析经济法中效率与公平的关系时，考虑了古人关于“利”与“义”的观点。利者，义之和也。效率与公平相辅相成，不可割裂。著者通过分析古人关于“经”与“权”的关系，指出经济法以市场自由为原则（即有经），以干预限制为例外（即有权）。“经自经，权自权。但经有不可行处，而至于用权，此权所以合经也。”[③] 这种极为重视传统文化的研究路径，让著者的思想更具历史厚度和本土性。在《经济法学理论演变原论》一书中，著者研究亚当·斯密的《国富论》，同时也不忘研究司马迁提出“无形之手”功能等值隐喻的《货殖列传》；研究凯恩斯干预经济学，同时也不忘研究提出类似扩大消费以增加就业主张的《管子·轻重篇》和《管子·侈靡篇》。[④] 著者通过对古代田制“抑兼并”与“不抑兼并”两股相逆思潮的考究，反思了时人对竞争观念的错误理解。竞争法保护竞争过程和竞争秩序，而非保护竞争者。所谓公平竞争，不是起点上的竞争公平或结果导向的竞

---

① 参见刘文华：《走协调结合之路》，法律出版社2012年版，第163页。

② 张世明：《法律、资源与时空建构：1644～1945年的中国》（第一卷），广东省出版集团、广东人民出版社2012年版，第71页。

③ 《朱子语类》卷三七。

④ 参见张世明：《经济法学理论演变研究》（第二次全面修订版），中国民主法制出版社2009年版，第339页。

争公平，而是过程上的竞争公平。如果忘却了这一点，历史告诉我们：“抑兼并”只会强化国家垄断，“不抑兼并”只会造成放任主义。著者还通过对秦汉之后，盐、铁、酒、茶等官营经济的研究，以古为镜，反思了当下国企改革的流弊。

著者对经济法史学的研究启发后学，为我们开辟了一片关于经济法史学研究的新大陆，但是著者对传统经济法治资源的珍护态度在这个一切“向前看”、学术泡沫严重的知识爆炸时代更是弥足珍贵。需要说明，对传统的回顾并没有让该书陷入“中国中心观”，著者始终坚持不惟古不惟洋的中性立场。这种执中态度无疑受到费肯杰体现文化包容性的推参阐述法的影响。

四、结语

无论是著者对经济自由和经济秩序的论述，抑或是贯穿全书的关于经济法本质是干预法或自由法的反思，都体现了著者厚重的人本主义关怀。在该书末尾，著者提出了“人本主义经济法”的概念，应当是国内较早提出该概念的。[①] 经典学术名著往往能够彰显出一定的精神气质，这与不同著者的治学风格密切相关。在笔者看来，人本主义应当是对《经济法学理论演变原论》一书精神气质最适切的概括。该书的最后，著者发出呼吁——“中国经济法学体系的建构是一种结构化的过程，且这个过程任重而道远，士不可不弘毅，必须坚持以人为本的理念。”[②] 该书不仅“承前”，对经济法学理论的历史演变进行考究，为经济法理论大厦的营建坚固根基，还具有“启后”的作用，提出很多经济法基础理论问题留给后学“接着说”，如经济宪法、经济法体系（著者推崇费肯杰类似于潘德克顿体系的经济法体系框架）[③]、经济法与经济政策的关系、经济法哲学。这种承前启后使得该书具有旺盛的学术生命力，最终成为再版经典著作。

---

① 著者于1997年第一次提出“人本主义经济法”的概念。参见张世明：《经济法学理论演变研究》（第二次全面修订版），中国民主法制出版社2009年版，第348页。

② 张世明：《经济法学理论演变原论》，中国人民大学出版社2019年版，第415页。

③ 书中关于德国经济法体系的分析，参见张世明：《经济法学理论演变原论》，中国人民大学出版社2019年版，第120－135页。

学术动态

Economic Law Review

第四届浦江法治论坛暨中国上市公司合规战略论坛会议综述

第四届浦江法治论坛暨中国上市公司合规战略论坛会议综述

朱国华* 蒋鑫涛**

目 次

引 言

自党的十八届四中全会以来，我国全面推进依法治国已取得相当的成果，法律法规不断完善，人民法治意识显著提升，社会主义法治国家建设正稳步进行。但在蓬勃发展的法治建设中，中国上市公司的合规问题却一直没有得到足够的重视。合规是法治的重要一环，是法治贯彻落实的体现，建构完善的合规

* 同济大学法学院教授，浦江法治论坛副主席兼秘书长。
** 同济大学法学院 2017 级法律硕士。

体系有助于企业管控风险和确保企业价值。但国内大多数企业对合规问题持消极态度，对其不理解、不重视、不作为。近年因不合规而被惩处的企业比比皆是，不仅企业的经济效益和品牌名誉受损，还连带拖累整个行业受质疑，造成恶劣的社会影响。

从2008年西门子合规事件发生后，国际上已逐步建立起合规意识。在经济全球化的今天，为与国际经济体接轨以形成高效的全球价值链，完善我国企业合规管理势在必行。自中兴通讯事件、长春长生事件等合规问题爆发以来，我国长期边缘化的企业合规问题正面进入人们的视野。不合规对企业发展造成的影响之巨大、后果之严重大大超出许多企业和社会的预期。2018年11月1日，习总书记在民营企业座谈会上提出“在合法合规中提高企业竞争能力……形成更多具有全球竞争力的世界一流企业”；国务院相继出台一系列合规管理试行办法，持续推动我国企业合法合规经营管理。

浦江法治论坛由浦江法治论坛组委会、中国人民大学法学博士后流动站、中国人民大学法学院、中国人民大学公共治理研究院、中国金融信息中心、中国人民大学上海校友会主办，中国创造学会、中国行为法学会企业治理研究分会、中华全国律师协会合规委员会、华东政法大学司法学研究院、中国产业升级网、同济大学发展研究院、同济大学法学院、复旦大学北京校友会、同济大学商会行业协会发展研究中心、同济大学经济政策与法律研究中心共同主办。该论坛作为致力于推动中国法治化进程的公益平台，充分认识到合规是保障中国社会法治化进程的贯彻落实和经济平稳健康发展不可或缺的环节，广泛联系各相关学科的研究力量和企业合规实践者，吸收并融合理论研究和实践经验，于2018年11月2日至4日在上海世博源星动力科创空间举行。参会学者、专家、各上市公司董事、监事、高级管理人员等就目前我国合规共识、合规管理存在的问题、合规管理的实施等方面进行交流。

一、合规理念的共识

上海交通大学安泰经济与管理学院教授、博导朱国泓认为，当下企业合规管理的最大问题在于企业合规共识的阙如。国内合规研究尚未形成共识。企业合规似乎是金融机构、央企、涉外企业和涉事企业的专属，其他企业“事不关已高高挂起”。实践中，企业合规管理区块化特征明显，研究和实践存在共识鸿沟，企业合规共识亟待共建。要推动企业合规从“要我合规”到“我要合规”的根本跨越，合规共识更为关键。“企业合规是什么”“企业合规为什么重要”“企业怎样合规有利有效”这三个基本问题的回答，是达成企业合规共识的内容基础。公序良俗和良法善治是企业合规达成共识的先决条件。一个有生产力和影响力的公益论坛平台，能否广泛联系各学科研究力量，广泛联系企业合规实践的利益相关各方，是论坛平台能否发挥其职能推动研究与实践良性互动、促进企业合规基本知识上升为企业合规共识的关键。

同济大学法学院教授、博导朱国华共提出了三个观点和四个建议。他认为：第一，企业合规是中国企业发展生死存亡的关键。中国自古以来即有合规思想，中国古代企业也有合规实践，如山西乔家商号的经营管理即体现了晋商的合规思想。改革开放以来，中国企业提倡遵纪守法、积极履行社会责任，都是合规之路。由此可见，合规是脚踏实地的日常事务。中兴通讯的停摆事件警告中国企业合规不力可能造成严重后果，中国企业的合规状况距离当今高度开放的市场经济要求尚有不小差距。第二，企业合规是中国法治的微观场景。企业合规将促进中国各项法治建设落地，将促进中国企业的公平竞争，塑造公开、公平、公正的竞争环境，将有力控制企业高管贪污、行贿和受贿，有效打击社会不正之风，还将在一定程度上推动中国法律制度的完善。第三，目前企业合规理论与实践仍任重道远。公序良俗、良法善治建设亟待与企业合规吻合，一些法律法规亟待修订完善，相关社会理论规范需要重新塑造；企业合规要做到洋为中用，实现从对西方企业合规理论的借用到中国企业合规理论的适用；企业合规实践应做到实事求是与时俱进，破除企业合规“高大上”想法；研究与实践必须深度互动，在互动中凝聚共识。最后他建议，利用浦江法治论坛，使更多学科、更多合规实践利益相关方参与到企业合规的理论与实践中。

上海社会科学院法学所教授魏昌东认为，上市公司治理有必要思考三个问题：第一，必须选择自我合规治理的科学理念。他认为有必要引入中国信用法治体系建设作为合规制度的基本理念，在此理念上建立制度规范体系。第二，必须选择科学治理的理念，强化上市公司合规计划的推进。单纯的外在强制性治理不足以使国家治理产生最高效果，最佳成效来源于内外结合治理，而合规就来自这样的尝试。目前，有必要借鉴国外的经验和制度体系，强调由外在强制变内在合规。第三，呼吁共同行动，推进合规计划制度体系建设走向行动化。可以对中国企业家犯罪重点涉及的一些问题做评估，向相关企业提供相应的合规情况、腐败发生风险的报告，使企业更能符合国家利益、社会利益、企业利益三项共同追求。

美中国际商务高级研究院教授、哈佛研究中心教授夏善晨提出，第一，守法是最重要的合规环境。通过传媒让社会共同认识到合规的社会性，是合规在法治精神上的体现。第二，合规是公司治理制度的重要保障，应当从社会要求变成自身行为，这是承担社会责任的体现。并且，公司可以通过合规来形成公司对外发生法律问题的抗辩。第三，合规是国际化问题。中美贸易战的内因之一是国际认知的合规内容。如何使中国企业发展为符合国际认知的合规企业，是中兴事件应当引发的思考。

上海文化艺术品鉴促进会执行会长张耀伟结合个人感悟，讨论现阶段时尚公司合规文化建设。企业治理是系统性工作，合规是企业治理的基本要求。上市公司违规事件屡惩不止，一方面上市公司会受相应制裁，另一方面也会引起市值缩水，甚至面临退市风险。上市公司要长久发展，合规是根本要求。

中国人民大学法学博士后郭卫华强调企业一把手的合规意识。国资委应对一把手进行专门的合规培训，而一把手也要高度重视合规工作，配全公司的合规管理人员，重视企业合规人员在企业的价值。企业项目认证、项目投放要真的有合规力量的支持，让合规一票否决，以此制约公司出现的问题。

二、合规的目标和价值

浦江法治论坛副主席唐纯初提出，当今国内、国际上经济形势复杂，创新与转型可使企业走得更快，合规则让企业走得更远。上市公司要从以下方面提升自己的合规水平：坚持依法治企，坚持合规运作，严禁内幕交易、操纵市场、欺诈客户等行为，向公众提供真实、准确、完整的信息，不得虚假记载、误导性陈述或重大遗漏，提高上市公司透明度；要建立规范、可持续的合规监管体系，成立与法务部门分离的、专门的合规部门，最好有一名高管全面负责合规风险管理，并做好全体员工合规培训；要建立合规文化，公司领导层起带头作用，在工作中重视合规，履行社会责任。

淮阴师范学院教授蒋大平提出“提升合规经营水平，促进企业健康发展”。市场主体的经济活动需要在公平透明的法治环境中进行，也需要在法治的框架内合法合规从事经营活动。应用法律规范政府、企业、社会组织和个人行为，严厉打击各种违法活动，让不正当竞争、违规经营企业没有生存发展空间。为更好规范上市公司，要增强合规发展意识，遵循法律规范，遵循市场经济价值规律；健全合规管理体系，健全法律制度。企业内部则应当调查研究以识别合规风险，根据风险导向建立合规制度，完善合规机制以保障运行，管理协调以强化合规的职责，推进持续合规做效果评审，持之以恒以形成合规文化。政府要构建新型政商关系，营造良好的市场秩序和营商环境。行业协会应根据行业特点和实际情况，组织专家制定行业标准，引导企业增强诚信合规记录，鼓励企业合规经营，与记录良好伙伴合作，指导会员企业合规文化建设，推动诚信守法蔚然成风。

北京德和衡律师事务所高级合伙人杨振伟、高级合伙人丁旭从三个角度诠释了上市公司全面合规体系创造价值和利润的机理：全面合规体系是风险防范、价值创造与业务推动的三维立体动态体系的建构；全面合规体系的终结目标是为创造价值；节约成本、有效化解减损和预防损失也是一种价值与利润的创造。最后应从合规文化建设，全方位确立和深度理解“规”的动态边界，到财务、税务、法务、商务“四务合一”的新型内控体系的建立等八个实操层面，探求上市公司全面合规体系的建构。

三、合规的背景和问题

全国政协常委、上海市政协副主席、教授周汉民引用大量事实数据回顾了中国改革开放四十年以来的重大历史进步。他认为，中国首届国际进口博览会在中美贸易摩擦全面升级的当下举办，向世界表明中国进一步深化改革开放的决心。结合现状，他提出四点建议。第一，应对百年未遇之大变局。作为世界最大的贸易国，在世界贸易组织改革进程中，必须要有中国的参与、建议和中国方案。第二，要引领人类进步。在智能经济时代，法治必须要形成新的创新和创意。第三，应当尽快创设一部独立综合的自贸区法，以此实现更深入的改革开放。第四，加强中国当下重要的经济层面相关立法。中国民营经济创造了重要价值，应当有强而有力的法治保护民营经济。

北京新世纪跨国公司研究所研究员丁继华提出，十九大报告提出要培育具有全球竞争力的世界一流企业，合规管理和合规文化是重要的软竞争力。从中兴通讯案和吉利公司收购沃尔沃和Terrafugia案例可以看出国际事务上合规的重要性。现如今跨国公司逐步走向全球公司，强化合规经营就是要迎接全球企业竞争的新规则，执行全球策略，实现全球管理，承担全球责任，打造全球价值链。其次，要把握国内合规发展新趋势。创建有效的企业合规管理体系，要把握组织适应性、责权相匹配、工作独立性原则，创建适应组织特征的合规管理组织架构，形成预防、监察、应对的闭环管理体系，建构好业务部门、职能部门与调查审计部门三道合规防线，明确合规管理部门的具体职责，协调好与重点部门如法律事务部、审计部门、风控部门和企业纪检监察部门等的工作关系。加强合作管理体系有效性的关键是各级领导尤其是最高领导的重视。

浦江法治论坛名誉主席王茂林深入分析了上市公司合规经营的问题并提出建议。企业的全部环节都要合规建设。目前中国股市的根本问题在于制度，实际上存在重融资、轻回报的缺陷；市场约束力不到位，监管容易“一管就死，一放就乱”；上市公司造假舞弊，大股东减持套现、内幕交易，扰乱市场。上市公司合规存在的问题有：一是资本市场缺乏维护小股东利益的有效机制，公司治理内部人控制问题依然没有解决，信息披露需要强化；二是新股发行制度存在缺陷，注册发行制度迟迟不能推出，股市缺乏科学合理的定价体系；三是上市公司对核心制度执行不到位，造成市场道德风险和逆向选择；四是外部制度问题，奖惩制度的约束还未有效建立，内部三会对管理层的约束能力不强；五是资本市场法律体系不健全，重要基础设施不完全，是我国资本市场的发展瓶颈；六是股市片面强调融资需求，影响了资源配置；七是健康的资本市场文化和惩戒制度尚未建立，资本市场信用体系尚未建立。最后，他提出几点建议：第一，继续理清政府和市场的关系，改进完善资本市场的法律和监督制度；第二，进一步完善多层次的证券市场体系，满足多元化投融资需求；第三，改革新股发行制度，严格执行退市制度，使资本市场有进有出，有效引导资源流向；第四，完善市场约束机制，促使上市公司健康发展，强化信息披露及时性、政策性，推动上市公司提升治理水平和整体质量；第五，鼓励金融创新，丰富资本产品市场，发展期货及衍生品市场，建立做空机制，健全资本市场信用体系，推动债权市场发展，提高直接融资比例，改善金融市场结构；第六，加大机构投资对资本市场的投资比重，鼓励保险、社保、养老金等大额资金入市，注重价值投资，维护股市长期稳定；第七，严打内幕交易、操纵股价等行为，防范利益冲突；第八，减少行政干预。

华东政法大学司法学研究院教授、博导崔永东提出，目前非公有制企业不愿合规经营是由于营商环境存在问题。营商环境包括法治环境、政策环境、道德环境。法治环境，包括立法、司法、执法都应对私营企业平等保护，严格区分经济纠纷和刑事犯罪界限，发挥检察机关监督作用，监督要强硬并实现全覆盖。政策环境强调政府自身应当讲规矩、讲信用，行为合规依法。“重公轻私”的思想应当破除，对不同市场主体应当平等保护。道德环境则应营造成重视道德、重视修养文化。

四、合规应当遵循的范围

合规是企业将自身的治理、管理和行为与法律、政策法规及监管对标，通过规章制度和内控，自觉地遵纪守法。通过中兴和滴滴的案例切入，中国人民大学法学院教授、博导史际春指出，法是要有社会的基本认同的。合规是要遵从法律和公权力，但不是所有的法都是好的，公权力及其行使也未必就善。法治应是良序善治，对恶法应当回避，中兴也即应当逃离美国之规。法律有恶法、错法、矛盾疏漏的法、滞后或超前的法，而合规须合乎公平正义和客观规律，对不完善的法律，企业需要和监管者、执法者进行沟通协商，寻求公权力的认同，必要时求助于公众，在博弈动态中实现合规。有了基本认同，正确的法才能获得执行力，错误、滞后、超前的法才得以纠正，矛盾、冲突的法才得以协调，疏漏的法才得以弥补。企业合规要权衡兼顾自身利益和社会公共秩序、公共利益，但是此“兼顾”并非指钻法律和规则的漏洞。

北方工业大学文法学院教授王斐民及其学生李凌霜认为，上市公司对合规规则的界定其实是对法的渊源的探讨。证监会出台的合规管理办法将合规界定为法律、法规、规章及规范性文件、行业规范和自律规则、公司内部规章制度以及行业普遍遵守的职业道德和行为准则等层次。2018 年 7 月发布的《企业海外经营合规管理指引（征求意见稿)》中加入了缔结或者加入的有关国际条约。另外，合规的渊源还包括交易国在贸易管制与禁止交易方面的法律法规，这将引发中国企业适用域外法时的边界问题。公司治理也应纳入合规范畴，如目前常用的 VIE 模式是否违反《外商投资产业指导目录》限制和禁止外商投资的规定；如果违反《上市公司治理准则》中 ESG 信息披露要求、上市公司党建义务、强制设立审计委员会、引入第三方评价机制等一系列有关公司治理的要求，是否也是不合规。

中国人民大学法学院教授、博导王旭从政府监管和企业自我规制角度讨论。企业合规本质上是企业文化的塑造。政府职能需要转变，才能为企业合规避免一些负面或片面的理解。中国政府权力体量非常大，对企业的干预有历史传统，如果缺乏政府职能转变，企业合规将陷入被动机械遵守的境地。除看得见的税费以外，政府的微观干预和权力寻租也给企业带来了很多看不见却很困扰的制度性成本。降低制度性成本是防止片面理解“企业合规是亦步亦趋按政府规定去做”误区的路径。另外，在新经济条件下，政府要求企业合规如何有效平衡权利义务和责任也是大问题，如法律对食品平台运营课以严格的法律义务和法律责任，实际上是把传统监管部门的权力以一种义务和责任的方式转移给平台企业。繁重监管职责的位移令企业治理不堪其累。最后，企业应该学会自我规制，结合自身情况，建立全过程风险点的分析预防体系。这套体系既能遏制政府过分干预之手，也是企业内部完善的治本之策。政府职能转变和企业建立 HACCP 体系相结合，企业合规将在法治框架下有预期、有绩效地发展。

东京大学访问学者王春民认为企业依法合规经营的“法”应扩大解释，包括行业规范和自律规则、公司内部规章制度、行业普遍遵守的职业道德和行为准则，并且将合规经营和阿尔奇·卡罗尔（Archie Carroll）的“金字塔”形社会责任理论相结合，提出企业遵守法律责任是狭义的合规经营，遵守伦理责任是比较高层次的合规经营，履行慈善责任是理想的合规经营。

钦点智库创始人、理事长、教授陈柳钦认为，合规不仅是法律问题，而且是立体的。合规不仅要符合法规制度层面的规则，还要符合道德文化方面的规矩，以及科学精神层面的规律。不只企业要合规，行业、政府、城市、国家也应该合规。

中国行为法学会企业治理研究分会会长张建华强调，不止公有制是我们的执政基础，非公有制同样重要，要认识到非公有制经济在社会主义建设中的重大作用。

五、合规的立法与制度完善

信用法制建设对合规影响巨大。首都师范大学教授石新中撰文《从〈民法通则〉到信用法》指出，《民法通则》为市场经济的运转提供了基本法律原则和制度，为立法、司法领域发展奠定了基础，促进了我国法治民主化、现代化进程。其中的“帝王条款”诚实信用原则是最重要的条款。通过总结经验发现，保障其成员诚实守信有两个机制，一个是通过国家立法对失信者进行制裁，另一个是通过信用信息传递机制对失信者进行制裁。立法位阶上，信用法应成为仅次于宪法的法律，是未来构建中国社会信用体系的基本法。立法技术上，信用法应暂时把难度大、颠覆性的规则放一边，对政务诚信、司法公信等单独研究立法；并借用《民法通则》的立法框架，从总论到分论来构建信用法，包括信用信息公开机制、信用信息处理机制或信用产品共治机制、信用养成机制和信用修补机制。立法理念上，要保障信用信息传递，基础是信用公开，包括个人、政府、企业等信用信息。最后，未来信用立法应更充分反映中国传统伦理规则。

当前监管部门有意建立资本市场诚信监管体制，中共中央党校教授王伟指出，需要把握几个关键问题：第一，强化信用的价值引领，关注立法和制度中体现的信用伦理、诚信道德等核心价值观，以诚实守信引领公权力机关行为，提升公权力公信力。第二，强化信用信息的传导机制，实现公共信用信息和市场信用信息共享，要在证券法之外通过信用法构建信用信息的传导机制，并强化信用信息利用机制，让投资者能通过公开方式了解特定上市公司的情况。第三，强化失信惩戒机制，构建行政化惩戒、市场化惩戒、社会惩戒和行业惩戒联合惩戒机制，以使市场声誉机制有效运行。第四，强化信用社会共识。要运用国家硬法之治，也要运用社会规范的软法之治，实现企业自治、行业自律、行业监督和政府监管四位一体的机制，强化道德之治、规则之治和社会自治。

中国师董会主席胡海平关注中小企业合规问题，提出应当学习日本企业的先进合规管理经验以弥补不足。要加强政府监管职责，并重视民营企业的艰难。

另外，更多律师、专家应当提前为中小企业做好风险预防和合规管理，提供实在的法律服务，法制机构、法治平台可以更多帮助中小企业合规、预防风险，提倡与时俱进的创新和跨界整合。

北京师范大学法学院教授、博士生导师袁达松，北京师范大学法学院硕士研究生姚幸阳提出，G20杭州峰会上，国家领导人重申和倡导的“人类命运共同体”和“中国方案”需要“进一步转化为法律理念，上升为法律原则，尤其是搭建相应的法律框架，达成相应的法律规则，形成相应的法律秩序”。包容性法治是“实现促进合作与广泛共识原则的基础”，当前国际环境下，“应考虑构建全球经济治理的包容性法律原则和规则”。

六、重点领域及制度合规

（一）重点领域合规问题

华东政法大学教授祁群以金融合规为切入点探讨合规问题，认为我国金融行业是第一个普遍开展合规风险管理的服务行业，其独立、专门、多层次的合规风险管理部门的建立、企业内部合规培训和文化培育、不定时合规风险督导评估以及合规风险管理的质量评选和相关人员的奖惩等方面都走在各行业前面。然而，我国金融行业仍然合规风险不断，商业银行、保险公司被金融监管部门频频给予行政处罚，甚至有多家国有控股大银行在国外的分支机构多次因涉洗钱而被外国金融监管部门警告和处罚。目前我国金融机构的合规风险管理内在缺陷主要表现在：合规风险管理可有可无，或重形式轻实质管理；视合规风险为“软柿子”，管理重要性随位子变而变；为完成业务经营指标，可以牺牲合规，甚至带头违规。为解决这些风险，公司要更好监管，领导干部、董事长要率先自我监督、自我监管，并且奖惩制度一定要做好，因为金融机构合规风险管理重点在高级管理层。另外，金融业务创新要规章先行，金融业务监管应持续稳定，负面规范不能朝令夕改。

复旦大学法学院教授朱淑娣从理论、挑战与应对三个方面讨论了金融领域行政执法国际合规性研究。经济全球化推动下，金融市场首先出现了国际性问题，因此需要全球性金融行政规制。国家主权、全球治理、国内法与国际法的法律交融是研讨的理论基础。国内与国际法律双向流动交融的结果是金融领域形成国际和国内“双层次结构的国际金融行政法律制度体系”。金融行政执法必须面对由于金融全球化带来的三大严峻挑战，分别是金融全球化与金融领域行政执法主体的分散性，金融全球化与金融领域行政执法规范的差异性，金融领域行政执法国际合规性与本土利益或者本土价值观之间的矛盾性。为应对挑战，应加强金融领域行政执法跨境合作与协调，主要包括金融法律协调合作机制、金融信息共享机制、金融风险管理合作机制、金融监管合作机制；应当恰当处理合规的国际性与本土性的关系，市场调节与政府干预的关系是基础，要把握政府干预的适当性，当行政执法国际合规性与本土性呈现价值冲突，一国（地区）行政权所要平衡考虑本国的价值选择、宪法规范和宪政传统，并将绿色金融观念融入行政执法，提高中国金融领域行政执法行为在国际环境中的接受程度。综上，金融领域行政执法的国际合规性是全球化时代金融行政规制发展的必然趋势。

北京交通大学法学院郑翔探讨了交通领域的合规问题。首先，交通领域涉及公共安全，不合规可能危及生命，且由于交通领域的公益性，对譬如霸座者进行限制是否涉及人权有待讨论。其次，交通领域的互联互通决定了交通领域的合规是不同领域、不同运输方式之间规则的统一。其中，国际交流既促进了交通合规发展，也使规则更国际化。另外，新型交通与传统交通的合规要求是不同的，需讨论新型交通合规主体的涵盖范围，这不只涉及运输公司，还应包括平台、平台经营者、交通参与人等。新型交通的发展也需重新思考政府的监管规则，政府对新型交通的监管与传统交通领域相比是否不同、法律面临的挑战会是什么等问题，还需进一步探索。

中美贸易战中，中国知识产权保护不力是美方的重要借口之一，由此引得知识产权信用合规话题再受关注。同济大学法学博士研究生樊新红指出，知识产权信用是社会对特定民事主体在知识产权方面所具有的履约能力与意愿的评价与信赖。知识产权信用与诚信的联系在于诚信是信用的必要要求，信用是诚信动态发展结果之一；两者的区别在于诚信内生、信用互生，诚信不具有经济价值而信用具有，诚信不会形成链条而信用可以，诚信属于道德，可以评价却不能管理，信用作为工具，可以评估也能管理。要区分知识产权违法和失信，以中日无印良品商标纠纷为例，违法不等同于失信，否则会产生跟公众认知不一样的结果。最后，应制定知识产权信用标准，首先要形成共识难，其次立法应跟上知识产权的快速变化。

朱国华和上海锦天城律师事务所律师曹敏阐释了产业园区合规发展的意义，在厘清产业园区法制的内涵、梳理我国产业园区法制现状的基础上，提出产业园区合规发展存在的问题及对策，并通过列举典型案例的方式，系统探析我国产业园区合规对策：产业园区制度需求是中央立法与地方立法、各级政府公共政策的体系性安排，应形成协调统一的制度体系。

（二）合规相关具体制度阐述与分析

清华大学法学院教授、博导汤欣详细回顾了中兴事件并深入剖析了美国SCC（或者称为特别合规协调员制度），指出SCC派驻是美国商务部首次实施的一种严厉合规惩戒，赋予SCC协调员在中兴通讯内部史无前例的宽泛权力。但事实上SCC模式并不是先例。最新的合规定义已不止是对法律法规的遵从，而且还包含对自律性规则、内部规章治理以及对行业道德和商业实践的遵从。合规是治理的一个组成部分，结合中兴事件可以发现，政府已开始入侵公司治理，其利弊还值得探讨。一方面，公司非常讲究自治；另一方面，政府对不合规企业的惩戒和类似措施，的确对公司治理产生实质性的深远影响。中兴事件带来的深刻教训是，企业不合规要承担公司治理失范的民事责任、行政责任，情节严重甚至可能承担刑事责任。

雅马哈发动机信息有限公司上海分公司经理申君乔详细介绍了雅马哈自身的合规经营体系建设经验。日本企业的合规经营较全面，比较重要的是对合规目标的设定和实现过程中的信息系统。雅马哈设立独立的风险合规委员会和综合监察部，保证企业合规经营。对合规目标的设立是多元的，包括企业产品研发和销售如何保证安全性、如何在采购和研发过程中保证符合环保排放标准，强调企业从产品研发、销售、企业治理的合规等多个方面，而目标的实现主要依靠信息化支援。

合规工作需对法律法规同步跟进，在实际操作上细致把握。南昌大学法学院教授邓建中分析了《公司法》第142条的修改。本次修改补充允许股份回购的情形，适当简化了股份回购的决策程序，提高公司持有本公司股份的数额上限，延长公司持有所回购股份的期限，补充上市公司股份回购的规范要求。本次修改从“原则禁止、例外允许”到“原则允许并附加条件”，可能会有弊端：抽回资本可能损害债权人利益；大股东利用权限制定回购计划、关联交易可能损害中小股东利益；回购作为策略来对抗收购，成为控股股东、董事维持其不公正支配地位的工具；可能会有内幕交易等存在。删除用于收购的资金应当从公司的税后利润中支出，会出现公司亏损也可回购、公司可发行债券筹资收购等情况，将可能出现发行股票募集又将股票转为债券的股转债逻辑悖论；“所收购的股份应当在一年内转让给职工”被删除，相应修改为“转让或者注销”的文字表述存在问题；漏洞弥补上，应增加股份回购无效、增加股份回购的责任规定和股东因对股东大会作出的公司合并、分立决议持异议的问题说明。

华东师范大学法学院副教授段磊认为第142条修改的6项回购事由应当分开看待：第4项异议股东的回购请求权在股东而非公司，剩下5项是出于维护公司价值的目的、由公司发起回购，因此在讨论公司回购制度时不包括第4项。本次修改的主要影响有三点：第一，公司可以适用更加简化的程序进行股权激励。第二，便于公司灵活发行可转化债券。第三，便于上市公司通过回购股份调整供需关系，达到稳定股价的目的。对于回购后的股份即库存股有没有表决权、分红权等问题，《公司法》第103条第1款规定库存股没有表决权，第166条第6款规定没有利润分配请求权，而根据如美国、日本的相关法律及中国公司法类推解释，公司解散时对库存股也没有剩余财产分配请求权。

高管薪酬是公司合规治理的一个重要环节，合肥学院副教授江玉荣回顾了高管薪酬制度，认为总体发展特点为：一是更加严格化，对追回薪酬的高管人员界定范围扩大。二是更加科学化，进一步界定追回薪酬的范围。三是更加可操作化，对触发条件中高管过错是否构成薪酬追回的必要条件作了规定。美国高管薪酬追回制度的发展对公司财务报告质量、高管薪酬结构、发行公司与股东、证券交易机构有一定影响。美国薪酬追回制度的经验借鉴和启示包括：改善公司治理是薪酬追回制度的根本目标；追责原则从过错责任过渡到严格责任；薪酬追回制度实施的成本与收益是相伴而行的；建立强制性追回制度是其有效实施的前提。高管薪酬成为众矢之的，原因不在于“高”而在于“是否应得”。我国颁布的一系列规则太碎片化，现实中也没有这样的案例，对美国高管薪酬追回制度的研究对于我国相关法律的制定有借鉴意义。

华东师范大学法学院讲师李建星从财产登记制度切入，阐述企业合规和营商环境相结合的启发要点。登记财产是营商环境评估的要点，今年登记财产的评估主要分成两部分，一是财产移转便利度，二是土地管理系统质量指数。转移不动产等财产，在中国所需时间比美、俄等国长得多，登记财产的成本也较高，对一般经营者不利。上海市花费大量精力对登记财产便利度进行优化，如减少不动产登记程序，将不同登记事项分类处理等，大幅度提升了登记财产转移时间利用效率。在土地管理系统质量指数方面，中国指标并不高，重点要考虑基础设施可靠性、信息透明度、地理覆盖、土地纠纷解决、平等获得财产权。我国就此进行了改革，如2017年年底国土资源部办公厅印发文件统一地图管理编码和不动产管理编码以方便查询。大量努力使2019年登记财产指数获得明显提升，但还可从更多方面提升土地管理指数，比如私人银行组织要求所有人都能查询不动产登记信息，但物权法、地图法、测绘法等只要求不动产利益相关人可以查询，这涉及隐私权保护考虑，也引发企业合规特别是不动产登记合规要求方面的思考。营商环境提升和企业合规的连接需要司法实务工作者引起注意。

华东师范大学企业合规中心研究员李帅认为，我国破产司法能力较低。根据世界银行公布的数据，我国破产案件解决时间为20个月，破产清偿率为36.9%，破产成本包括律师费、拍卖费等消耗22%的破产财产，日本破产案件解决时间是我国的1/3，破产清偿率是我国的3倍，破产成本是我们的1/5。我国破产司法能力欠缺的原因主要有：一是人才供给问题。首先，破产法官的财务会计等专业能力不高。其次，法官的考核标准存在问题。二是信用制度存在问题。我国企业存在“破产丢人、欠债不丢人”的思想，拖延破产时间，以致企业错过最佳破产时机。三是我国破产配套制度存在问题。他提出三点建议：一是建立破产法院和破产简易程序，解决合理的破产法官绩效比较机制，推行破产简易程序；二是加强破产法官的遴选培训制度；三是建立智慧法院，提升破产案件处理效率，可考虑使用电子卷宗以便于法官和当事人在可选的时间段翻阅，使用电子方式减少送达时间，使用电子表决等方式减少程序时间消耗。

温岭市人民法院员额法官陈泳滨、温岭市人民法院法官助理许梦诗认为，针对公司决议瑕疵纠纷的特性，在解决途径上应跳出动辄诉讼的传统解决思维，在非诉解决机制框架内构建预立案审查程序，分流瑕疵决议类型，明确该程序优先于诉讼救济程序。其次，非诉救济程序的前提是将瑕疵类型法定化。最后，借鉴公司强制清算案件的裁判规则，明确管辖依据及审理原则，具体设计预立案程序，明确立案条件及需要审查材料、启动听证程序的相应条件，明确从四方面对该类案件进行审查，对能够自愈的瑕疵引导自行修复，对无实质影响的瑕疵引入裁定驳回制度，对其余瑕疵纳入诉讼程序予以裁判。

在长租公寓运营中存在的“二房东”模式中，运营商关注能否识别风险、识别后的风险评估与应对，这将成为该行业风控的标杆。上海市建纬律师事务所律师蒋烽、毛梦煜、刘寒详细阐述了多方面法律风险：改变物业规划用途转租风险，带抵承租并转租物业的风险，未查清物业抵押、查封情况即承租并转租的风险、物业用于经营“短租”业务的风险、超期转租的风险、物业未办理移交手续的风险、承租公司与转租公司不对应的风险，并提出了相应应对措施。

启东人民法院司法鉴定科助理审判员朱焕东以金双喜实业公司等关联企业破产为例，提出目前存在企业肆意借贷与法律诚信规则缺乏的问题，指出法人滥用权力引发的公司人格否定、公司违规融资引发的互联互保风险、公司高利借贷引发的民间借贷危机三方面公司诚信缺乏的现状，在对公司资本运作失控的问题究其缘由，思考法律价值维度下的诚信建设后，总结出公司破产的法治诚信修复举措。

结　语

要想实现“要我合规”到“我要合规”的根本跨越，首先要在企业中广泛达成合规理念共识。合规并非高大上，应当深入到各个企业，脚踏实地研究与实践，借鉴国外先进理念，秉持自我合规、科学合规理念，真正重视合规、实践合规。合规作为企业生死存亡的大事，是企业防范风险、创造价值、健康发展不可或缺的重要一环。我国企业合规管理体系应当要适应国内外发展的新趋势，全面协调政府、企业、社会等多方关系，结合政治、经济、金融、法律等多学科知识，将合规全方位、全环节覆盖，从立法、司法、执法、守法四方面着手，全面建立健全合规管理体系，从而形成良好的治理秩序。

他山之石

Economic Law Review

安全化视角下美国外资审查中的“关键技术”研究

第三方资助国际投资仲裁的信息披露问题研究

安全化视角下美国外资审查中的“关键技术”研究[*]

赵海乐[**]

目　次

一、缘起：“关键技术”与美国国家安全关系日益密切

“关键技术”一词，在美国外国投资安全审查立法中并不是一个新概念。早在2007年，美国《外国投资与国家安全法》（FINSA）中就已纳入这一概念，外资安全审查的考量因素包括“此交易对于涉及美国国家安全领域的国际技术领先地位的影响”。[①] 只不过，由于彼时美国国家安全审查案件不多，且诸如罗尔斯公司风电项目案、中海油并购优尼科案等多集中于军事、能源等较为传统的安全领域，“关键技术”在外资安全审查中的比重并不大。

---

* 本文系2017年教育部人文社会科学研究青年基金项目“海外投资利益保护视角下的我国国家安全制度构建研究”（项目号：17YJC820068）、2018年教育部人文社会科学研究基金项目“经济全球化升级与WTO法改革的中国方案研究”（项目号：18YJA820002）的阶段性成果。

** 法学博士，吉林大学法学院副教授。

① Defense Production Act of 1950, as amended by FINSA, Section721, f (5).

不过，自2015年以来，从紫光股份并购美光到华润并购仙童半导体，再到福建宏芯并购德国爱思强，因涉及关键技术领域而被美国外国投资委员会（The Committee on Foreign Investment in the United States，简称CFIUS）否决的交易数量大幅上升。自特朗普总统上台以来，美国更是通过国会立法进一步强调关键技术与国家安全间的关系。2018年8月，特朗普总统正式签署《约翰·麦凯恩2019年国防授权法案》，其中包含如下两部法律：《2018年外国投资风险评估现代化法案》（FIRRMA）及《出口控制改革法案》（ECRA）。① 两部法律中大幅扩张了“关键技术”在外资并购审查与出口管制中的功能，且将贸易与投资语境下的关键技术正式合二为一。

美国2018年立法对于关键技术的反复强调，不能不令人追问：关键技术究竟如何影响国家安全？究竟是由于关键技术涉及传统国防领域，还是由于关键技术领域是美国的核心利益所在？美国立法的变革，究竟是对以往实践的总结，还是对未来的预警？本文将从美国2018年立法综述入手，分析其中对“关键技术”的强调如何反映了美国国内政治需求，并在此基础上探寻中国的应对之策。

二、美国2018年“关键技术”相关立法综述

（一）FIRRMA中的“关键技术”立法

2018年以前，“关键技术”仅是美国外国投资委员会（CFIUS）进行外资安全审查需要考量的因素之一。至少从2007年《外国投资与国家安全法》的措辞上看，其重要地位并不高于其他考量因素。但在FIRRMA中，“关键技术”问题正式成为此法律的重大革新之一。

首先，对“关键技术”的定义，相对于《外国投资与国家安全法》进行了大幅度细化。2007年法律中仅笼统地规定：“关键技术是指关键技术、关键构件或关键技术项目，它们对国防至关重要。”② 而FIRRMA中则对此进行了穷尽性列举，共包括6项内容：（1）《美国军需品名录》（United States Munitions

① 三部法案的英文名称分别为：John S. McCain National Defense Authorization Act for Fiscal Year 2019（NDAA）；Foreign Investment Risk Review Modernization Act of 2018（FIRRMA）；Export Control Reform Act of 2018（ECRA）.

② Foreign Investmentand National Security Act of 2007，Section 2（a）（7）.

List）中的国防物品或国防服务；（2）《商业管制清单》（Commerce Control List）中且根据多边规则需注意的项目或出于区域稳定或监听目的控制的项目；（3）美国联邦法规中规定的特定核设备与核技术（与外国原子能行为相关）；（4）美国联邦法规中规定的特定核设施、设备、材料（与核设备与核原料进出口相关）；（5）美国联邦法规中规定的特定药剂与毒素；（6）2018 年《出口控制改革法案》中的新兴与基础技术。①

以上 6 项内容首先意味着，所谓的“关键技术”同时包括了“技术”与“货物”，而不仅限于无形技术本身。这不仅体现为上述 6 项内容中明示的“设备”或“物品”字样，也是由于美国《商业管制清单》原本就包括了货物管制与技术管制。同时，对于“关键技术”的定义，正式将美国外资审查与出口管制内容联结起来。“关键技术”的前 5 项内容直接移植于美国出口管制法律，②而第 6 项内容则是 2018 年兼顾出口管制与外资审查的全新立法。

其次，FIRRMA 大规模扩张了与关键技术相关的外资并购审查范围。此前，美国的外资立法中仅要求 CFIUS 审查外国人取得美国企业控制权的并购。然而，FIRRMA 中强调，符合如下条件的非控制性交易，也会纳入 CFIUS 的审查范围：一方面，外国人投资的美国企业拥有、运行、生产、供应或服务于关键基础设施；或生产、设计、检测、制造、组装或研发关键技术；或持有或收集美国公民的敏感个人信息，且这些信息可能会以威胁国家安全的方式使用。另一方面，该投资会让外国人接触到该美国企业拥有的实质性非公开技术信息，即未进入公共领域，与关键基础设施的设计、位置、运行相关的知识、商业秘密或理解，以及未进入公共领域且对于关键技术的设计、制造、研发、测试、生产必要的信息；或者，拥有该美国企业董事会的成员权、观察权或提名权；或除股东投票权之外，能够导致该外国人参与关于敏感个人信息、关键技术或关键基础设施的问题的决策。③ 以上两方面要件需同时具备。第一方面要件强调企业本身与关键技术的联系，第二方面要件则强调外国人对企业的接触。二者结合意味

① Foreign Investment Risk Review Modernization Act of 2018, Sec. 1703. DEFINITIONS. (a) (6).

② 参见江山：《外资并购国家安全审查中的关键技术——基于美国 CFIUS 审查的分析》，载《国际经济合作》2012 年第 6 期。

③ Foreign Investment Risk Review Modernization Act of 2018, Section 1703 (a) (4 (B) (iii), Section 1703 (a) (4) (D).

着，除非该外国人为消极投资者，否则只要该企业涉及关键技术，该交易不论金额，也不论外国人是否享有控制权，都会进入CFIUS的关注范围。

最后，FIRRMA大幅度更改CFIUS在进行国家安全审查时的具体考量事项。6点事项中的3点均与“关键技术”直接相关：其一，交易是否涉及特别考量国家。这些国家存在公开的战略目标，意图获得某种关键技术或者关键基础设施，这将影响美国与国家安全相关的某些领域的领导地位。其二，外国政府或外国人对于某类关键基础设施、能源资源、关键材料、关键技术进行并购的累加影响。其三，外国人对于美国产业和商业行为的控制如何影响美国满足国防需求的能力，包括人力资源、生产、技术、原材料和其他供应与服务的可获得性。判断“人力资源的可获得性”时，应当考虑并购是否会导致“知识和技能对美国国家安全十分关键”的美国人丧失就业岗位，以及某些可能为国防部或其他国家机关为国家安全目的而采购的商品是否能够持续在美国生产。[①] 这些事项意味着，美国国家安全审查虽然未采纳“黑名单”（即来自某些国家的外资并购必须审查）或“白名单”（即来自某些国家的外资并购免于审查）制度，但外资并购审查必然会受其背景的影响，如外资来源国家、该国企业在美国是否进行过类似并购。

（二）FIRRMA补充细则：先锋项目产业的强制审查义务

FIRRMA虽然较美国2007年外资审查立法更加详细，但仍需要细则加以完善。FIRRMA第1727条明确规定，从FIRRMA颁布到正式生效之间的570天中，CFIUS有权开展先锋项目以先期执行FIRRMA的某些规定。2018年10月10日，美国财政部（CFIUS的主管部门）正式颁发《审查涉及外国人和关键技术的先锋项目的判断方法和临时规则》。[②] 此规则于颁发之日起一个月后正式生效。此临时规则首先界定了“先锋项目产业”的27项内容，[③] 随后界定了

---

① Foreign Investment Risk Review Modernization Act of 2018, Section 1702 (c).

② Department of the Treasury Office of Investment Security, 31 CFR Part 801, RIN1505 - AC61, Determination and Temporary Provisions Pertaining to a Pilot Program to Review Certain Transactions Involving Foreign Persons and Critical Technologies.

③ 这些产业包括：航空器制造；航空器引擎和引擎部件制造；原铝和氧化铝精炼；滚珠和滚柱轴承制造；计算机存储设备制造；电子计算机制造；导弹与航天器制造；军用装甲车、坦克、坦克部件制造；核电；光学仪器和透镜制造；其他基础无机化工制造业；其他导弹及航天器零部件及辅助设备制造；石油化工制造业；粉末冶金零件制造；电力、配电、特种变压器制造；原电池制造；广播电视广播无线通信设备制造；纳米技术的研究与发展；生物技术研究与发展（纳米生物技术除外）；铝的二次熔炼和合金化；搜索、探测、导航、制导、航空和航海系统及仪器制造；半导体及相关器件制造；半导体机械制造；蓄电池制造；电话设备制造；汽轮发电机组制造。

“先锋项目美国企业”，即生产、设计、测试、制造、装配或研发关键技术的美国企业，且此关键技术会用于该美国企业在一个或多个先锋项目产业的活动；或者此关键技术是该美国企业专门为一个或多个先锋项目产业而研发的。

从“先锋项目美国企业”的定义可知，此处的“关键技术”与FIRRMA正式文本一致，包括了无形的技术与有形的货物。“先锋项目产业”也同时包含了传统安全产业（如导弹与航天器制造）和高科技产业（如半导体制造），但在范围上明显小于FIRRMA中对“关键技术”的定义。不过，此处的范围缩减并不意味着“关键技术”的其他部分不重要。临时规则规定，与先锋项目产业相关的外资并购将强制触发申报义务。而在FIRRMA中，除规定“涉及外国政府的关联投资人”需强制申报之外，仅授权CFIUS未来规定更加宽泛的强制申报范围。[①] 因此，“先锋项目”很可能是CFIUS针对强制申报义务的“试水”之举，针对其认为“更为急迫”的国家安全威胁先行制定临时规则。

（三）外资审查与出口管制的结合：对于新兴技术和基础技术的界定

上文表明，FIRRMA对“关键技术”的定义已体现了外资审查与出口管制的结合。事实上，在FIRRMA立法进程中也曾进行过另一种结合方式的讨论：是否将美国企业的海外投资纳入CFIUS的管辖范围，但最终并未采纳这一动议。这一方面是由于CFIUS将会因此而负担过重，另一方面也在于CFIUS无法管制技术买卖。因此，美国国会最终通过的《约翰·麦凯恩2019年国防授权法案》中，同时包含了与投资审查相关的FIRRMA和与出口管制相关的法律《出口控制改革法案》（ECRA）。ECRA绝大多数内容均来自美国现行出口管制规则，但第1758条对于“新兴和基础技术”的出口限制是此次立法的创新之举。

一方面，对于“新兴和基础技术”的内涵，ECRA并未明确界定，仅要求美国总统应当会同国防部等相关部门加以认定。这些技术需对美国国家安全至关重要，但尚未包含在FIRRMA“关键技术”的前五项描述中。[②] ECRA中界定的新兴和基础技术，将直接被纳入FIRRMA对“关键技术”的第六项描述中，成为外资并购安全审查的考量因素之一。

在此之前，“外国人持有美国技术”，仅在出口管制法律中存在限制。美国

---

① Foreign Investment Risk Review Modernization Act of 2018, Sec. 1706.

② The Export Control Reform Act, Sec. 1758 (a) (1).

出口管制法律中向来有“视为出口(deemed export)”的概念，即“某产品并未离开美国国境，但被非美国人所拥有。”[①] 而在ECRA中，虽未采纳“视为出口”概念，但直接将“出口”一词定义为：“将货物、信息或软件运输或传导至美国境外，以及将信息或源代码公开或传输给在美国境内的外国人。”[②] 此处的“出口”，就包含了美国境内的外国人购买某些货物或技术。因此，ECRA与FIRRMA的关联意味着，除外国人直接购买技术外，通过企业并购的方式间接接触到关键技术，将同样受到美国政府管制。

另一方面，对于“新兴技术”与“基础技术”，美国商务部工业与安全局目前虽未公布具体名单，但已就具体定义方式向公众征求意见。其在通知中表示，当前仅考虑从《出口行政规则》(Export Administration Regulations)列举的两用技术中选择“新兴技术”，暂不考虑《商业控制清单》名录中的技术。[③] 通知中列举了考量的产业类别，[④] 并要求公众对如下内容进行评述：如何定义新兴技术，以便未来对此进行甄别；如何区分这些大类中的特定类别对美国国家安全的重要性；新兴技术甄别渠道；是否存在其他可能与美国国家安全相关，因而需进行审查的技术类别；这些技术在美国和其他国家的发展情况；对新兴技术的控制对美国技术领先地位的影响；其他对新兴技术的定义方式，包括技术发展或成熟到何种程度才应考量出口控制。[⑤] 而对于“基础技术”，此通知仅表明，将另行发布通知征求公众意见。

三、美国2018年立法述评：既往实践的“变与不变”

(一) 立法对既有实践的总结

美国对“关键技术”的种种强调，形式上体现为最新立法，但从内容上

---

① “Deemed Exports”, available at https://www.hsph.harvard.edu/export-controls/deemed-exports/, visited on Sep. 2, 2019.

② The Export Control Reform Act, SEC. 1742. DEFINITIONS (3).

③ 二者的区别在于，《出口行政规则》中的“两用技术”出口需事先申请许可证，《商业控制清单》中的技术，除对特定国家出口外，一般不需申请许可证。

④ 这些类别包括：生物技术；人工智能和机器学习技术；定位、导航和定时技术(PTN)；微处理技术；高级计算技术；信息分析技术；量子信息和传感技术；物流技术；增材制造(如3D打印)；机器人技术；脑机介面；超音速技术；先进材料；高级监视技术。

⑤ DEPARTMENT OF COMMERCE Bureau of Industry and Security 15 CFR Part 744 [Docket No. 180712626-8840-01] RIN 0694-AH61, Review of Controls for Certain Emerging Technologies.

讲，这些措施在美国政府实践中已有端倪。

第一，关于CFIUS将审查范围延伸至“非控制性交易”。美国外资审查立法原本对于“控制”一词的定义就极为模糊：“一种直接或间接权力，不论是否行使，用于判断、指导或决定能够影响该实体相关的重要事项。”① 此标准既未从持股比例角度提供硬性标准，也未对“重要事项”加以列举，因此，即便从企业的角度，也难以分辨其对被并购企业是否构成控制。最典型的范例是被CFIUS否决的华为并购3Leaf案，华为甚至未取得3Leaf公司任何股份，而仅在其破产后购买了该公司拥有的知识产权，但仍然被CFIUS认定为属于审查范围内。与之类似，同样被否决的华为并购3Com案中，华为也同样是少数股东。②

第二，关于并购行为是否“影响美国满足国防需求的能力”“美国国内供应该产品的能力”，这一直是CFIUS考量的内容。例如，在福建宏芯并购德国爱思强公司案中，“国家安全风险”即在于，德国爱思强公司是半导体领域的生产商和研发者，其知识与经验能够用于军事领域，且爱思强公司在美国的企业对此知识与技能存在贡献。③ 高通－博通并购案中，CFIUS也强调，高通是基础技术和移动通信与无线通信产品的研发与商业化的世界领军企业。高通公司承担了美国国防部大量的合同项目，且为美国国家安全项目提供了大量产品。并购后的企业如果未来限制或停止向美国政府供应货物，将会对美国国家安全产生不利影响。④ 至于涉案技术或产品是否仅能用于军事目的则在所不问。又如，中国私募基金Canyon Bridge与莱迪斯半导体公司并购案中，考量因素也包括半导体产业链完整性对于美国政府的重要意义。⑤ 这三起案件涉及的半导体领域，同时也是美国“先锋项目产业”的组成部分。除此之外，英飞凌并购Wolfspeed公司案中，否决理由也包括Wolfspeed公司的技术已达到NASA要求，

---

① Foreign Investment Risk Review Modernization Act of 2018, Section 1703 (a) (3).

② “Huawei－3Com deal finally collapses”, available at https://www.ft.com/content/c2091814－f6b5－11dc－bda1－000077b07658, visited on Sep. 2, 2019.

③ “Statement on the President's Decision Regarding the U.S. Business of Aixtron SE”, available at https://www.treasury.gov/press－center/press－releases/Pages/jl0679.aspx, visited on Sep. 2, 2019.

④ https://www.sec.gov/Archives/edgar/data/804328/000110465918015036/a18－7296_7ex99d1.htm#Exhibit99_1_081114, visited on Sep. 2, 2019.

⑤ “Statement On The President's Decision Regarding Lattice Semiconductor Corporation”, available at https://www.treasury.gov/press－center/press－releases/Pages/sm0157.aspx, visited on Sep. 2, 2019.

能够为航空、卫星、军事提供设备。①

第三，CFIUS强调的“关键技术”，不仅包含技术本身，还包括可能与技术存在接触的辅助行业。FIRRMA规定，导致“外国人接触到该美国企业拥有的实质性非公开技术信息”，同样是“关键技术”所引发的外资审查理由之一。与此直接呼应的是2018年湖北鑫炎公司并购美国Xcerra公司案。Xcerra公司并不生产包含关键技术的设备，仅设计与生产用于测试半导体、电路板（PCB）的设备。然而，有消息表明，交易被否决的理由恰恰是由于Xcerra公司的设备会用于测试向美国军方供应的芯片。② 考虑到FIRRMA中明确提及“制造、组装、测试关键技术”均属于“关键技术”引发的外资审查，这一规定并不突然。

第四，美国在2018年立法中曾多次出现“外国对手（foreign adversary）”“特别考量国家（countries of special concern）”字样。具体国名虽未明示，但结合美国2017年《安全战略报告》中对“敌友”的划分，其对“对手”的设定不言自明。③ 此种做法的本质，是将企业间技术竞争上升至国家间竞争。这在CFIUS此前的实践中已反复出现。例如，在中国私募基金Canyon Bridge并购美国莱迪斯半导体公司案中，“国家安全”风险就包括“中国政府在此交易中存在参与”和“莱迪斯公司的产品为美国政府所使用”。④ 不过，即便CFIUS无法在交易中寻得与“外国政府”相关的蛛丝马迹，也依然会因交易影响美国相对优势而加以否决。最典型的范例是“博通-高通”并购案中，CFIUS认为新加坡博通公司对高通的并购将降低高通的技术竞争力和5G标准设定的影响力，这会导致中国竞争力增强，因而直接威胁美国国家安全。⑤ 这也能够侧面解释，美国2018年系列立法为何在具有浓厚的“国家间竞争”色彩的同时，在关键技术相关的并购问题上，既未设定国别“黑名单”也未设定国别“白名单”。不

① “CFIUS Effectively Blocks German Acquisition of U. S. Technology Company”, available athttps: //www. akingump. com/en/experience/practices/corporate/ag - deal - diary/cfius - effectively - blocks - german - acquisition - of - u - s - technology - 2. html, visited on Sep. 2, 2019.

② “US blocks Chinese acquisition of chip equipment maker”, available at http: //www. chinadaily. com. cn/a/201802/23/WS5a90347aa3106e7dcc13dafc. html, visited on Sep. 2, 2019.

③ 参见钟红、吴丹：《美国〈外国投资风险评估现代化法案2018〉影响研究》，载《国际贸易》2019年第1期。

④ “Statement On The President's Decision Regarding Lattice Semiconductor Corporation”, available at ht-tps: //www. treasury. gov/press - center/press - releases/Pages/sm0157. aspx, visited on Sep. 2, 2019.

⑤ https: //www. sec. gov/Archives/edgar/data/804328/000110465918015036/a18 - 7296_ 7ex99d1. htm #Exhibit99_ 1_ 081114, visited on Sep. 2, 2019.

论投资者本身的国籍、所有制结构如何，一切威胁美国领先地位、导致与美国竞争的国家借机赶超的并购均可视为对国家安全的威胁。

第五，将特定技术的出口与外资审查正式关联，在华为并购3Com案中已有出现。此案中，华为提出的异议之一是其仅仅在3Com公司破产程序中购买了知识产权，且已经通知了美国商务部产业与安全局。这一抗辩在该案中并未获得重视。而FIRRMA最新立法对于“关键技术”的列举则意味着，技术本身的买卖正式受到了双重规制。

第六，从指导思想来看，美国所看重的国家安全，实际上是现实主义视角下的安全观，即国家能否实现安全未必取决于其绝对实力强弱，而是最终取决于国家相对其他国家而言的权力或能力。在“硬实力”领域如此，在“软实力”领域也同样如此，作为沟通硬实力与软实力的技术领域更是如此。这在一系列并购与贸易调查案件中均有论及。上文论及的博通－高通并购交易被否决的重要原因，即是交易可能导致美国技术研发能力下降，进而影响美国国家安全。除此之外，在2018年以来陆续作出的“232”调查中，美国商务部也不止一次论及：“美国国内钢铁企业必须健康发展保持相当的产能、拥有足够的技术力量和研发能力，才能持续供应国防需求。因此，任何对此种竞争力的挑战，均会构成对美国国家安全的威胁。”① “进口激增导致美国铝业受到冲击、企业研发能力下降，外国产品的进口因而会对美国国防造成威胁。”② “进口激增与欧盟、日本的贸易保护行为共同导致美国汽车产业无法获得充足的利润，进而无法保证研发能力。此种竞争力的丧失因而威胁了美国国家安全。”③ 此种将产业竞争力与国家安全相联结的态度，在2018年系列立法中均有明示。在FIRRMA发布前夕，特朗普总统在讲话中曾论及，FIRRMA的通过，将“能够更好地保护美国科技和知识产权这些皇冠上的明珠免于被转让和收购，这将危及我

---

① The Effect of Imports of Steel on the National Security an Investigation Conducted Under Section 232 of the Trade Expansion Act of 1962, As Amended, U. S. Department of Commerce, Bureau of Industry and Security, Office of Technology Evaluation, Jan. 11, 2018, pp. 25 –26.

② The Effect of Imports of Aluminum on the National Security, An Investigation Conducted Under Section 232 of the Trade Expansion Act of 1962, As Amended, U. S. Department of Commerce Bureau of Industry and Security Office of Technology Evaluation, Jan. 17, 2018, pp. 96 –97.

③ Donald Trump, “Adjusting Imports of Automobiles and Automobile Parts Into the United States”, available at https://www.whitehouse.gov/presidential – actions/adjusting – imports – automobiles – automobile – parts – united – states/, visited on Sep. 2, 2019.

们的国家安全和未来的经济繁荣”①。2018年《出口控制法》中也明确表示，美国的国家安全要求美国在科学、技术、工程和制造业维持领先地位，这也包括在创新所必需的基础技术领域维持领先地位。此种领先地位要求美国人必须在国际市场上拥有竞争力。② 上述一系列论断如果不是保护主义的借口，而是美国对国家安全的真实认识，那就足以反映美国的确如其在2017年《国家安全战略》中表示的那样，将“大国竞争”的回归视为对其安全的最大威胁，③ 并进而将科技竞争视为对其综合实力的重要挑战。

（二）未尽之意：关键技术为何影响国家安全？

如果仅从细节上看，FIRRMA改革并不突然，除对“关键技术”进行清单式列举此前并无端倪，其他一系列细节均可从CFIUS先前的实践中寻得踪迹。然而，2018年《国防安全授权法》是否真的仅为CFIUS先例的成文化？问题或许未必如此简单。从国际关系角度来讲，从CFIUS决策前的多部门博弈、政府与产业集团间博弈到如今的成文立法，这一现象可以概括为“技术安全化”，即通过行政手段使“技术”问题超脱出常规政治的范畴，进而上升为超脱于司法审查和行政监督的安全问题。

第一，技术安全化的出发点在于军事技术对于国家安全的重要影响。这一论断并无谬误，但问题在于，被美国“安全化”的技术并不仅限于军事技术，而是扩展为“可以用于军事目的的技术”。考虑到现代科技往往并不存在军用与民用的严格分野，例如化肥技术同样能够用于生产炸药、丝袜技术同样能够用于生产降落伞，即便FIRRMA试图对关键技术进行穷尽性列举，这些技术是否真的服务于美国的军事优势而非商业优势仍然存疑。

其二，技术安全化的核心在于维护美国技术实力不受任何国家挑战。技术发展是一个动态的过程，先发国家在面对后发国家时往往并不必然具有优势。这也能够解释美国作为世界上唯一的超级大国，已然在贸易、金融、科技、军事等诸多方面占有世界领先地位，为何仍然会对其技术领先地位如此看重。

---

① https://www.whitehouse.gov/briefings - statements/statement - president - regarding - investment - restrictions/, visited on Sep. 2, 2019.

② Export Control Act, Sec. 1752 (3); Sec. 1753 (b) (5).

③ National SecurityStrategyof the United States of America, 2017, p. 21.

其三，技术安全化的落脚点在于“威胁代理”，即通过将中国、俄罗斯等所谓的“敌对国家”包装为“威胁代理”，使其“技术安全化”具有明确的国家间竞争意味。因此，不论并购或技术买卖来源于中国还是英国、德国等美国盟国，只要并购的结果导致美国技术领先地位被削弱，该交易均会被认为威胁国家安全。美国所理解的“威胁”，甚至并非由于其他国家“做了什么”。能够对美国霸主地位造成威胁的国家或国家集团只需存在，就足以被美国指认为“威胁”并施以安全化措施。2017 年的中美贸易战如此，20 世纪 80 年代的美日贸易战也是如此。

“技术”一旦被“安全化”，则会在国际和国内两个方面享有政治正当性，也使得现任美国政府享有对此规制的合法权力。从国内角度来讲，无论是 FIRRMA 还是先锋项目，一旦生效，CFIUS 就会理所当然地对相应类别的并购享有管辖权和裁量权，进而无视美国国内利益集团；从国际角度来讲，一旦美国以安全为由采取贸易与投资措施，这些措施就将突破当前多边与双边规则，处于国际法力所不及的领域。然而，“力所不及”并不代表各国对其合法性的认可。国际经济法不管辖安全问题至多是一种让步，但并不意味着以安全为名的保护主义因而具备了合法性。安全逻辑要求国际经济适应国际政治的碎片化状态，在服务于安全主体对于本国经济完整性的追求的同时，还需实现对于国际经济体系的掌控。对此，美国以“安全”为借口，以“逆全球化”为手段，单边谋求对当前自由贸易体系的规则改革。① 这也恰恰是美国掀起的贸易战为世界所指摘的。将何种问题“安全化”是一国主权范围内的事项，但以“安全”为名的单边规则重塑必将遭到抵制。我国是贸易战的受害国之一，也是美国“技术安全化”的直接指向者。因此，对美国“技术安全化”的研究，落脚点仍然在于如何把握美国行为的本质，进而对我国未来的路径提供参照。

四、结语：“去安全化”与“去道德化”并行的中国方案

对于中国而言，处理“技术安全化”问题，可以说是中美贸易战以来最棘

① 参见张玉环：《特朗普政府的对外经贸政策与中美经贸博弈》，载《外交评论（外交学院学报）》2018 年第 3 期。

手的问题。技术安全化问题目前既是投资问题也是贸易问题，但问题在于当前国际法尚无法提供任何解决方案。

首先，与“技术”相关的贸易规则目前大体上仍停留在国际知识产权领域，规制的多是企业行为而非国家行为。对于一国政府以关键技术为由实施的保护主义，目前并无有效的国际规则。

其次，“技术安全化”中的另一关键词“安全”，不论是在国际贸易领域还是国际投资领域，相关法律发展都极不完善。目前，WTO对于安全问题仅有一起判例——乌克兰诉俄罗斯运输限制措施案（DS512）。不过，此案中的安全问题极其明确，乌俄两国间也的确存在联合国认可的武装冲突。由此引发的“贸易与安全”问题，无法为美式的“技术安全化”合法性评判提供参照。此外，虽然中国、加拿大等一系列国家已将美国以安全为由的关税措施诉至WTO，但WTO目前面临的体制性危机，尚待审结的其他案件是否能够提供清晰的规则尚有疑问。而在国际投资领域，为数不多的判例也多是针对国内紧急状况引发的安全问题展开，[①] 投资争议仲裁庭也从未处理过技术安全化问题。

再次，在当前的国际贸易规则体系下，出口限制问题几乎处于真空地带。即便是在WTO规则中，对于出口限制问题也仅有极为原则的规定，要求各国不得对出口进行限制；除此之外，就仅有WTO成员在“入世”时的出口税承诺与之直接相关。在WTO项下，与之相关的判例也极为稀少，并不足以对此提供指导。[②] 而技术出口较货物出口而言，尤其缺乏规则加以管制。

最后，当前美国“技术安全化”很大程度上是通过国内法进行的。不论是“视同出口”还是“外资审查”，本质上都属于美国属地管辖范围之内。鉴于美国国内措施的合法性目前难以受到国际法规制，且当前的国家间争端解决路径也难以提供及时的救济，此部分问题至多能够通过美国国内司法体系解决。然而，从目前唯一一起中国企业获得胜诉的此类案件——罗尔斯公司诉奥巴马案来看，将安全相关问题提交美国国内司法审查并不能使“安全威胁是否存在”

---

① 参见李军：《统一外资立法背景下我国外资安全审查制度的完善》，载《经济法学评论》2016年第1期。

② See Baris Karapinar, “Export Restrictions and the WTO Law: ‘Regulatory Deficiency’ or ‘Unintended Policy Space’”, available at https: //www. wto. org/english/res_ e/publications_ e/wtr10_ 21may10_ e. htm. , visited on Sep. 2, 2019.

这一核心问题得到救济，至多能够对美国行政机关的程序性事项提出质疑。此种救济显然无法破解中国企业面临的挑战。[①]

当法律途径难以为中国提供有效的救济，更实际的做法是从安全化的两个方面着手。其一，对技术问题“去安全化”。这固然可以通过法律手段进行，如在 WTO 诉讼中要求认定美国关税壁垒的违法性；然而，即便 WTO 能够对此作出回应，且明确宣称美国以安全为名的措施违法，也无助于改变美国对安全的认识，更无助于防范美国未来的安全化风险。我国企业未来还需积极开发投资新目的地，寻求美国以外的其他合作伙伴，以及积极进行技术创新。技术问题之所以被美国安全化，根本原因在于其能够授予美国企业以领先地位。而美国对“先锋项目产业”的描述中也包含了“这些技术在美国和其他国家的发展情况；控制新兴技术对美国技术领先地位的影响”。因此，只有中国加强自主创新，减少对美国技术的依赖，才能从根本上化解美国将技术安全化的内在动力。

其二，对中国在世界中的角色“去道德化”。“道德呼吁”向来是“安全化”的重要手段之一，即通过将“他者”的行为描述为不符合道德要求，从而增强“安全化”的合理性。[②] 举例来讲，美国对华 301 调查中就曾大量论及“知识产权盗窃”“经济间谍”“网络攻击”行为，进而顺理成章地论及其关税措施的合法性。[③] 又如，美国 2017 年《国家安全战略》中也论及，“美国会将遵循自由、公平市场原则的经济竞争和无视这些原则的行为加以区分”。[④] 此种道德呼吁本质上与“中国威胁论”并无区别，均为对当前世界局势的责任推脱之举。中国企业能够带给美国的技术安全威胁或许是虚幻的，但美国维持其霸权国地位的需求却是真实的。我国政府在支持企业自主创新之外，还应在国际场合加强对我国合作共赢、和平发展理念的宣传，与美国单边、单极化思维方式形成对抗，为我国创造有利的舆论环境，进而减轻我国企业海外投资所引发的疑虑与压力。

---

① 参见冯纯纯：《美国外资国家安全审查的新动向及其应对——以美国〈外国投资风险评估现代化法案〉为例》，载《河北法学》2018 年第 9 期。

② 参见潘亚玲：《安全化、国际合作与国际规范的动态发展》，载《外交评论（外交学院学报）》2008 年第 3 期。

③ Office of the united states trade representativeexecutive office of the president findings of the investigation into china's acts, policies, and practices related to technology transfer, intellectual property, and innovationunder section 301 of the trade act of 1974, Mar. 22, 2018.

④ National Security Strategy of the United States of America, 2017, p. 19.

第三方资助国际投资仲裁的信息披露问题研究

董　暖*

目　次

一、问题的提出

广义上而言，第三方资助（Third – Party Funding）涵盖由当事人外第三方提供诉讼或仲裁资助的各种形式。在狭义层面，第三方资助特指由非争议方承担案件费用，并根据案件处理结果获取报酬的资助形式。本文研究狭义的第三方资助，涵盖以下要点：第一，资助者为当事人以外的自然人或法人；第二，资助的用途为支付全部或部分案件费用；第三，资助者只有在案件胜诉时才可获取报酬，通常为案件赔偿的一定比例或所支付案件费用的数倍；第四，如果案件败诉，资助者不可向当事人追偿已支付的费用。① 第三方资助最早兴起于

---

* 对外经济贸易大学法学院博士研究生。

① See Rupert Jackson, “Review of CivilLitigation Costs: Final Report”, available at https://www.judiciary.gov.uk/wp – content/uploads/JCO/Documents/Reports/jackson – final – report – 140110.pdf, visited on Feb. 12, 2019.

澳大利亚的国内诉讼，之后发展到美国、英国、新加坡、我国香港等地，近年来已从诉讼领域进入国际仲裁领域，包括国际投资仲裁领域。① 就有限的实证数据来看，国际投资仲裁案件对第三方资助的适用较为普遍且呈现增长趋势。②

全球性经济危机使资助者日益倾向独立于市场波动的投资项目。仲裁程序的结果不受金融市场不确定性、股票价格和公司估值的影响，资助者的潜在收益更易预见，③ 因而对案件的投资备受第三方资助者青睐。潜在的巨额赔偿和高昂的程序费用使国际投资仲裁成为第三方资助者有利可图之地，投资争议也越来越多获得资助。④ 国际投资仲裁案件通常耗时较长、成本较高，⑤ 当事人没有能力或不愿动用自有资金承担仲裁费用；投资仲裁裁决一致性和可预见性较低，不确定性较大，⑥ 当事人希望通过外部资助分散风险。⑦ 也正是此种不确定性为第三方资助者提供较大的议价空间，资助者可据此争取较高的报酬比例，加之国际投资仲裁涉案金额较大，国际投资仲裁案件现已成为可获取高额报酬的投资项目。⑧ 此外，国际投资仲裁裁决执行机制和高执行率也是吸引第三方

---

① See Rachel Denae Thrasher, "The Regulation of Third Party Funding: Gathering Data for Future Analysis and Reform", *Law andJustice in the Americas Working Paper*, Series. 9, 2018, p. 2.

② 有非官方数据称，目前至少有 40% 的投资仲裁案件已获取或曾寻求第三方资助。See Stavros Brekoulakis, "The Impact of Third Party Funding on Allocation for Costs and Security for Costs Applications: The ICCA – Queen MaryTask Force Report", available at http: //kluwerarbitrationblog. com/2016/02/18/the – impact – of – third – party – funding – on – allocation – for – costs – and – security – for – costs – applications – the – icca – queen – mary – task – force – report/, visited on Feb. 25, 2019.

③ See Gary J. Shaw, "Third – Party Funding in Investment Arbitration: How Non – disclosure Can Cause Harm for the Sakeof Profit", *Arbitration International*, Vol. 33, 2017, p. 113.

④ See Eric De Brabandere, "Mercantile Adventurers? The Disclosure of Third – Party Funding in Investment Treaty Arbitration", in Willem Van Boom, *Litigation, Costs, Funding and Behaviour – Implications for the Law*, Routledge, 2017, p. 1.

⑤ 投资仲裁案件平均耗时 3 年以上，案件平均费用超过 800 万美元，其中律师和专家费用约占 82%。See David Gaukrodger & Kathryn Gordon, "Investor – State Dispute Settlement: A Scoping Paper for the Investment Policy Community", *OECD Working Papers on International Investment*, 2012, pp. 19, 71.

⑥ UNCTAD, "Reform of Investor – State Dispute Settlement: In Search of a Roadmap", *IIA Issues Note*, No. 2 2013/6, pp. 3 – 4.

⑦ See Eric De Brabandere & Julia Lepeltak, "Third Party FundinginInternational Investment Arbitration", *Grotius Centre Working Paper*, No. 2012/1, p. 6.

⑧ 在国际商事仲裁中，第三方资助者获取的报酬为案件赔偿的 15% 至 50%（中数在 1/3 左右），具体取决于资助案件所投入的成本和承担的风险，该数据对国际投资仲裁也有一定的参考价值。See Susanna Khouri *et al.*, "Third Party Funding in International Commercial and Treaty Arbitration – A Panacea or A Plague? A discussion of the Risks and Benefits of Third Party Funding", *Transnational Dispute Management*, Vol. 8, 2011, p. 3.

资助者的重要原因之一。[①]

第三方资助的显著优势在于，其可以为受制于经济困境或自身经营策略而未提起仲裁案件的当事人扩宽"接近正义（Access to Justice）"的途径，[②] 然而投资的逐利属性也引发对第三方资助国际投资仲裁的普遍担忧。第三方资助的参与可能带来案件数量的增加甚至滥诉，这将给东道国监管权力造成负面影响，[③] 尤其会增加发展中国家的经济压力；[④] 私密运作的第三方资助可能对程序正义造成潜在危害，引发利益冲突等问题，[⑤] 甚至会加剧国际投资仲裁机制的正当性危机。[⑥] 尽管如此，目前新加坡、我国香港地区等地的立法已改变以往全面禁止第三方资助国际仲裁的态度，国际层面对于第三方资助的态度亦是合理规制而非全面禁止。考虑到国际投资仲裁案件对外部资助的需求，在国际投资仲裁中完全禁止第三方资助既不现实也不可行。[⑦] 如果国际投资协定、投资仲裁规则或国内立法对第三方资助予以全面禁止，可能会促使第三方资助私密或变通运作。与其如此，倒不如顺应国际投资仲裁案件对第三方资助的实际需求，通过适当规制促使第三方资助的良性发展，其中最重要的规制措施即为第三方资助国际投资仲裁的信息披露。[⑧] 有效的信息披露可以尽量规避第三方资

---

① 对于ICSID案件，仲裁裁决将被视为内国法院裁决而承认和执行；对于非ICSID案件，则可以根据《纽约公约》或互惠原则执行。See Eric De Brabandere, "Mercantile Adventurers? The Disclosure of Third – Party Funding in Investment Treaty Arbitration", in Willem Van Boom, *Litigation, Costs, Funding and Behaviour – Implications for the Law*, Routledge, 2017, p. 5.

② See Eric De Brabandere, "Mercantile Adventurers? The Disclosure of Third – Party Funding in Investment Treaty Arbitration", in Willem Van Boom, *Litigation, Costs, Funding and Behaviour – Implications for the Law*, Routledge, 2017, p. 6.

③ SeeChristian Hederer, "Third – Party Funding in International Investment Arbitration – Economic Analysis and Regulatory Options", p. 33, available at https://papers.ssrn.com/sol3/papers.cfm?abstract_id = 2952488, visited on February 25, 2019.

④ See Eric De Brabandere & Julia Lepeltak, "Third Party FundinginInternational Investment Arbitration", *Grotius Centre Working Paper*, No. 2012/1, p. 8.

⑤ See A F M Maniruzzaman, "Third – Party Funding in International Arbitration – A Menace or Panacea?", p. 2, available at https://core.ac.uk/download/pdf/29583683.pdf, visited on February 3, 2019.

⑥ 参见肖芳：《国际投资仲裁第三方资助的规制困境与出路——以国际投资仲裁"正当性危机"及其改革为背景》，载《政法论坛》2017年第6期。

⑦ See Christian Hederer, "Third – Party Funding in International Investment Arbitration – Economic Analysis and Regulatory Options", p. 36, available at https://papers.ssrn.com/sol3/papers.cfm?abstract_id = 2952488, visitedon Feb. 25, 2019.

⑧ SeeWillem H. Van Boom, "Third – Party Financing in International Investment Arbitration", p. 55, available at https://papers.ssrn.com/sol3/papers.cfm?abstract_id = 2027114, visited on Feb. 12, 2019；徐树：《国际投资仲裁的第三方出资及其规制》，载《北京仲裁》第84辑。

助可能给投资仲裁机制带来的冲击，在满足投资仲裁案件对外部资助的需求的同时维护仲裁程序的公正。虽然目前普遍认为第三方资助不应保持私密，然而就披露义务的总体模式、披露义务主体和对象、披露程度等问题尚未达成完全一致。

二、第三方资助国际投资仲裁信息披露的合理依据

资本的逐利属性是第三方资助国际投资仲裁引发担忧的根源。资助者为实现自身利益最大化，可能对仲裁程序的推进及最终的争议解决方案施加一定程度的控制，进而给仲裁程序带来潜在隐患，这在国家作为一方当事人的国际投资仲裁中尤为明显。通过必要的第三方资助信息披露，可将私密运作的第三方资助置于仲裁庭视野之内，便于仲裁庭进行冲突核查并合理处理费用相关问题，由此尽可能降低第三方资助的负面影响。

（一）第三方资助的逐利属性使披露成为必要

第三方资助通常被认为是资助者对案件的“投资”。① 投资属性决定资助者将以利益最大化为最终目标，这是国际投资仲裁中第三方资助引发担忧的根源所在。“资本寻求回报，而非正义”，② 资助者过多参与仲裁程序将引发潜在风险。例如，资助者更多考虑自身商业利益而非对当事人最优的选择。③ 有学者担忧，将利益导向的第三方资助引入追求正义的投资者与国家间争端解决机制（Investor –State Dispute Settlement，ISDS）会引发问题，甚至改变整个 ISDS 机制的性质。④

第三方资助的投资属性也决定，资助者将对案件和当事人施加一定程度的非直接控制。实践中，为防止资助合同合法性遭到质疑，绝大多数第三方资助

---

① See A F M Maniruzzaman, “Third – Party Funding in International Arbitration – A Menace or Panacea?”, p. 2, available at https: //core. ac. uk/download/pdf/29583683. pdf, visited on Feb. 3, 2019.

② ICCA – Queen Mary Task Force, “Report of the ICCA – Queen Mary Task Force on Third – Party Funding in International Arbitration”, p. 238, available at http: //www. arbitration – icca. org/media/10/40280243154551/icca_ reports_ 4_ tpf_ final_ for_ print_ 5_ april. pdf, visited on Oct. 1, 2018.

③ See Gary J. Shaw, “Third – Party Funding in Investment Arbitration: How Non – disclosure Can Cause Harm for the Sakeof Profit”, *Arbitration International*, Vol. 33, 2017, p. 112.

④ See ICCA – Queen Mary Task Force, “Report of the ICCA – Queen Mary Task Force on Third – Party Funding in International Arbitration”, p. 238, available at http: //www. arbitration – icca. org/media/10/40280243154551/icca_ reports_ 4_ tpf_ final_ for_ print_ 5_ april. pdf, visited on Oct. 1, 2018.

安排会尽量避免对案件或当事人施加直接控制，然而仍会采取保护投资的相关措施，这实际上相当于对案件有力的间接控制，① 具体体现在案件评估程序、第三方资助合同的具体条款及资助者对投资的监控等方面。资助者和当事人的利益诉求并非完全一致，资助者对案件的控制蕴含潜在风险，尤其是资助者对案件的前期评估程序。一般而言，资助者会综合考虑所有可获取的法律、经济、金融等因素，例如预期赔偿数额，获取期待赔偿前的投资成本和时间，事实、法律和证据，被诉方的清偿能力和裁决的执行，仲裁申请人的法律团队，裁决作出者，投资组合管理考虑和投资政策，先前寻求资助的失败经历等。② 案件评估是资助者决定签订资助合同的前提，当事人为了获取资助，可能会在律师团队或仲裁员的选任上作出让步，③ 由此即实现第三方资助者对律师和仲裁员选任的间接控制。

第三方资助者的逐利属性以及可能对国际投资仲裁程序施加的控制决定了第三方资助可能带来的负面影响。如果不对第三方资助进行规制并任由其私密运作，其滥用将会危及仲裁程序的诚信，④ 同时也可能有损对方当事人利益。因此，从维护国际投资仲裁程序公平性，抑制第三方资助者不当行为等角度出发，有必要通过信息披露将第三方资助置于相对公开的环境中。

（二）国际投资仲裁的特殊性决定其对透明度有较高要求

基于国际投资仲裁中国家作为一方当事人的特殊性，国际投资仲裁案件关涉社会公共利益，第三方资助的介入可能引发普通商事仲裁并未涉及的政策性担忧。有学者指出，如果第三方资助成为国际投资仲裁之常态，东道国将频繁被诉，其外资监管主权可能遭到威胁。⑤ 即使东道国最终胜诉，也会面临外国投资减少或主权债券市场缩水等负面影响，此外，仲裁费用也是低收入被诉国

---

① See ICCA – Queen Mary Task Force, "*Report of the ICCA – Queen Mary Task Force on Third – Party Funding in International Arbitration*", p. 28, available at http://www.arbitration – icca.org/media/10/40280243154551/icca_ reports_ 4_ tpf_ final_ for_ print_ 5_ april. pdf, visited on Oct. 1, 2018.

② See Jonas Von Goeler, *Third – Party Funding in International Arbitration and Its Impact on Procedure*, 1st ed., Wolters Kluwer, 2016, pp. 18 – 22.

③ See Jonas Von Goeler, *Third – Party Funding in International Arbitration and Its Impact on Procedure*, 1st ed., Wolters Kluwer, 2016, pp. 26 – 27.

④ See Elizabeth Chan, "Proposed Guidelines for the Disclosure of Third – party Funding Arrangements in International Arbitration", *American Review of International Arbitration*, *Vol.* 26, 2015, p. 281.

⑤ See Christian Hederer, "Third – Party Funding in International Investment Arbitration – Economic Analysis and Regulatory Options", p. 33, available at https://papers. ssrn. com/sol3/papers. cfm? abstract_ id = 2952488, visited on Feb. 25, 2019.

尤为关切的问题。[1] 而且，第三方资助绝大多数提供给权利申请人（仲裁申请人或原告），ISDS 机制作为投资者诉东道国的单向机制，东道国通常没有反诉的余地，因此大多由投资者一方获取资助。除此之外，ISDS 机制在实践中还存在发达国家与发展中国家之间的不平衡。[2] 此种不平衡性也加剧了对第三方资助国际投资仲裁的担忧。如何解决 ISDS 机制中存在的不平衡并非本文要讨论的问题，本文关注如何确保第三方资助的介入不会加剧 ISDS 机制原有的不平衡性，以及是否可通过第三方资助缓解此种不平衡性。

国际投资协定中 ISDS 条款的初衷在于为投资者提供指控东道国监管措施的直接途径，若因第三方资助的参与使当事人提起有价值的案件，并不能认为是对一国外资监管主权的不当限制。而且作为主权国家的东道国与投资者之间本就存在力量悬殊，在不存在 ISDS 机制时，投资者只能通过东道国内国司法或者外交途径解决投资争议。事实上，ISDS 机制的创设即为平衡投资者与东道国之间的力量悬殊。若通过第三方资助使当事人实际适用 ISDS 机制，应视为对投资者与东道国之间原有不平衡的纠正。因此，问题的关键在于确保第三方资助所支持的案件为有价值的案件，而非滥诉，这就需要对第三方资助国际投资仲裁的相关信息进行披露。投资仲裁关涉一国社会公共利益的特性决定其对程序有较高的透明度要求。通过充分的第三方资助信息披露，一方面与投资仲裁机制的透明化趋势相契合，另一方面也可为明确第三方资助对投资仲裁的实际影响提供依据。[3] 同时也可确保程序的正当性并防止仲裁程序被不明机构所操控，[4] 从而维护作为被诉方的主权国家的利益。

（三）第三方资助信息披露是防范潜在利益冲突的前提

如上文所述，当事人的法律团队和选任的仲裁员是资助者决定资助的考量因素之一，由此可能导致资助者对案件代理律师和仲裁员选任的控制和干扰，进而引发利益冲突问题。披露潜在的利益冲突对于确保仲裁员独立性、公正性

---

① SeeRachel Denae Thrasher, "The Regulation of Third Party Funding: Gathering Data for Future Analysis and Reform", *Law andJustice in the Americas Working Paper*, Series. 9, 2018, p. 4.

② See Rachel Denae Thrasher, "The Regulation of Third Party Funding: Gathering Data for Future Analysis and Reform", *Law andJustice in the Americas Working Paper*, Series. 9, 2018, pp. 2, 4.

③ See Rachel Denae Thrasher, "The Regulation of Third Party Funding: Gathering Data for Future Analysis and Reform", *Law andJustice in the Americas Working Paper*, Series. 9, 2018, p. 5.

④ Burcu Osmanoglu, "Third - Party Funding in International CommercialArbitration and Arbitrator Conflict of Interest", *Journal of International Arbitration*, Vol. 32, No. 3, 2015, p. 340.

以及维护国际投资仲裁程序总体诚信具有重要意义。

因第三方资助者介入国际投资仲裁可能引发的利益冲突有两种情形。第一种情形产生于资助者和代理律师之间。有学者指出，多数资助者和律师事务所之间存在持续的商业关系，并以此作为业务的主要来源。[①] 而且在存在第三方资助时，律师费用由资助者支付，律师可能更多关注资助者的利益而非当事人的利益。此类利益冲突问题应在资助合同中解决，即要求律师仅为当事人利益行事，即便会对资助者的利益产生负面影响。[②] 第二种情形产生于资助者和仲裁员之间，这就涉及仲裁员独立性和公正性的问题。仲裁员是一个高度专业化领域的重复扮演者，可以在代理人、仲裁员和法律顾问等多种身份间转换，这就使他们与资助者存在联系。[③] 可能的利益冲突情形包括，第三方资助者所资助程序的仲裁员是同一资助者资助的另一仲裁程序的律师；[④] 仲裁员担任第三方资助公司职务或临时法律顾问；[⑤] 同一资助者非直接多次指定某仲裁员；资助者和仲裁员所在律所存在关系；仲裁员持有第三方资助公司股份等。[⑥] 出现上述情形时，如果不披露第三方资助者身份，可能危及仲裁庭独立性以及程序的合法性。若在程序进行中发现因第三方资助引发的利益冲突问题，更换新的仲裁员会造成不必要的程序拖延和费用增加；若在仲裁程序结束后才发现，裁决可能被撤销或拒绝承认和执行，这就使整个程序归于无效。[⑦] 此类利益冲突可根据 IBA Guidelines on Conflicts of Interest in International Arbitration（以下简称

---

① See Maxi Schereret *al.*, "Third Party Funding in InternationalArbitration in Europe: Part 1 – Funders' Perspectives", *International Business Law Journal*, Vol. 2, 2012, p. 219.

② See Susanna Khouri *et al.*, "Third Party Funding in International Commercial and Treaty Arbitration – A Panacea or A Plague? A discussion of the Risks and Benefits of Third Party Funding", *Transnational Dispute Management*, Vol. 8, 2011, pp. 7–8.

③ See Willem H. Van Boom, "Third – Party Financing in International Investment Arbitration", p. 55, available at https: //papers. ssrn. com/sol3/papers. cfm? abstract_ id = 2027114, visited on Oct. 4, 2018.

④ See Burcu Osmanoglu, "Third – Party Funding in International CommercialArbitration and Arbitrator Conflict of Interest", *Journal of International Arbitration*, *Vol.* 32, *No.* 3, 2015, p. 334.

⑤ See ICCA – Queen Mary Task Force, "Report of the ICCA – Queen Mary Task Force on Third – Party Funding in International Arbitration", p. 82, available at http: //www. arbitration – icca. org/media/10/40280243154551/icca_ reports_ 4_ tpf_ final_ for_ print_ 5_ april. pdf, visited on Oct. 1, 2018.

⑥ See Jennifer A. Trusz, "Full Disclosure: Conflicts ofInterest Arising from Third – Party Funding inInternational Commercial Arbitration", *The Georgetown Law Journal*, *Vol.* 101, 2013, p. 1665.

⑦ See Margareta Habazin, "Third – Party FundingImplications on Arbitrator Independence: The 2014 IBA Guidelines onConflicts of Interest Cannot Prevent Potential Conflicts of Interest Arisingfrom Third – Party Funding in International Investment Arbitration", *Croatian Arbitration Yearbook*, *Vol.* 22, 2014, p. 191.

IBA Guidelines）进行充分披露来规避，[①] 对第三方资助的披露是仲裁员进行冲突核查的必要前提。

（四）仲裁庭决定费用相关问题时需考虑第三方资助

目前涉及第三方资助的国际投资仲裁案件中，仲裁庭尚未将第三方资助作为费用分配的考量因素。有学者指出，其原因在于合同的相对性原则和国际投资仲裁庭管辖权的有限性。然而，考虑到第三方资助者对程序的控制及可能造成的负面影响，费用分配应作为保护对方当事人、抑制第三方资助者不当行为的有力手段。仲裁庭应着重考虑第三方资助者干预的结果以及可能对程序造成的负面影响，再决定是否应在费用分配时考虑第三方资助。[②]

另外，第三方资助中可能存在“打了就跑（hit and run）”的现象，即当仲裁申请人胜诉时，资助者获取报酬，若败诉，资助者将不再承担不利于仲裁申请人的费用。因此，如果仲裁申请人滥用第三方资助，费用担保对于保护被诉方利益尤为必要。[③] 正如 Muhammet Çap & Sehil Inşaat Endustri ve Ticaret Ltd. Sti. v. Turkmenistan 案中仲裁庭所言，如果被诉方胜诉并获得对其有利的费用裁决，被诉方可能面临仲裁申请人无力支付该费用，而非争议当事人的第三方资助者也消失的风险。[④] RSM Production Corporation v. Saint Lucia 案是涉及第三方资助的案件中唯一被授予费用担保的案例。该案仲裁庭综合考虑投资者在其他案件中不愿或不能支付预付款或履行裁决，以及投资者参与第三方资助合同等情况，认为存在被诉方不能得到费用补偿的实质性风险。投资者持续性的不良行为是仲裁庭作出费用担保决定的强有力依据。第三方资助引发的风险在于，资助者是否承担费用裁决存在不确定性。[⑤] 不过，第三方资助虽可作为评

---

① See Susanna Khouri *et al.*, “Third Party Funding in International Commercial and Treaty Arbitration – A Panacea or A Plague? A discussion of the Risks and Benefits of Third Party Funding”, *Transnational Dispute Management*, *Vol.* 8, 2011, p. 8.

② See Eric De Brabandere & Julia Lepeltak, “Third Party FundinginInternational Investment Arbitration”, *Grotius Centre Working Paper*, No. 2012/1, p. 15.

③ See William Kirtley &Koralie Wietrzykowski, “Should an Arbitral Tribunal Order Security for Costs When anImpecunious Claimant Is Relying upon Third – Party Funding?”, *Journal of International Arbitration*, Vol. 30, 2013, p. 26.

④ SeeMuhammet Çap & Sehil Inşaat Endustri ve Ticaret Ltd. Sti. v. Turkmenistan, ICSID Case No. ARB/12/6, Procedural Order No. 3, 2015, para. 12.

⑤ See RSM Production Corporation v. Saint Lucia, ICSID Case No. ARB/12/10, Decision on Saint Lucia's Request for Security for Costs, 2014, paras. 81 – 83.

估仲裁申请人支付能力的考量因素，但并非授予费用担保的充分条件，除非证明第三方资助被滥用。①

目前，《新加坡国际仲裁中心（SIAC）投资仲裁规则》（SIAC Investment Arbitration Rules）和《中国国际经济贸易仲裁委员会国际投资争端仲裁规则(试行)》（以下简称《贸仲国际投资仲裁规则》）已明确在费用分配时可以考虑第三方资助安排。②《贸仲香港第三方资助仲裁指引》（CIETAC Hong Kong TPF Guidelines）规定，仲裁庭在审核费用担保申请时，可以考虑是否将资助的存在及程度作为相关因素。③

要实现仲裁庭在费用分配和费用担保中考虑第三方资助，前提是对第三方资助投资仲裁的相关信息进行披露。对第三方资助的披露便于仲裁庭评估当事人的行为，通过合理的费用分配以防止轻佻的异议或不必要的拖延。④ 第三方资助者的存在预示着败诉方可能不能履行不利的费用裁决，⑤ 当事人外部资助的披露对评估是否授予费用担保是必要的。

三、第三方资助国际投资仲裁信息披露的具体制度设计

第三方资助国际投资仲裁信息披露有其必要性。根据伦敦大学玛丽女王学院和伟凯律师事务所《2015年国际仲裁调查》，71%的受访者认为应当对第三方资助进行规制，规制的重点在于信息披露。⑥ 国际投资仲裁的公法属性使透明度和公众参与成为必要，但透明度要求并未自动涵盖对第三方资助相关信息

① See William Kirtley & Koralie Wietrzykowski, "Should an Arbitral Tribunal Order Security for Costs When anImpecunious Claimant Is Relying upon Third – Party Funding?", *Journal of International Arbitration*, Vol. 30, 2013, p. 30.

② 参见《SIAC投资仲裁规则》第33.1，35条;《贸仲国际投资仲裁规则》第27条第3款。

③ 《贸仲香港第三方资助仲裁指引》第4.3条。

④ SeeGary J. Shaw, "Third – Party Funding in Investment Arbitration: How Non – disclosure Can Cause Harm for the Sakeof Profit", *Arbitration International*, Vol. 33, 2017, p. 115.

⑤ See William Kirtley & Koralie Wietrzykowski, "Should an Arbitral Tribunal Order Security for Costs When anImpecunious Claimant Is Relying upon Third – Party Funding?", *Journal of International Arbitration*, Vol. 30, 2013, p. 28.

⑥ See Queen Mary University of London, White & Case, "2015 International Arbitration Survey: Improvements and Innovations in International Arbitration", p. 47, available at https://www.whitecase.com/sites/whitecase/files/files/download/publications/qmul – international – arbitration – survey – 2015 _ 0.pdf, visited on Feb. 4, 2019.

的披露义务。[①] 完全寄希望于当事人自愿披露第三方资助不现实，在国际投资协定未作强制要求时，仲裁庭一般也不倾向于要求披露第三方资助的存在。[②] 目前实践表明，仲裁庭可基于维护仲裁程序诚信的一般权力要求披露。[③] 不过此类案例属于极少数的情况。因此，第三方资助国际投资仲裁的信息披露仍需具体制度设计落实。

目前，新加坡和我国香港地区已通过修改相关立法和仲裁规则允许在国际仲裁中使用第三方资助。新加坡2017年修改《民法》（Civil Law Act）明确第三方资助并不构成对禁止帮讼和包揽诉讼原则的违背，并授权部长制定第三方资助者的任职资格及第三方资助行为相关的规定。[④] 与之相配套的是对新加坡《2015年法律职业行为规则》的修改。我国香港地区于2017年通过《有关第三方资助的仲裁和调解条例修订法案》［Arbitration and Mediation Legislation（Third Party Funding）（Amendment）Ordinance 2017，以下简称《修订法案》］，在香港《仲裁条例》（Arbitration Ordinance）中新增第10A部分（第三方资助仲裁），明确仲裁中的第三方资助将不再受普通法禁止帮讼和包揽诉讼原则的限制，并规定第三方资助仲裁的相关措施。[⑤] 其中，第5分节（98U、98V）涉及第三方资助的信息披露。[⑥] 诸如CETA（EU – Canada Comprehensive Economic and Trade Agreement）等国际协定和《贸仲国际投资仲裁规则》也涉及第三方资助信息披露的问题。可见，第三方资助仲裁信息披露已成监管趋势，然而在披露模式、披露义务主

---

① See Eric De Brabandere, "Mercantile Adventurers? The Disclosure of Third – Party Funding in Investment Treaty Arbitration", in Willem Van Boom, *Litigation, Costs, Funding and Behaviour – Implications for the Law*, Routledge, 2017, p. 8.

② See ICCA – Queen Mary Task Force, "Report of the ICCA – Queen Mary Task Force on Third – Party Funding in International Arbitration", p. 241, available at http://www.arbitration – icca.org/media/10/40280243154551/icca_ reports_ 4_ tpf_ final_ for_ print_ 5_ april.pdf, visited on Oct. 1, 2018.

③ 如在Muhammet Çap & Sehil Inşaat Endustri ve Ticaret Ltd. Sti. v. Turkmenistan案中，仲裁庭认为其拥有作出对维护当事人权利和程序诚信有必要的命令的固有权力。最终仲裁庭要求当事人确认是否存在第三方资助，如果存在第三方资助，还需披露第三方资助者信息、第三方资助合同的性质等。SeeMuhammet Çap & Sehil Inşaat Endustri ve Ticaret Ltd. Sti. v. Turkmenistan, ICSID Case No. ARB/12/6, Procedural Order No. 3, 2015, paras. 6, 13.

④ 参见新加坡《民法》第5B（2）、（8）条。

⑤ 参见香港《仲裁条例》第98E条。

⑥ 根据《修订法案》第1部分第1（3）条的规定，《仲裁条例》新增10A部分第3、5分节自律政司司长指定之日起生效，而非《修订法案》公布之日。"电子版香港法例"官网公布的最新版本《仲裁条例》（2018年2月1日版）并未纳入10A部分第3、5分节，因此可推知其尚未生效。

体和对象、披露内容、披露时间等方面尚未达成一致。

(一)信息披露义务的总体模式

关于第三方资助国际投资仲裁信息披露的制度设计，首要问题在于，此种信息披露义务是所有案件的强制性要求，抑或是仲裁庭根据个案实际情况而作出的具体要求。我国香港地区《仲裁条例》、新加坡《2015年法律职业行为规则》和CETA投资章节规定的第三方资助信息披露义务均为所有案件的强制性义务。① 也有仲裁机构规则赋予仲裁庭要求披露第三方资助相关信息的权力。例如，《SIAC投资仲裁规则》规定，仲裁庭有权要求当事人披露第三方资助相关信息。② 值得注意的是，《贸仲国际投资仲裁规则》和《贸仲香港第三方资助仲裁指引》兼顾两者，即在明确当事人对于第三方资助相关信息的强制披露义务的同时，授予仲裁庭命令获得第三方资助的当事人披露相关情况的权力。③

考虑到国际投资仲裁涉及社会公共利益的特殊性，以及防范利益冲突和合理处理费用相关问题的需求，第三方资助国际投资仲裁的信息披露应作为所有案件的强制性义务，只要投资仲裁案件涉及第三方资助，当事人即有义务对相关信息进行披露。同时，为应对当事人未自觉履行披露义务或结合案件特殊情况需要进一步披露等情形，也需允许仲裁庭就第三方资助信息披露作出命令。因此，本文认为，较为适宜的模式为强制性信息披露义务与仲裁庭自由裁量的披露义务相结合。另外，由于第三方资助者倾向于保持资助关系的私密性，④ 第三方资助合同通常会约定保密条款，以防止当事人披露与资助者之间的关系及资助合同的具体条款。⑤ 对此，在设置第三方资助国际投资仲裁信息披露相关制度时，有必要声明资助合同中与信息披露义务相冲突的条款将归于无效。⑥

---

① 参见香港《仲裁条例》第98U(1)条；新加坡《2015年法律职业行为规则》第49A(1)条；CETA Article 8.26.1.

② 参见《SIAC投资仲裁规则》第24(1)条。

③ 参见《贸仲国际投资仲裁规则》第27条第二款；《贸仲香港第三方资助仲裁指引》第3，4.1条。

④ See Maxi Scherer *et al.*, "Third Party Funding in InternationalArbitration in Europe: Part 1 – Funders'Perspectives", *International Business Law journal*, Vol. 2, 2012, p. 217.

⑤ SeeJennifer A. Trusz, "Full Disclosure: Conflicts ofInterest Arising from Third – Party Funding inInternational Commercial Arbitration", *The Georgetown Law Journal*, Vol. 101, 2013, p. 1672.

⑥ See Burcu Osmanoglu, "Third – Party Funding in International CommercialArbitration and Arbitrator Conflict of Interest", *Journal of International Arbitration*, Vol. 32, No. 3, 2015, p. 341.

（二）信息披露义务主体和对象

目前，涉及第三方资助仲裁信息披露的规制普遍要求由接受资助的一方当事人承担披露义务；[①] 新加坡《2015年法律职业行为规则》则要求由律师承担披露义务。[②] 第三方资助者并非仲裁当事人，仲裁庭没有理由要求资助者承担披露义务。[③] 这不同于《UNCITRAL投资人与国家间基于条约仲裁透明度规则》（以下简称《透明度规则》）中“第三方提交材料”时，由第三方披露其自身情况、与争议方的关联、接受援助的情况。提交材料的第三方虽也非仲裁当事人，但其直接与仲裁庭接触，通过提供专业见解协助仲裁庭确定某一事实或法律问题。[④] 而第三方资助者仅与受资助的一方当事人或其代理律师联系，并不直接接触仲裁庭，因而也不便承担披露义务。代理律师的行为一般受其本国相关法规或行业规则的规制，在国际投资仲裁层面，如由代理律师承担披露义务，可能出现国际投资仲裁案件因律师国籍不同而适用不同披露义务的情况。因此，由接受资助的当事人承担信息披露义务更为适宜。

通常认为，披露对象应当为仲裁庭与（或）仲裁机构以及仲裁程序的对方当事人。[⑤] 在国际投资仲裁中，需思考是否有必要向社会公众披露第三方资助的相关信息。国际投资仲裁的透明度要求向公众公布案件相关信息。[⑥] 至于国际投资仲裁案件接受第三方资助的情况，本文认为仅向仲裁庭和对方当事人披露即可满足防范利益冲突、合理分配仲裁费用以及在必要时授予费用担保的需求。考虑到披露成本以及被资助方希望保持私密的倾向，尚无必要向社会公众披露。

（三）信息披露的内容范围

第三方资助国际投资仲裁信息披露的内容涉及信息披露的程度，即仅披露第三方资助安排的存在及资助者身份等基本信息，还是需披露资助合同的部分

---

① 参见香港《仲裁条例》第98U（1）条；《贸仲香港第三方资助仲裁指引》第3条；CETA Article 8.26.1.

② 参见新加坡《2015年法律职业行为规则》第49A（1）条。

③ See Jennifer A. Trusz, "Full Disclosure: Conflicts ofInterest Arising from Third - Party Funding inInternational Commercial Arbitration", *The Georgetown Law Journal*, Vol. 101, 2013, p. 1672.

④ 参见《透明度规则》第4（2）、（3）条。

⑤ 参见香港《仲裁条例》第98U（3）条、第98V（3）条；新加坡《2015年法律职业行为规则》第49A（1）条；《贸仲香港第三方资助仲裁指引》第3条；CETA Article 8.26.1.

⑥ 参见《透明度规则》第2、3条。

条款甚至是全部内容。从目前有关第三方资助信息披露的规定来看，签订第三方资助合同的事实以及第三方资助者的姓名、地址等基本信息通常属于必须披露的内容，[①] 有学者称之为“初始披露”。[②] 如果资助合同因仲裁终止外的其他原因而终止，被资助方还应披露资助合同终止的事实以及合同终止的日期。[③] 除此之外，仲裁机构还可根据案件实际情况要求披露更为详尽的信息。例如《SIAC投资仲裁规则》规定，仲裁员有权要求披露的内容包括第三方资助安排的存在、第三方资助者的身份、第三方资助者对程序结果享有的利益、第三方资助者是否承担不利费用。[④]《贸仲香港第三方资助仲裁指引》规定，仲裁庭还有权要求披露其他适用的法律或规则所要求披露以及仲裁庭认为有必要披露的信息。[⑤]

受制于国际投资仲裁庭管辖权的有限性，仲裁庭不应对资助合同予以过多干预，对资助合同的披露应限制在维护仲裁程序诚信的必要范围内。伦敦大学玛丽女王学院和伟凯律师事务所做的《2015年国际仲裁调查》显示，受访者大多支持披露第三方资助的适用（76%）以及资助者的身份（63%），以便核查利益冲突，并使仲裁庭获知当事人的经济状况。然而大多数（71%）受访者认为没有必要强制披露资助合同的所有条款。[⑥] 从防范利益冲突以及以合理的费用分配抑制第三方资助的负面影响等角度出发，仅披露第三方资助的参与和资助者的身份既可以满足仲裁庭冲突核查以及判定资助者行为影响的需求。然而，如果对方当事人提出费用担保申请，除综合考察被资助当事人的偿付能力外，仲裁庭还需获知第三方资助者是否承担不利费用裁决，这就需要进一步披露资助合同的具体条款。因此，在制度设计层面，应当将第三方资助合同的存在以及资助者身份信息作为强制披露的内容，同时赋予仲裁庭根据案件实际情况自

① 参见香港《仲裁条例》第98U（1）条；新加坡《2015年法律职业行为规则》第49A（1）条；《贸仲香港第三方资助仲裁指引》第3.1条；CETA Article 8.26.1.

② See Elizabeth Chan, “Proposed Guidelines for the Disclosure of Third - party Funding Arrangements in International Arbitration”, *American Review of International Arbitration*, Vol. 26, 2015, p. 285.

③ 参见香港《仲裁条例》第98V（1）条；《贸仲香港第三方资助仲裁指引》第3.2条。

④ 参见《SIAC投资仲裁规则》第24（1）条。

⑤ 参见《贸仲香港第三方资助仲裁指引》第4.1条。

⑥ See Queen Mary University of London, White & Case, “2015 International Arbitration Survey: Improvements and Innovations in International Arbitration”, p. 48, available at https://www.whitecase.com/sites/whitecase/files/files/download/publications/qmul - international - arbitration - survey - 2015 _ 0.pdf, visited on Feb. 15, 2019.

由裁量是否进一步披露资助合同具体条款的权力。

（四）信息披露的时间

关于信息披露的时间，对于仲裁开始之前签订的资助合同，通常应于仲裁开始时或提交诉求时披露；[①] 对于仲裁开始后签订的资助合同，我国香港地区《仲裁条例》规定应于合同签订后 15 日内披露，[②] 新加坡《2015 年法律职业行为规则》规定应在可行范围内尽快披露，[③] CETA 投资章节规定应于签订之后毫不迟疑地披露。[④] 另外，我国香港地区《仲裁条例》还规定，如果仲裁机构在上述时间尚未组建，则应于仲裁机构组建后立即披露；至于资助合同终止的情况，则应于合同终止后 15 日内披露。[⑤]

对于仲裁程序开始前已经签订的资助合同，要求当事人在程序伊始即披露是可行的。问题在于，如果资助合同签订于程序开始之后，或资助合同在程序进行中终止，应如何设置披露时间。上述规定反映了两种模式，一是要求在 15 天时间段内披露，二是要求尽快、毫不迟疑地披露。本文认为第一种模式更为适宜，明确的时间段不仅便于当事人明晰信息披露义务，还有助于仲裁庭判定当事人是否合理履行信息披露义务，而且 15 天时间也为当事人预留了准备相关披露材料的合理时间。[⑥]

（五）违反信息披露义务的责任

我国香港地区《仲裁条例》规定，被资助方违反信息披露义务并不直接承担责任，但仲裁庭在决定相关问题时可能会对遵守或违反信息披露义务的情况予以考虑。[⑦]《贸仲国际投资仲裁规则》规定，在就仲裁费用和其他相关费用作出裁决时，仲裁庭可以考虑当事人是否遵守信息披露的规定。[⑧]

如果当事人未能履行对第三方资助的信息披露义务，有时其面临的不利后

---

① 参见香港《仲裁条例》第 98U（2）（a）条；新加坡《2015 年法律职业行为规则》第 49A（2）（a）条；CETA Article 8. 26. 2.

② 参见香港《仲裁条例》第 98U（2）（b）条。

③ 参见新加坡《2015 年法律职业行为规则》第 49A（2）（b）条。

④ See CETA Article 8. 26. 2.

⑤ 参见香港《仲裁条例》第 98U（4）、98V（2）条。

⑥ See Christine Sim, "Third Party Funding in Asia: whose duty to disclose?", available at http: //arbitrationblog. kluwerarbitration. com/2018/05/22/third - party - funding - asia - whose - duty - disclose/, visited on Feb. 25, 2019.

⑦ 参见香港《仲裁条例》第 98W 条。

⑧ 参见《贸仲国际投资仲裁规则》第 27 条第 3 款。

果已体现在现有制度中，例如因利益冲突导致更换仲裁员或裁决作出后被撤销。不过，并非所有的仲裁员利益冲突均会导致仲裁员资格的丧失或裁决的撤销。① 若要直接设置违反信息披露义务可能面临的责任，本文认为，在费用分配中有所惩戒是较为有效的方法。但问题是，如希望仲裁庭在费用裁决中考虑当事人是否履行信息披露义务，其前提是仲裁庭知晓第三方资助的相关情况。如果仲裁庭在裁决作出前始终未获知第三方资助的存在，也就没有要求被资助方对未履行披露义务承担责任的可能性。因而，规定仲裁庭在费用裁决中可考虑被资助方是否履行信息披露义务，更多是一种威慑作用。

四、与第三方资助有关的仲裁员利益冲突的规制

第三方资助会引发仲裁员利益冲突问题已成为国际仲裁界的共识。② 有观点认为，第三方资助者在案件评估时会有意规避潜在的利益冲突，以避免未来因更换仲裁员或裁决被拒绝执行而带来的麻烦。③ 不过，在目前第三方资助倾向于私密运作的情况下，仲裁员利益冲突的风险仍较大。披露第三方资助的一个重要理由即在于防范潜在的利益冲突，从而维护仲裁员独立性和公正性。④

目前，《投资争端解决国际中心（ICSID）仲裁规则》（ICSID Arbitration Rules）和《联合国国际贸易法委员会（UNCITRAL）仲裁规则》（UNCITRAL Arbitration Rules）都未直接涉及存在第三方资助时仲裁员的独立性和公正性问题。有学者认为，《ICSID仲裁规则》第6（2）条仲裁员声明中“其他可能使当事人对仲裁员独立裁决产生质疑的情形”包括与第三方资助者的关系。也有观点认为，考虑到第三方资助者在程序中的角色，仲裁员独立性和公正性规则

---

① See Burcu Osmanoglu, “Third - Party Funding in International CommercialArbitration and Arbitrator Conflict of Interest”, *Journal of International Arbitration*, Vol. 32, No. 3, 2015, p. 342.

② See ICCA - Queen Mary Task Force, “Report of the ICCA - Queen Mary Task Force on Third - Party Funding in International Arbitration”, p. 87, available at http: //www. arbitration - icca. org/media/10/40280243154551/icca_ reports_ 4_ tpf_ final_ for_ print_ 5_ april. pdf, visited on Oct. 1, 2018.

③ See Jonas Von Goeler, *Third - Party Funding in International Arbitration and Its Impact on Procedure*, 1st ed., Wolters Kluwer, 2016, pp. 21 - 22.

④ See Eric De Brabandere& Julia Lepeltak, “Third Party FundinginInternational Investment Arbitration”, *Grotius Centre Working Paper*, No. 2012/1, p. 16.

中与争议当事人有关的，也应适用于第三方资助者。① 不过上述观点均未得到明确，在适用中可能引发困惑。

IBA Guidelines 是首个直接处理第三方资助相关问题的指引文件，具有重要的里程碑意义。② IBA Guidelines 不仅要求仲裁员向当事人、仲裁机构等披露可能引起对仲裁员公正性和独立性怀疑的情况，还要求当事人向仲裁庭、对方当事人、仲裁机构等披露仲裁员和当事人之间的关系，以及仲裁员和对仲裁裁决享有直接经济利益或承担赔偿责任的自然人或实体的关系。IBA Guidelines 还规定相当于当事人身份的人，即如果当事人是法律实体，任何对当事人具有控制性影响，以及对仲裁裁决享有直接经济利益或承担赔偿责任的法人或自然人应被视为承担了当事人的身份。③ 第三方资助者因可能对裁决享有直接经济利益，应视为等同于当事人。④

不过，仅依靠 IBA Guidelines 并不能解决国际投资仲裁中因第三方资助引发的利益冲突问题。第一，IBA Guidelines 无强制约束力，仅是国际仲裁最佳实践的体现，当事人和仲裁庭可以选择适用。⑤ 第二，该指引最初虽表明既适用于商事仲裁也适用于投资仲裁，但是在投资仲裁审查程序中，其适用呈现出不确定性。⑥ 第三，IBA Guidelines 将第三方资助者定义为，对案件起诉或应诉提供资金或其他物质支持，对仲裁裁决享有直接经济利益或承担赔偿责任的个人或实体。⑦ 其中，“对案件享有直接经济利益”的界定未能涵盖非金钱目的的资助，如非营利组织、第三方国家或其他方为了促成特定政策或有利先例而提供

① Eric De Brabandere, “Mercantile Adventurers? The Disclosure of Third - Party Funding in Investment Treaty Arbitration”, in Willem Van Boom, *Litigation, Costs, Funding and Behaviour - Implications for the Law*, Routledge, 2017, pp. 12 - 13.

② See Dominik Horodyski & Maria Kierska, “Third Party Funding in International Arbitration - Legal Problems and Global Trends with a Focus on Disclosure Requirement”, p. 71, available at https://ruj.uj.edu.pl/xmlui/bitstream/handle/item/44980/horodyski_kierska_third_party_funding_in_international_arbitration_2017.pdf?sequence=1&isAllowed=y, visited on Feb. 23, 2019.

③ SeeIBA Guidelines, Part I (3) (a), (7) (a), (6) (b).

④ See IBA Guidelines, Explanation to General Standard 6 (b).

⑤ See Margareta Habazin, “Third - Party FundingImplications on Arbitrator Independence: The 2014 IBA Guidelines onConflicts of Interest Cannot Prevent Potential Conflicts of Interest Arisingfrom Third - Party Funding in International Investment Arbitration”, *Croatian Arbitration Yearbook*, Vol. 22, 2014, p. 194.

⑥ See IBA Guidelines, p. ii.

⑦ SeeIBA Guidelines, Explanation to General Standard 6 (b).

的资助。[①] 因此，防范因第三方资助介入国际投资仲裁引发的仲裁员利益冲突问题，仍需通过修改仲裁规则明确当事人对第三方资助的强制披露义务，并与仲裁员核查利益冲突的职责相结合。[②] 仲裁员主动核查利益冲突的义务在多个文件中均有所体现。例如，IBA Guidelines 明确，仲裁员有义务合理调查利益冲突以及可能对其独立性和公正性产生怀疑的事实。[③]《贸仲香港第三方资助仲裁指引》规定，得知第三方资助的存在之后，仲裁庭应主动考虑是否对其独立性和公正性造成影响。[④]

五、结语

第三方资助在国际投资仲裁中的适用已成为趋势，基于国际投资仲裁费用高昂、裁决结果不确定性较大等问题，仲裁当事人对外部资助有较高需求。然而，第三方资助的参与可能引发滥诉、仲裁程序拖延、利益冲突等负面影响，考虑到国际投资仲裁关涉社会公共利益的特性，第三方资助的参与还可能增加东道国的经济压力甚至危及其监管主权。因此，有必要通过有效的信息披露对第三方资助予以合理规制。具体制度设计上，本文认为应当由被资助的当事人承担对存在第三方资助的事实以及资助者姓名等基本信息的强制披露义务，同时授予仲裁庭根据案件实际情况命令进一步披露资助合同部分或全部内容的权力。此类披露信息确保仲裁庭和对方当事人获知即可，无需向社会公众披露。然而，设置当事人未履行披露义务将面临的责任存在实际操作上的困境。第三方资助国际投资仲裁信息披露义务的落实还有赖于接受资助的当事人和资助者的自主意愿，而根本在于消除当事人和资助者对第三方资助信息披露的顾虑。实践中，第三方资助者希望保持资助关系的私密性，主要是担心仲裁庭在决定费用相关问题时会考虑第三方资助关系，或者因第三方资助的披露影响对方对

---

① See ICCA - Queen Mary Task Force, "Report of the ICCA - Queen Mary Task Force on Third - Party Funding in International Arbitration", p. 90, available at http: //www. arbitration - icca. org/media/10/40280243154551/icca_ reports_ 4_ tpf_ final_ for_ print_ 5_ april. pdf, visited on Oct. 1, 2018.

② See Marie Stoyanov & Olga Owczarek, "Third - Party Funding in International Arbitration: Is it Time for Some Soft Rules?", *BCDR International Arbitration Review*, Vol. 2, 2015, p. 197.

③ See IBA Guidelines, Part I (7) (d).

④ 参见《贸仲香港第三方资助仲裁指引》第4.2条。

和解的态度等。[①] 因此，第三方资助国际投资仲裁信息披露义务的落实还需与第三方资助相关的其他制度配合。国际投资协定或投资仲裁规则尚需明确以下问题。第一，只有因第三方资助造成程序拖延等负面影响时，被资助方才可能承担不利费用裁决；如果对第三方资助的适用有充分合理性，被资助方还可能从对方当事人处获取因使用第三方资助而产生的费用。[②] 第二，仲裁庭不会因第三方资助的参与即自动要求提供费用担保。第三，如果对方当事人恶意拖延程序，仲裁庭在费用裁决中也将予以考虑。

考虑到我国目前在世界上的经济地位以及“一带一路”倡议的推行，可预计我国或我国投资者参与的投资仲裁案件以及在我国进行的投资仲裁案件将逐步增加。对于投资仲裁中的第三方资助问题，我国也宜顺应国际趋势，通过必要的信息披露制度对第三方资助予以合理规制，实现投资仲裁案件对创新性资助形式的需求与仲裁程序公正性之间的平衡。[③] 一方面，我国应与其他国家一道，通过签订国际投资协定或推动投资仲裁规则改革，将有关第三方资助的披露模式、披露主体和对象、披露内容、披露时间、违反披露义务应当承担的责任等落实下来。另一方面，我国也需对《仲裁法》以及涉外仲裁机构的仲裁规则进行修改，明确第三方资助仲裁的信息披露问题。在这方面，《贸仲国际投资仲裁规则》已提供范例。

---

① See Jennifer A. Trusz, “Full Disclosure: Conflicts ofInterest Arising from Third – Party Funding inInternational Commercial Arbitration”, *The Georgetown Law Journal*, Vol. 101, 2013, p. 1672.

② See ICCA – Queen Mary Task Force, “Report of the ICCA – Queen Mary Task Force on Third – Party Funding in International Arbitration”, p. 158, available at http://www.arbitration – icca.org/media/10/40280243154551/icca_ reports_ 4_ tpf_ final_ for_ print_ 5_ april.pdf, visited on Oct. 1, 2018.

③ See ICCA – Queen Mary Task Force, “Report of the ICCA – Queen Mary Task Force on Third – Party Funding in International Arbitration”, p. 17, available at http://www.arbitration – icca.org/media/10/40280243154551/icca_ reports_ 4_ tpf_ final_ for_ print_ 5_ april.pdf, visited on Oct. 1, 2018.

征稿启事

《经济法学评论》是中国人民大学经济法学研究中心主办的学术集刊，自2000年创刊每年连续由中国法制出版社出版，2014年入选中文社会科学引文索引来源集刊CSSCI法学类集刊（2014－2016），2017年继续入选中文社会科学引文索引来源集刊CSSCI法学类集刊（2017－2018），成为弘扬中国经济法学的窗口。

《经济法学评论》以学术性为唯一评价标准，热忱欢迎经济法总论、主体制度、规划和产业法、财税法、金融法、竞争法、消费者法、对外贸易法等领域内规范且有创见的力作。来稿字数不限，尤其鼓励精辟的点睛之作以及深入、系统且富有新意的专题研究。

来稿请发至电子邮箱：yaohaifang@ruc.edu.cn、fenghui19832003@aliyun.com。投稿请以Word文档形式，邮件暨文档名均请按“作者＋文章名”的方式标注。一个月内未收到编辑部用稿反馈的，可自行处理。本刊不允许一稿多用，相关责任由作者自负。本刊已按惯例授予数据库电子版权，凡投稿的作者视为同意本刊的授权，本刊支付的稿酬中已包含上述著作权使用费；如不同意请在投稿时注明。

来稿请附中文摘要、关键词、作者简介及联系方式等相关信息。我刊采用文内脚注，每页重新编号。

脚注格式示例如下（非直接引用请标明“参见”或“转引自”）：

著作：作者：《书名》（卷或册或版次），出版社及年，页码。如：史际春、邓峰：《经济法总论》（第2版），法律出版社2009年版，第17页。

论文：作者：《论文名》，载《杂志名》年及期。如：史际春、冯辉：《“问责制”研究》，载《政治与法律》2009年第1期。

译著：［国籍］作者：《书名》（卷或册或版次），译者，出版社及年，页码。如：[英] 哈耶克：《立法、法律与自由》（第一卷），邓正来等译，中国大百科全书出版社 2000 年版，第 12 页。

文集：作者：《文章名》，编辑作品编者或单位：《编辑作品名称》，出版社及年。如：冯辉：《论“经济国家”：概念、发生及其意义》，史际春主编：《经济法学评论》（第十卷），中国法制出版社 2009 年版。

报纸：作者（或单位，或无）：《文章名》，《报纸名》，出版时间。如：赵娟等：《预警余额宝类基金》，《经济观察报》2014 年 2 月 24 日。

网站：作者（或单位，或无）：《文章名》，网址链接，访问时间。如：叶檀：《优先股折射普通股民的可怜》，http：//blog. sina. com. cn/s/blog_ 49818dcb0102fyjf. html，访问时间：2014 年 3 月 24 日。

外文或其他注释采用通行惯例，标注信息务必充分，本刊统一予以编辑。

中国人民大学经济法学研究中心

《经济法学评论》编辑部

图书在版编目（CIP）数据

经济法学评论．第19卷，2019年．第1期／史际春主编．—北京：中国法制出版社，2019.11

ISBN 978－7－5216－0728－4

Ⅰ.①经… Ⅱ.①史… Ⅲ.①经济法－法的理论－文集 Ⅳ.①D912.290.1－53

中国版本图书馆CIP数据核字（2019）第276355号

责任编辑 周琼妮（zqn－zqn@126.com）
熊林林（xionglinlin@zgfzs.com） 封面设计 周黎明

经济法学评论 第19卷（第1期）

JINGJIFAXUE PINGLUN DI-19 JUAN（DI-1 QI）

主编/史际春

经销/新华书店

印刷/北京京华虎彩印刷有限公司

开本/710毫米×1000毫米 16开 印张/17.25 字数/242千

版次/2019年11月第1版 2019年11月第1次印刷

中国法制出版社出版

书号 ISBN 978－7－5216－0728－4 定价：75.00元

北京西单横二条2号

邮政编码 100031 传真：010－66031119

网址：http：//www.zgfzs.com **编辑部电话：010－66066620**

市场营销部电话：010－66033393 **邮购部电话：010－66033288**

（如有印装质量问题，请与本社印务部联系调换。电话：010－66032926）